Inhaltsverzeichnis

W0336367

Freiheit als Selbstentfaltung des Menschen

In Ketten

Die Daseinsfrage stellt ja keiner mehr.
Das große „Es", das läuft so vor sich hin.
Nur ganz Naive suchen noch den Sinn
in allem Treiben, aber der
steckt nirgendwo in jenem drin.
Der Zauberkasten Welt ist lange leer
und spendet keinerlei Gewinn
für das Gemüt. Hilft kein Begehr
dir aus der Haft von Dingen.
Du bleibst gefangen unter ihrem Bann:
Wie herrlich die Sirenen* singen!
Odysseus* sein – wer das schon kann.

*Günter Kunert, *1929, deutscher Schriftsteller*

- *Geben Sie jedem Bild einen Titel.*
- *Welche Auffassung von Freiheit kommt in den Bildern und dem Gedicht von Günter Kunert zum Ausdruck? Suchen Sie sich dasjenige Bild aus, das Ihrer Ansicht von Freiheit am nächsten kommt, und schreiben Sie eine kurze Geschichte, ein Gedicht oder einen Aphorismus dazu. Vergleichen Sie anschließend Ihre Arbeiten.*
- *Interpretieren Sie den Satz aus dem Gedicht „Hilft kein Begehr dir aus der Haft von Dingen". Teilen Sie diese Auffassung Kunerts? Ist der „Zauberkasten Welt" leer? Begründen Sie Ihre Entscheidung.*

Freiheit braucht Grenzen

Salomé (Wolfgang Cielarz) Schwimmer I., 1988

Was hat dieses Bild mit dem Thema „Freiheit" zu tun? Notieren Sie einige Stichworte.

Die geistige Freiheit kann keiner verbieten

Freiheit bedeutet für mich nicht nur, dass die Menschenrechte und die Grundrechte jedem Einzelnen zugesichert werden müssen, wie es in vielen Staaten der Welt auch der Fall ist. Freiheit heißt auch, dass jeder Mensch die Möglichkeit haben sollte, sein Leben so zu gestalten, wie er möchte. Dies ist jedoch nicht vollständig möglich, da die Gesellschaft ein bestimmtes System an Normen und Regeln vorgibt, die für den Einzelnen nur schwer zu erfüllen sind.

So übt die Gesellschaft, der wir alle angehören, Druck auf uns aus, weil wir immer darauf achten müssen, keine Norm zu verletzen. Denn wenn wir das tun, dann sind wir nicht mehr so gut angesehen und haben nicht die gleichen Möglichkeiten wie die Mehrheit der Gesellschaft. Dies gilt insbesondere für gesellschaftliche Minderheiten, wie z. B. homosexuelle Menschen. Sie haben nicht dieselben Möglichkeiten, obwohl vom Gesetz zugesichert, weil wir (die Gesellschaft) Vorurteile gegen sie haben. Sie entsprechen nicht der Norm, die von der Mehrheit (heterosexuelle Menschen) gesetzt wird. Sie sind zwar frei im Sinne des Gesetzes, aber wirklich frei sind sie nicht. Minderheiten haben nicht die gleichen Entwicklungschancen wie die Mehrheit.

Die geistige Freiheit hingegen kann einem niemand wegnehmen. Egal, ob man in einer Diktatur lebt oder nicht, die geistige Freiheit zu denken, was man will, kann keiner antasten. Zwar können Diktatoren Menschen für kritische Gedanken bestrafen, sie können ihnen aber nicht das Denken verbieten. In diesem Sinne sind wir wirklich frei.

Frederick, 19 Jahre

Zu viel Freiheit?

Deutsche Familien finde ich nicht so gut. Die können alles tun und lassen, was sie wollen. Dann sitzen sie irgendwann in der Tinte, und dann kommen sie nicht mehr raus. Zu viel Freiheit. Mit achtzehn können die machen, was sie wollen. Das finde ich nicht gut. Man hat sie in die Welt gesetzt und man muss bis zum Lebensende auf sie aufpassen. In deutschen Familien werden die Kinder mit dreizehn, vierzehn viel zu offen mit zu viel Freiheit belassen. Dann ziehen sie aus und wohnen mit achtzehn allein. Das machen die Türken nicht, vielleicht 10 Prozent. Die türkischen Jugendlichen ziehen erst aus, wenn sie heiraten und einen eigenen Familienstand gründen. Das finde ich besser. Ich denke ja sehr modern, aber das hält mich irgendwie zurück. Diesem Denken kann ich nicht folgen. Das gefällt mir bei den Deutschen nicht. Jahrelang zieht man das Kind mit Kummer und allem auf und dann gehen sie einfach weg, als wären Eltern eine Last.

Aishe, 24 Jahre

Wir können alles machen, was unseren Eltern gefällt

Meine Mutter ist Kinderärztin und hatte in einer Poliklinik gearbeitet. Nach der Wende hat sie sich selbstständig gemacht, mit einer Praxis. Die Wende habe ich nicht so richtig miterlebt. Irgendwann war halt die Mauer offen, und da waren wir in der Philharmonie und es gab umsonst Cola. Wir haben nur Ossis gesehen mit riesigen Einkaufstüten, und ich habe meine erste Barbie bekommen. Aber das war's. Wirtschaftlich gesehen ging es uns gut, wir hatten nie zu wenig Geld. Kurz nach der Wende, als meine Mutter einen Kredit aufgenommen hatte, da haben wir etwas gespart. Mein Vater ist da auch gerade arbeitslos geworden. Er war früher Journalist. Nun macht er Öffentlichkeitsarbeit bei einem Jugendprojekt. Er ist auch eher sozial engagiert, aber es ist nicht die Arbeit mit Kindern, die ich in erster Linie wichtig finde. Es ist erst mal wichtiger, dass Kinder und Erwachsene gleichberechtigt werden. Ich wurde nie von meinen Eltern geschlagen, aber es gab klare Machtverhältnisse. Meine Eltern haben das Sagen. Meine Schwester und ich haben zwar unsere Freiheiten, aber es ist alles begrenzt. Wir können alles machen, was unseren Eltern gefällt.

Petra, 17 Jahre

Mach doch, was du willst

Seit etwa anderthalb Jahren verkehre ich in der Technoszene. Ich gehe gern aus, z. B. ins Dorian Gray oder in Technoclubs, und da bleibe ich bis 7.00 Uhr oder 8.00 Uhr, weil die erst um 1.00 Uhr aufmachen. Ich zahle doch keine 15,– DM [7,66 Euro] Eintritt und bleibe dann nur ein oder zwei Stunden. Außerdem merkt man beim Tanzen gar nicht, wie schnell die Zeit rumgeht. Meine Eltern verstehen das nicht, wenn ich erst morgens heimkomme. Deswegen habe ich kein gutes Verhältnis mehr mit meinen Eltern. Am Anfang musste ich immer fragen, wenn ich weggehen wollte, und mein Vater hat entweder Nein gesagt oder eine Uhrzeit genannt, wann ich zu Hause sein musste. Aber jetzt ist es ihnen egal. Ich sage, ich gehe weg, und sie meinen dann: Mach doch, was du willst. Das gefällt mir auch nicht, dass sie jetzt so gleichgültig sind. Es ist ein separates Nebeneinanderherleben zu Hause. Mein Vater ist der Meinung, dass ich mich nach seinen Vorstellungen ändern sollte. Das würde bedeuten, dass ich die ganzen Leute aufgebe und nur einmal im Monat lange ausgehe. Sie behaupten, ich hätte mich in meinem Verhalten verändert, wäre unfreundlich und würde nur noch an mich denken. Sie hätten es gerne, wenn ich mich so entwickelt hätte wie meine Schwester. Die kleidet sich ein bisschen feiner und hört andere Musik. Die geht mal mit Freunden ins Kino oder einen trinken und kommt nicht so spät heim. Sie hält zu meinen Eltern und findet meine Lebenseinstellung nicht gut.

Nicole, 19 Jahre

Haben Sie ähnliche oder andere Erfahrungen mit der Freiheit gemacht wie die drei Jugendlichen? Diskutieren Sie darüber im Kurs. Welchen der beschriebenen Freiheitsaspekte würden Sie zustimmen, welchen nicht? Begründen Sie Ihre Auffassung.

Frei zu sein, heißt schwimmen zu lernen.

Jean-Paul Sartre, 1905–1980, französischer Philosoph, Nobelpreis für Literatur

Vergleichen Sie die Äußerung von Sartre mit den Ansichten der vier Jugendlichen (vgl. auch S. 32/33). Beschreiben Sie Gemeinsamkeiten und Unterschiede.

Savater: Freiheit als Triebfeder menschlichen Handelns

Die Entdeckung schwindelerregender Freiheit

Der russisch-französische Schriftsteller Andreï Makine erzählt in seinem Roman „Die Liebe am Fluss Amur" die Geschichte von drei Jugendlichen, die in Ostsibirien aufwachsen und von der Freiheit im Westen träumen. Einer von ihnen, der 16-jährige Utkin, ist als Kind von einer Eisscholle auf dem Amur eingequetscht worden und seitdem gehbehindert. In kalten Winternächten denkt er über sein Schicksal nach und versucht darin auch so etwas wie Freiheit zu entdecken.

Er dachte wieder an seinen Unfall. Im Geiste sah er den schweren, mächtigen Eisgang, den gewaltigen Zusammenstoß der Eisschollen, er hörte den ohrenbetäubenden Lärm des Zusammenpralls, er sah die durchsichtigen grünlichen Eisblöcke, die an die Oberfläche gedrückt wurden und sich übereinander schoben. Mehr als einen Meter waren sie dick.

Sein Gedächtnis wiederholte synkopisch[1], aber mit untrüglicher Schärfe die Gedankenflut von damals. Als er auf dem Dreieck aus Eis stand und vergeblich versuchte, das Gleichgewicht zu bewahren, hatte er Angst, verspottet zu werden. Diese Angst, sich lächerlich zu machen, war zweifellos der Grund seiner Ungeschicklichkeit.

Es hatte wirklich nur an wenigen Kleinigkeiten gelegen. Wenn er ein bisschen flinker gewesen wäre, wenn er sich eine Spur weniger um die Blicke der am Ufer zusammengelaufenen Menschen geschert hätte, wäre alles geblieben, wie es war. Wenn er ein paar Zentimeter vom Ufer zurückgetreten wäre, hätte der Tee, den er gleich mit seiner Mutter trinken würde, einen anderen Geschmack und der Frühlingstag draußen vor den Fenstern eine andere Bedeutung. Ja, dann wäre alles beim Alten geblieben.

Verwundert entdeckte er, dass die festgefügte, augenscheinliche, von allwissenden Erwachsenen geregelte Welt sich plötzlich als zerbrechlich und unberechenbar erwies. Einige Zentimeter zu dicht am Ufer, ein paar spöttische Blicke zu viel, auf die man achtete, und die alten Maßstäbe sind dahin, das Leben ist wie umgedreht. Jetzt laufen einem die Freunde von gestern davon und man hinkt im Matsch hinterher, die Mutter wendet übermenschliche Kraft auf, um zu lächeln, und allmählich gewöhnt man sich an das neue Dasein und erstarrt endgültig in diesem Leben.

Die Welt, die plötzlich ungewiss geworden war, flößte ihm Entsetzen ein. Doch manchmal, und ohne es deutlich ausdrücken zu können, empfand Utkin beim Gedanken an seine Entdeckung eine schwindelerregende Freiheit. Wie viele Menschen nahmen die Welt ernst und waren überzeugt von dem, was sie sahen? Er allein wusste, dass eine Winzigkeit genügte, um dieses Universum auf den Kopf zu stellen und unkenntlich zu machen.

1 synkopisch: gegen den Rhythmus betont

*Andreï Makine, *1957, russisch-französischer Schriftsteller*

Was versteht Utkin unter schwindelerregender Freiheit? Haben Sie in Ihrem Leben ähnliche Erfahrungen gemacht? Klären Sie den Begriff anhand von Beispielen.

Welche Form von Freiheit meint Utkin? Lesen Sie den folgenden Text und versuchen Sie anschließend, die Frage zu beantworten.

Freiheit als Ursache-Wirkungsprinzip

Die Frage der Freiheit stellt sich nicht auf dem Gebiet der physikalischen Kausalität. Natürlich behauptet niemand, dass menschliche Handlungen Ursachen haben, die von der experimentellen Wissenschaft wie etwa der Neurophysiologie nicht erklärt werden können. Die Frage nach der Freiheit stellt sich jedoch auf dem Gebiet menschlicher *Handlungen* als solcher. Diese können nicht nur von außen als Abfolge von Ereignissen gesehen werden, sondern müssen auch *von innen* betrachtet werden, indem man so schwierig zu handhabende Variablen wie „Wille", „Intention" („Absicht"), „Motiv", „Voraussicht" usw. ins Kalkül zieht.

Die bloße wissenschaftliche Undeterminiertheit[1] ist also nicht mit „Freiheit" gleichzusetzen: Das Verhalten von Elektronen mag unvorhersehbar sein, doch es ist in keinem wirklichen Sinn des Wortes „frei". Und das gilt vor allem auch umgekehrt: Das physikalisch oder physiologisch Determinierte muss freies Handeln nicht ausschließen. Wenn niemand bestreitet, dass das Leben aus unbelebter Materie entstanden ist und das Bewusstsein aus etwas, das kein Bewusstsein hat: Warum könnte die Freiheit nicht ebenso aus der streng determinierten Materie entstanden sein?

Versuchen wir den Begriff Freiheit, der sich für uns nun in eine Problematik verwandelt hat, näher zu klären – *immer* der erste Schritt in jeder philosophischen Analyse, die ja nicht blenden oder überraschen, sondern verstehen will. Zunächst können wir sagen, dass die Freiheit keinen Akt ohne vorherige Ursache bedeutet, also kein „Wunder", dass die Kette von Ursachen und Wirkungen unterbricht. Vielmehr geht es bei der Freiheit offenbar um eine andere Art von Ursache, die zusammen mit den Übrigen betrachtet werden muss. Von der Freiheit zu sprechen heißt nicht auf Kausalität zu verzichten, sondern den Begriff „Kausalität" zu erweitern und zu vertiefen.

Eine „Handlung" ist frei, weil ihre Ursache ein Subjekt ist, das fähig ist zu wollen, zu wählen und seine Vorhaben zu verwirklichen: d. h. eine *Absicht* oder einen *Zweck* in die Tat umzusetzen. In diesem Sinn kann der Akt, den Arm zu heben, kaum als „Handlung" betrachtet werden. Es sei denn, er wird im Rahmen einer Intention ausgeführt: Ich hebe den Arm, *um* in einer Versammlung das Wort zu erbitten, *um* einen Klingelknopf zu drücken oder ein Taxi zu rufen – oder sogar, *um* in einer philosophischen Diskussion zu beweisen, dass ich frei über meine Gesten entscheiden kann.

Andererseits haben die Wünsche oder Zwecke dieses Subjekts, das zu intentionalem, zielgerichtetem Handeln fähig ist, zweifellos auch ihre eigenen vorausgehenden Ursachen, ob es sich dabei um „Triebe", „Beweggründe" oder „Zielsetzungen" handelt. Wir werden noch darauf zurückkommen. Für den Moment reicht es festzustellen, dass Freiheit nicht einen Bruch in der Kausalitätskette darstellt. Sie ist stattdessen eine neue *praktische*, das heißt das Handeln betreffende Kausalität, die diese bereichert. Zu sagen, dass ich eine Handlung frei aufgeführt habe, bedeutet nicht das Gleiche wie zu sagen: „Diese

Handlung geschieht ohne Ursache." Es bedeutet vielmehr: „Die Ursache dieser Handlung bin ich in meiner Eigenschaft als Subjekt."

Drei Bedeutungen des Begriffes „Freiheit"

Der Begriff „Freiheit" wird gewöhnlich in drei unterschiedlichen Bedeutungen verwendet, die in Erörterungen des Themas häufig durcheinander geraten. Es ist daher ratsam, sie zumindest so weit wie möglich zu unterscheiden.

1.) Die Freiheit als Fähigkeit, gemäß den eigenen Wünschen und Plänen zu handeln. Dies ist die gebräuchlichste Bedeutung des Wortes, auf die wir uns am häufigsten beziehen, wenn das Thema im Gespräch auftaucht. Es bezieht sich auf Situationen, in denen physische, psychologische oder rechtliche Hindernisse fehlen, die unseren Willen beschränken könnten. Nach diesem Verständnis ist derjenige frei – sich zu bewegen, zu gehen oder zu kommen –, der nicht gefesselt oder eingesperrt ist, bedroht oder gefoltert wird oder unter Drogeneinfluss steht.

Darüber hinaus ist in diesem Sinne frei – am öffentlichen Leben teilzunehmen, sich um öffentliche Ämter zu bewerben –, wer nicht durch diskriminierende Gesetze an den Rand gedrängt oder ausgeschlossen ist, wer nicht in furchtbarem Elend oder völliger Unwissenheit lebt usw. Meiner Auffassung nach umfasst diese Definition von Freiheit nicht nur die Möglichkeit, das Gewollte anzustreben, sondern auch eine gewisse Chance, es zu erreichen. Wenn es überhaupt keine Erfolgsaussicht gibt, würden wir auch nicht sagen, dass es Freiheit gibt: Vor dem *Unmöglichen* ist niemand wirklich frei.

2.) Die Freiheit zu wollen, was ich will – noch vor jeglichem Versuch, das Gewollte wirklich zu erreichen. Es handelt sich hier um eine kompliziertere und weniger offenkundige Bedeutungsebene des Wortes Freiheit. So stramm gefesselt oder sicher eingesperrt ich auch sein mag, niemand kann mich daran hindern, eine Reise machen zu *wollen*, man kann mich lediglich daran hindern, sie tatsächlich anzutreten. Wenn ich nicht will, kann mich niemand zwingen, meinen Folterer zu hassen oder die verordneten Meinungen zu glauben, die er mir mit Gewalt aufnötigen will. Mein Wollen ist frei, auch wenn die Umstände die Möglichkeit seiner Ausführung vereiteln. Die Stoiker* (Anhänger einer philosophischen Richtung, die bis in die Spätantike sehr einflussreich war) bestanden stolz auf dieser unverletzlichen Freiheit des menschlichen Willens. Der Verlauf der Ereignisse liegt nicht in meiner Hand – ein einfacher Stein im Schuh kann meinen Weg unterbrechen –, doch die Redlichkeit – oder Perversion – meines Willens trotzt den Gesetzen der Physik und des Staates. Ein Beispiel dafür unter Tausenden bot der Stoiker Cato der Jüngere im alten Rom, als er die Rebellion der Republikaner gegen Cäsar unterstützte. Nachdem die Rebellen besiegt waren, sagte Cato dem Historiker Plutarch zufolge, die Sache der Besiegten habe zwar den Göttern missfallen, ihm selbst jedoch gefallen. Die Götter – die Notwendigkeit, die Geschichte, das Unvermeidliche – können die Pläne des Menschen vereiteln. Doch sie können nie verhindern, dass er *diese* Pläne hat und keine anderen.

3.) Die Freiheit, das zu wollen, was wir nicht wollen, und das nicht zu wollen, was wir tatsächlich wollen. Ohne Zweifel ist dies die seltsame und am schwierigsten zu erklärende Bedeutung des Wortes Freiheit. Um uns ihr anzunähern, können wir zunächst darauf hinweisen, dass Menschen nicht nur Wünsche verspüren, sondern auch Wünsche bezüglich ihrer Wünsche haben. Wir haben nicht nur Intentionen, sondern hätten auch gerne bestimmte Intentionen – obwohl wir sie tatsächlich nicht haben. Nehmen wir an, ich komme an einem brennenden Haus vorbei und höre im Inneren ein Kind weinen. Ich möchte nicht hineingehen, um es zu retten. Ich habe Angst, es ist sehr gefährlich, und schließlich gibt es dafür ja Feuerwehrleute. […] Gleichzeitig jedoch *möchte ich wollen* hineinzugehen, um das Kind zu retten, denn es würde mir gefallen, nicht so viel Angst vor der Gefahr zu haben. Und ich würde gern in einer Welt leben, in der die Erwachsenen den Kindern im Falle eines Feuers helfen. Ich bin das, was ich sein möchte, aber gleichzeitig möchte ich anders sein – anderes, Besseres wollen.

1 Undeterminiertheit: Unbestimmtheit

*Fernando Savater, *1946, spanischer Philosoph*

Fassen Sie mit eigenen Worten die drei unterschiedlichen Bedeutungen des Begriffes Freiheit zusammen und konkretisieren Sie diese an je einem Beispiel. Erarbeiten Sie anschließend ein Schema mit den verschiedenen Wortbedeutungen und erweitern Sie dieses im Laufe der Unterrichtseinheit.

Das moderne Sklavenschiff

COTONOU – Es war eine Irrfahrt über zwei Wochen. Die letzten Lebensmittel waren aufgebraucht, als der nigerianische Frachter „MV Etireno" im Hafen von Cotonou in Benin einlief. Polizisten und Mitarbeiter der Vereinten Nationen untersuchten sofort das Schiff, um dem schrecklichen Verdacht nachzugehen, dass die Fracht der „MV Etireno" aus Kindersklaven bestehe. Er bestätigte sich vorerst nicht. An Bord des überfüllten Schiffes befanden sich nur sieben Kinder mit ihren Müttern. Der internationale Haftbefehl gegen den beninischen Kapitän Lawrence Onome wurde ausgesetzt. „Ich leugne nicht, dass Benin am Handel mit Kindern beteiligt ist. Die Regierung wird alles in ihrer Macht Stehende tun, um dagegen zu kämpfen", sagte Benins Sozialministerin Ramatou Baba Moussa. Sie nehme an, dass die „MV Etireno" mit einem anderen Schiff verwechselt worden sei.

Die Odyssee des Frachters begann am 27. März, als er Benin verließ. Am 2. April lief er im Hafen von Libreville, der Hauptstadt von Gabun, ein. Die dortigen Behörden setzten Besatzung und Passagiere vier Tage lang fest, offenbar wegen unzureichender Dokumente. Am 6. April lief das Schiff wieder aus und erreichte am 12. April Douala in Kamerun – das Anlegen wurde ihm auch dort verweigert. UN-Mitarbeiter fordern indessen eine gründliche Prüfung des Sachverhalts. Noch immer bestehe der Verdacht, so ein Sprecher in Cotonou, dass der Kapitän die Kinder möglicherweise über Bord geworfen habe. [...] Die Republik Benin gilt als regionale Drehscheibe des Kinderhandels. Zwischen 1996 und 2000 griffen Grenzbeamte nach Behördenangaben mehr als 3000 Kinder auf, die von Schleppern außer Landes gebracht werden sollten. Eine verhängnisvolle Kombination aus Armut und Unwissenheit macht diesen Menschenhandel möglich. Diese Schmuggler, in Benin unverfänglich „Passeurs" (Fährmann) genannt, locken mittellose Eltern mit Versprechungen und Geld. Sie würden den Kindern eine gute Ausbildung besorgen, sichern die Händler den Eltern zu. Und sie zahlen pro Kind bis zu 50 Mark [25,56 Euro]. In einem Land wie Benin, das zu den ärmsten der Welt gehört, ist das eine Menge Geld. Auf Kakao- und Zuckerrohrplantagen in Gabun, Elfenbeinküste, Nigeria und Kamerun werden dann die Kinder als billige Arbeitskräfte weiterverkauft – für bis zu 1000 Mark [511,29 Euro]. Mädchen werden oft auch zur Prostitution gezwungen.

Die Welt, 18. 4. 2001

17. 4. 2001: Ein Hafenpolizist trägt in Cotonou einen Jungen von Bord der „MV Etireno".

Sklaverei

Die Sklaverei im alten Griechenland unterscheidet sich von der Leibeigenschaft der Heloten und der römischen Coloni. Der Sklave ist Eigentum eines anderen Menschen, der Leibeigene dagegen ist nur an den Boden, nicht an einen Menschen gebunden. Kriegsgefangenschaft, Menschenraub und -handel sind Quelle der Sklaverei. Mit Geldwirtschaft, Handel und Gewerbe nahm um 600 v. Chr. die Sklaverei zu, in den verschiedenen Gebieten jedoch in unterschiedlichem Maße. Solon beseitigte die Schuldknechtschaft als eine Ursache der Sklaverei. Sklaven arbeiteten im Haushalt als Diener und Pädagogen, als Landarbeiter, als Handwerker im Metall-, Leder- und Töpfergewerbe des Herrn, als Bankangestellte, Ärzte, Musiker oder waren gegen eine Abgabe an Dritte vermietet. Auch Staats- und niedere Tempelämter waren mit Sklaven besetzt. Die Sklavenarbeit war nicht billiger als die freie Lohnarbeit und die Leistung nicht geringer, da der Sklave durch verbesserte Leistung die Freilassung erreichen konnte. In Athen unterschieden sich Bürger und Sklaven nicht in der Kleidung. Von den politischen Rechten waren sie ausgeschlossen, besaßen jedoch ein eingeschränktes Ehe-, Vermögens- und Zeugnisrecht. Die Sophisten betonten die innere Freiheit des Sklaven und sein Recht auf menschliche Behandlung; Platon und Aristoteles* hielten die Sklaverei für unerlässlich. In der hellenistischen Zeit nahm die Sklavenzahl durch Piraterie, neue Handels- und Absatzgebiete und Sklavenaufzucht zu. Die Gesetze über die Rechtsstellung der Sklaven, die Besteuerung des Sklavenhandels sowie das Asylrecht wurden ausgebaut.

- *Benennen Sie Ursachen für Sklaverei bzw. sklavenähnliche Zustände im 21. Jahrhundert.*

- *Informieren Sie sich über aktuelle internationale Abkommen gegen die Sklaverei und sklavenähnliche Praktiken. Bilden Sie Arbeitsgruppen und lesen Sie nach in: Bruno Simma, Ulrich Fastenrath (Hrsg.), Menschenrechte, dtv, München 1992, S. 116–144. Erarbeiten Sie eine Übersicht und stellen Sie anschließend eine Liste mit Argumenten aus den Abkommen zusammen, die Sie gegen den Kindersklavenhandel in Benin anführen würden.*

Wie Aristoteles die Sklaverei rechtfertigte

Die Seele herrscht über den Körper

Das Lebewesen besteht primär aus Seele und Leib, wovon das eine seiner Natur nach ein Herrschendes, das andere ein Beherrschtes ist. Was dabei naturgemäß sei, muss man eher an dem ablesen, was sich normal verhält, als an dem, was verdorben ist. So muss man auch jenen Menschen untersuchen, der sich nach Leib und Seele in der besten Verfassung befindet. Da wird dies klar. Denn bei Menschen, die schlecht oder in schlechter Verfassung sind, könnte es oft scheinen, als regiere der Körper die Seele, weil sie sich schlecht und naturwidrig verhalten. Zuerst also kann man, wie wir sagen, beim Lebewesen das Herrenverhältnis und das staatsmännische Verhältnis beobachten. Denn die Seele regiert über den Körper in der Weise eines Herrn und der Geist über das Streben in der Weise eines Staatsmannes oder Fürsten. Daraus wird klar, dass es für den Körper naturgemäß und zuträglich ist, von der Seele beherrscht zu werden; ebenso für den leidenschaftsbegabten Teil der Seele, vom Geiste und vom vernunftbegabten Teil beherrscht zu werden; Gleichheit oder ein umgekehrtes Verhältnis wäre für alle Teile schädlich. Ebenso steht es mit dem Verhältnis zwischen dem Menschen und den anderen Lebewesen. Die zahmen sind ihrer Natur nach besser als die wilden, und für alle zahmen Tiere ist es am besten, wenn sie vom Menschen regiert werden. Denn so bleiben sie am Leben erhalten. Desgleichen ist das Verhältnis des Männlichen zum Weiblichen von Natur so, dass das eine besser, das andere geringer ist, und das eine regiert und das andere regiert wird. Auf dieselbe Weise muss es sich nun auch bei den Menschen im Allgemeinen verhalten. Diejenigen, die so weit voneinander verschieden sind wie die Seele vom Körper und der Mensch vom Tier (dies gilt bei allen denjenigen, deren Aufgabe die Verwendung ihres Körpers ist und bei denen dies das Beste ist, was sie leisten können), diese sind Sklaven von Natur, und für sie ist es, wie bei den vorhin genannten Beispielen, besser, auf die entsprechende Art regiert zu werden.

Der Vernünftige regiert den Sklaven

Von Natur ist also jener ein Sklave, der einem anderen zu gehören vermag und ihm darum auch gehört, und der so weit an der Vernunft teilhat, dass er sie annimmt, aber nicht selbstständig besitzt. Die anderen Lebewesen dienen so, dass sie nicht die Vernunft annehmen, sondern nur Empfindungen gehorchen. Doch ihre Verwendung ist nur wenig verschieden: Denn beide helfen dazu, mit ihrer körperlichen Arbeit das Notwendige zu beschaffen, die Sklaven wie die zahmen Tiere. Die Natur hat die Tendenz, auch die Körper der Freien und der Sklaven verschieden zu gestalten, die einen kräftig für die Beschaffung des Notwendigen, die anderen aufgerichtet und ungeeignet für derartige Verrichtungen, doch brauchbar für das politische Leben (das seinerseits aufgeteilt wird in die Bedürfnisse des Krieges und diejenigen des Friedens). Immerhin kommt oft das Gegenteil vor, dass die einen den Körper von Freien haben und die andern die Seele. Doch dies ist allerdings klar: wenn sich die einen bloß körperlich so weit abhöben wie die Standbilder der Götter, so würden schon alle zugeben, dass diejenigen, die dies nicht erreichten, mit Recht die Sklaven von jenen wären. Wenn dies beim Körper zutrifft, so kann man dasselbe mit noch viel mehr Recht von der Seele behaupten. Nur ist es nicht gleich leicht, die Schönheit der Seele zu erkennen wie diejenige des Körpers. […]

Zwei Formen von Sklaverei

Es ist also klar, dass es von Natur Freie und Sklaven gibt und dass das Dienen für diese zuträglich und gerecht ist.
Dass aber auch jene, die das Gegenteil behaupten, in einer gewissen Weise Recht haben, ist nicht schwer einzusehen. Denn Sklaverei und Sklave werden in einem doppelten Sinne verstanden. Es gibt nämlich auch Sklaven und Sklaverei gemäß dem Gesetz. Das Gesetz ist ja eine Vereinbarung darüber, dass, wie man sagt, das im Kriege Besiegte Eigentum des Siegers wird. Gegen dieses Recht erheben viele von denen, die sich theoretisch mit den Gesetzen beschäftigen, Klage auf Gesetzwidrigkeit, als gingen sie gegen einen Politiker vor: Es wäre schrecklich, wenn das Überwältigte der Sklave und Diener dessen sein sollte, der es überwältigen könne und es an Macht überträfe. So haben sogar unter den Weisen die einen diese, die andern jene Meinung.
Die Ursache dieser Differenz, die bewirkt, dass die Argumente hin und her gehen, ist die, dass die Tüchtigkeit, wenn sie die Mittel besitzt, in gewisser Weise auch am leichtesten anderes zu überwältigen vermag und dass das Siegende stets auch eine Überlegenheit an irgendeinem Gute aufweist. Also scheint die Gewalt nicht ohne Tüchtigkeit zu bestehen. Der Streit betrifft nur die rechtmäßige Ausübung der Gewalt; so scheint nämlich den einen die Gerechtigkeit im Wohlwollen zu bestehen, den andern aber gerade die Herrschaft des Stärkeren gerecht zu sein. Wenn man indessen diese Begriffe voneinander trennt, so hat die erste Behauptung, dass nämlich das an Tüchtigkeit Bessere herrschen und regieren solle, weder Gewicht noch Glaubwürdigkeit.
Allgemein gesagt, halten sich einige an ein gewisses Recht, wie sie meinen (denn das Gesetz ist ein gewisses Recht), und erklären, die Sklaverei auf Grund von Kriegen sei gerecht und auch wieder nicht. Denn der Ausgangspunkt von Kriegen kann ungerecht sein, und wer, ohne es zu verdienen, in Sklaverei gerät, den kann man in keiner Weise einen Sklaven nennen. Andernfalls könnten die anerkannt Adligsten zu Sklaven werden und zu Kindern von Sklaven, wenn sie eben gefangen genommen und verkauft werden. Darum wollen jene auch nicht solche Menschen als Sklaven bezeichnen, sondern nur die Barbaren.
Aber wenn sie so reden, suchen sie nichts anderes als das naturgemäße Sklaventum, von dem wir am Anfang gesprochen haben. Denn man muss sagen, dass es Menschen gibt, die unter allen Umständen Sklaven sind, und solche, die es niemals sind.

Aristoteles, 384–322 v. Chr., griechischer Philosoph

- *Wie begründet Aristoteles die Notwendigkeit von Sklaverei? Suchen Sie Argumente aus dem Text. Gehen Sie dabei auch auf den Unterschied zwischen Frauen und Männern ein.*
- *Warum unterscheidet Aristoteles zwei Formen von Sklaverei?*
- *Schreiben Sie einen fiktiven Brief an den griechischen Philosophen, in dem Sie seine Argumentation kritisieren und Gründe gegen die Sklaverei anführen.*

Hobbes: Von der natürlichen zur bürgerlichen Freiheit

Paul Klee, Tänze vor Angst, 1938

Bereits die Stoiker (vgl. S. 9) kritisierten im 3. Jh. v. Chr. Aristoteles'* Unterscheidung zwischen Freien und Sklaven, ohne den Begriff der Freiheit näher zu bestimmen. Erst im 17. Jahrhundert dachte der englische Philosoph Thomas Hobbes ausführlicher darüber nach.*

Freiheit braucht Bewegung

Freiheit bedeutet eigentlich eine Abwesenheit äußerlicher Hindernisse bei einer Bewegung und wird von unvernünftigen und leblosen Dingen ebenso gut gebraucht wie von vernünftigen. Denn was gebunden oder eingeschlossen ist, sodass es sich nur innerhalb eines Raumes, der von äußerlichen Körpern begrenzt wird, bewegen kann, von dem sagt man, es fehle ihm die *Freiheit*, weiterzukommen. So fehlt den Tieren, welche eingesperrt und angelegt sind, die Freiheit, dahin zu gehen, wo sie sonst hingehen würden. Ist aber das Hindernis kein äußerliches, sondern ein innerliches, fehlt es nicht an *Freiheit*, sondern an *Vermögen*. So sagt man von einem, der auf dem Krankenbett liegt, nicht, er habe nicht die Freiheit, sondern nicht das Vermögen zu gehen.
Nach dieser eigentlichen und allgemein angenommenen Bedeutung des Wortes Freiheit wird der *frei* genannt, welcher durch nichts gehindert wird, das zu tun, wozu er Geschicklichkeit und Kräfte besitzt.
Werden die Wörter *frei* und *Freiheit* von anderen als körperlichen Dingen gebraucht, so ist das ein Missbrauch. Was keiner Bewegung fähig ist, dafür gibt es kein Hindernis. Sagt man also z. B., *der Weg* ist frei, so bezieht sich diese Freiheit nicht auf den *Weg*, sondern auf den *Wanderer*. Ebenso wird bei dem Ausdruck *ein freies Geschenk* nicht die Freiheit des Geschenks, sondern die Freiheit des Gebers verstanden. Wenn es ferner heißt, jemand redet frei, so deutet dies nicht auf die Freiheit der Rede, sondern auf die des Redners. Freier Wille endlich bedeutet nicht die Freiheit des Willens, sondern des Wollenden.
Bei ein und derselben Handlung können sich Furcht und Freiheit zugleich finden; wenn z. B. jemand aus Furcht vor einem Schiffbruch alles, was er hat, ins Meer wirft.
Er tut es aus eigenem Entschluss und hätte es, wenn er gewollt, unterlassen können. Er handelte also frei. Ebenso handelt derjenige frei, welcher, um nicht ins Gefängnis gesetzt zu werden, seine Schuld bezahlt, weil es ihm frei stand, ob er bezahlen wollte oder nicht. So sind auch die Handlungen der Bürger, die aus Furcht vor den Gesetzen geschehen, wenn sie ebenso gut unterlassen werden konnten, sämtlich frei. [...]

Freiheit außerhalb der Gesetze

Wie aber die Menschen des Friedens und der Selbsterhaltung wegen einen künstlichen Menschen (den Staat) gemacht haben, so haben sie auch künstliche Bande (bürgerliche Gesetze) erfunden, welche sie durch gegenseitige Verträge einerseits gleichsam an den Lippen des Oberherrn, andererseits aber an ihren Ohren befestigt haben. Können diese Bande an sich wohl zerrissen werden, so sind sie doch haltbar genug, nicht wegen der Schwierigkeit des Zerreißens, sondern wegen der damit verbundenen Gefahr.
Diese künstlichen Bande sind das, wodurch die bürgerliche Freiheit eingeschränkt wird; denn da die Gesetze unmöglich auf alle und jede Handlung ausgedehnt werden können, schreibt man dem Bürger eine Freiheit nur hinsichtlich derjenigen Handlungen über welche die Gesetze nichts bestimmen. Bezüglich dieser Handlungen steht es einem jeden frei, das zu tun, was ihm gutdünkt. Wäre unter bürgerlicher Freiheit nur Befreiung von Gefängnis und Ketten zu verstehen, würden sich unsere jetzigen Aufrührer ohne Grund beschweren und Freiheit fordern, da sie sie hatten und sich doch empörten. Es besteht daher die bürgerliche Freiheit nur in den Handlungen, welche der Gesetzgeber in seinen Gesetzen übergangen hat.

***Thomas Hobbes**, 1588–1679, englischer Philosoph*

- *Wie charakterisiert Hobbes das Verhältnis von Freiheit und Bewegung?*
- *Welchen Zusammenhang sieht er zwischen Freiheit und Furcht? Stimmen Sie ihm zu? Begründen Sie Ihre Auffassung.*
- *Verfolgen Sie die Beziehungen zwischen Freiheit und Bewegung auf dem Bild von Paul Klee. Durch welche Bewgungen kommt beispielsweise die Angst zum Ausdruck? Notieren Sie einige Stichworte dazu.*
- *Interpretieren Sie den Satz: Freiheit besteht nur in den Handlungen, die der Gesetzgeber übergangen hat (vgl. Z. 20/21).*
- *Wenn Sie Hobbes' Charakteristik der bürgerlichen Freiheit ausführlicher kennen lernen wollen, lesen Sie das 21. Kapitel aus: Leviathan, Reclam, Stuttgart 1998, S. 187–199.*

Der Mensch darf sich nicht selbst vernichten

Der Philosoph John Locke hat in seiner Schrift „Zwei Abhandlungen über die Regierung" erstmals in der Geschichte der Philosophie die Sklaverei kritisiert und die Grenzen der Freiheit des Individuums in der Gesellschaft aufgezeigt.

Um politische Gewalt richtig zu verstehen und sie von ihrem Ursprung abzuleiten, müssen wir erwägen, in welchem Zustand sich die Menschen von Natur aus befinden. Es ist ein Zustand *vollkommener Freiheit*, innerhalb der Grenzen des Gesetzes der Natur ihre Handlungen zu regeln und über ihren Besitz und ihre Persönlichkeit so zu verfügen, wie es ihnen am besten scheint, ohne dabei jemanden um Erlaubnis zu bitten oder vom Willen eines anderen abhängig zu sein.

Aber obgleich dies ein Zustand der *Freiheit* ist, so ist es doch kein *Zustand der Zügellosigkeit*. Der Mensch hat in diesem Zustand eine unkontrollierbare Freiheit, über seine Person und seinen Besitz zu verfügen; er hat dagegen nicht die Freiheit, sich selbst oder irgendein in seinem Besitz befindliches Lebewesen zu vernichten, wenn es nicht ein edlerer Zweck als seine bloße Erhaltung erfordert.

Die *natürliche Freiheit* des Menschen liegt darin, von jeder höheren Gewalt auf Erden frei zu sein, nicht dem Willen oder der gesetzgebenden Gewalt eines Menschen unterworfen zu sein, sondern lediglich das Gesetz der Natur zu seinem Rechtsgrundsatz zu erheben. Die *Freiheit des Menschen in der Gesellschaft* besteht darin, unter keiner anderen gesetzgebenden Gewalt zu stehen als der, die durch Übereinkunft in dem Gemeinwesen eingesetzt worden ist, noch unter der Herrschaft eines Willens oder der Beschränkung eines Gesetzes zu stehen als lediglich derjenigen, die von der Legislative auf Grund des in sie gesetzten Vertrauens beschlossen werden.

Keiner kann freiwillig Sklave werden

Diese Freiheit von absoluter oder willkürlicher Gewalt ist so notwendig und eng mit der Erhaltung des Menschen verbunden, dass er sie nicht aufgeben kann, ohne dabei gleichzeitig seine Erhaltung und sein Leben zu verwirken. Denn da der Mensch keine Gewalt über sein eigenes Leben hat, *kann er sich* weder durch einen *Vertrag* noch durch seine eigene Zustimmung *zum Sklaven* eines anderen *machen*. Er kann sich auch ebenso wenig unter die absolute und willkürliche Gewalt eines anderen stellen, die es jenem erlauben würde, ihn zu töten, wenn es ihm gefiele. Niemand kann mehr Gewalt verleihen, als er selbst besitzt. Und wer sich sein eigenes Leben nicht nehmen darf, kann keinem anderen eine Gewalt darüber verleihen. Wenn aber jemand tatsächlich durch eigene Schuld, durch irgendeine Handlung, die den Tod verdient, sein eigenes Leben verwirkt, so darf derjenige, an den er es verwirkt hat (wenn dieser ihn in seine Gewalt bekommt), seine Hinrichtung aufschieben und ihn zu seinem eigenen Dienst gebrauchen, womit er kein Unrecht an ihm begeht. Denn wenn jener glaubt, dass die Mühsal seiner Sklaverei den Wert* seines Lebens überwiegt, so steht es in seiner Macht, durch Widerstand gegen den Willen seines Herrn den gewünschten Tod herbeizuführen.

John Locke, 1632–1704, englischer Philosoph

John Locke

Der Philosoph John Locke (1632–1704) gehört neben Thomas Hobbes (1588–1679) und dem Schweizer Jean-Jacques Rousseau (1712–1778) zu den Vertretern der so genannten Vertragstheorie in der Philosophie. Diese gehen davon aus, dass sich die Menschheit ursprünglich im Naturzustand befand. Die Menschen wurden von Gott geschaffen und mit Vernunft, Freiheit und Gleichheit ausgestattet. Bei Hobbes war der Naturzustand ein fortwährender Kriegszustand aller gegen alle, während Locke und Rousseau ihn im Wesentlichen als friedlich charakterisierten, jedoch ohne Rechtssicherheit für Leben und Eigentum des Einzelnen. Deshalb entschieden sich die Menschen dafür, diesen vorstaatlichen Zustand zu beenden und sich freiwillig zu einer Gesellschaft zusammenzuschließen. Sie taten dies als freie Menschen. Bei Locke behalten sie dabei ihre individuellen Freiheitsrechte, die sie bei Hobbes auf einen Leviathan (Herrscher oder Herrschergruppe) übertragen.

- Grenzen Sie in einem Begriffsschema Freiheit von Zügellosigkeit ab, indem Sie zu jedem der beiden Begriffe verwandte Begriffe suchen.
- Mit welchen Argumenten kritisiert John Locke die Sklaverei? Prüfen Sie diese Argumente.
- Schreiben Sie einen fiktiven Dialog, in dem die Philosophen Aristoteles (vgl. S. 11) und John Locke über Freiheit und Sklaverei streiten.

Locke: Der Schutz des Eigentums hat Vorrang

Nach Ansicht von John Locke gründen die Menschen vor allem deshalb einen Staat, um ihr Eigentum zu schützen. Der Staat muss diesen Schutz gesetzlich garantieren, was z. B. im Grundgesetz der Bundesrepublik geregelt wird.

§ **Grundgesetz**

Art. 14
Eigentum und Erbrecht werden gewährleistet.

„Da kann die Politik nichts machen."

NEUWIEDENTHAL. Nun machen auch die Neuwiedenthaler Bürger gegen den bevorstehenden Abriss der Kneipe „Hombacher's" in Neuwiedenthal mobil. Sie beklagten sich am Montagabend im Rahmen der Beiratssitzung bei Stadtentwicklungssenator Willfried Maier, dass durch den Verkauf des Hauses in der Cuxhavener Straße 128 an den „Lidl"-Konzern der letzte attraktive Treffpunkt in Süderelbe schließe. Aber Maier enttäuschte sie: „Da kann die Politik nichts machen." In einem Rechtsstaat dürfe jeder sein Eigentum verkaufen, an wen er wolle. Dies dürfe im Nachhinein nicht dadurch verhindert werden, dass das Gebäude unter Denkmalschutz gestellt werde.

Wie berichtet, hat der Eigentümer das Haus an „Lidl" verkauft. Das Unternehmen will dort einen Discounter in unmittelbarer Nähe zu „Aldi" bauen und deshalb das mehr als 100 Jahre alte, stark renovierungsbedürftige Gebäude abreißen lassen. „Ich bin enttäuscht, dass der Eigentümer uns das Haus nicht angeboten hat", bedauerte Kneipier Heiko Hornbacher gestern gegenüber den HAN. Der Verpächter begründete dies mit einem Rechtsstreit mit Hornbacher wegen nicht gezahlter Mieten. „Da war das Verhältnis getrübt." Im Übrigen habe „Lidl" plötzlich ein unerwartet gutes Angebot gemacht. Die von Hornbacher vor fünf Jahren ins Spiel gebrachten 960 000 Mark seien zu wenig gewesen.

Hornbacher selbst sieht für die Zeit nach der Schließung, die spätestens im September erfolgen müsse, keine Alternative.

Harburger Anzeigen und Nachrichten, 8. 11. 2000

- *Wie beurteilen Sie das Argument des Hamburger Politikers?*
- *Welche Alternative hätten Sie vorgeschlagen?*
- *Überlegen Sie, ob die Argumentation von John Locke neue Argumente zur Lösung des oben erwähnten Problems bietet.*

Das Ziel ist die Erhaltung des Eigentums

In der „Zweiten Abhandlung über die Regierung" legt John Locke ausführlich dar, warum die Menschen den Naturzustand und die damit verbundene Freiheit freiwillig aufgeben.

Wenn der Mensch im Naturzustand so frei ist, wie gesagt worden ist, wenn er der absolute Herr seiner eigenen Person und seiner Besitztümer ist, dem Größten gleich und niemandem untertan, warum soll er auf seine Freiheit verzichten? Warum soll er seine Selbstständigkeit aufgeben und sich der Herrschaft und dem Zwang einer anderen Gewalt unterwerfen? Die Antwort darauf liege auf der Hand: Obwohl er nämlich im Naturzustand ein solches Recht hat, so ist doch die Freude an diesem Recht sehr ungewiss, da er fortwährend den Übergriffen anderer ausgesetzt ist. Denn da jeder im gleichen Maße König ist wie er, da alle Menschen gleich sind und der größere Teil von ihnen nicht genau die Billigkeit und Gerechtigkeit beachtet, so ist die Freude an seinem Eigentum, das er in diesem Zustand besitzt, sehr ungewiss und sehr unsicher. Das lässt ihn bereitwillig einen Zustand aufgeben, der bei aller Freiheit voll von Furcht und ständiger Gefahr ist. Und nicht grundlos trachtet er danach und ist dazu bereit, sich mit anderen zu einer Gesellschaft zu verbinden, die bereits vereinigt sind oder doch die Absicht hegen, sich zu vereinigen, zum gegenseitigen Schutz ihres Lebens, ihrer Freiheiten und ihres Vermögens, was ich unter der allgemeinen Bezeichnung Eigentum zusammenfasse.

Das große und hauptsächliche Ziel, weshalb Menschen sich zu einem Staatswesen zusammenschließen und sich unter eine Regierung stellen, ist also die Erhaltung ihres Eigentums. Dazu fehlt es im Naturzustand an vielen Dingen:

Erstens fehlt es an einem feststehenden, geordneten und bekannten Gesetz, das durch allgemeine Zustimmung als die Norm für Recht und Unrecht und als der allgemeine Maßstab zur Entscheidung ihrer Streitigkeiten von ihnen allen angenommen und anerkannt ist. Denn obwohl das Gesetz der Natur für alle vernunftbegabten Wesen klar und verständlich ist, werden die Menschen doch durch ihr eigenes Interesse beeinflusst, und da sie außerdem nicht darüber nachdenken und es folglich auch zu wenig kennen, pflegen sie es nicht als ein Recht anzuerkennen, das in seiner Anwendung auf ihre eigenen Fälle für sie verbindlich wäre.

Zweitens fehlt es im Naturzustand an einem anerkannten und unparteiischen Richter, mit der Autorität, alle Zwistigkeiten nach dem feststehenden Gesetz zu entscheiden. Denn da im Naturzustand jeder gleichzeitig Richter und auch Vollzieher des Gesetzes der Natur ist, die Menschen aber sich selbst gegenüber parteiisch sind, ist es sehr wahrscheinlich, dass in eigener Sache Leidenschaft und Rache sie zu weit fortreißen und ihren Eifer übertreiben, in Sachen anderer Menschen dagegen

Nachlässigkeit und Gleichgültigkeit sie zu indifferent machen werden.

Drittens fehlt es im Naturzustand oft an einer Gewalt, dem gerechten Urteil einen Rückhalt zu geben, es zu unterstützen und ihm die gebührende Vollstreckung zu sichern. Menschen, die sich durch irgendeine Ungerechtigkeit gegen das Gesetz vergehen, werden, wenn sie dazu in der Lage sind, selten darauf verzichten, ihr Unrecht mit Gewalt durchzusetzen: Ein solcher Widerstand macht die Bestrafung häufig gefährlich und oftmals für die, die sie durchführen sollen, verderblich.
So sind trotz aller Vorrechte des Naturzustands die Menschen doch, solange sie in ihm verbleiben, in einer schlechten Lage und werden deshalb schnell zur Gesellschaft gezwungen. Und das ist auch die Ursache, dass wir selten eine Anzahl von Menschen finden, die längere Zeit in diesem Zustand zusammenleben. Die Unzuträglichkeiten, denen sie darin ausgesetzt sind durch die unregelmäßige und unbestimmte Ausübung der Macht, die jeder Mensch hat, um die Übertretungen anderer zu bestrafen, veranlassen sie, zu den festen Gesetzen einer Regierung Zuflucht zu nehmen und dort die Erhaltung ihres Eigentums zu suchen. Eben das macht alle Menschen so bereitwillig, auf ihre persönliche Macht der Bestrafung zu verzichten, damit sie allein von denjenigen ausgeübt werde, die unter ihnen dazu bestimmt werden, und zwar nach solchen Regeln, wie sie die Gemeinschaft oder diejenigen, die zu diesem Zweck von ihr ermächtigt werden, vereinbaren. Und hierin sehen wir das ursprüngliche Recht und den Ursprung von beiden, der legislativen und exekutiven Gewalt wie auch der Regierungen und der Gesellschaften selbst.

Denn im Naturzustand hat der Mensch, abgesehen von der Freiheit unschuldigen Vergnügens, zweierlei Gewalten.

Die erste ist, alles zu tun, was er innerhalb der Grenzen des Gesetzes der Natur für die Erhaltung seiner selbst und der anderen Menschen als richtig ansieht. Durch dieses ihnen allen gemeinsame Gesetz bilden er und alle übrigen Menschen eine einzige Gemeinschaft und formen eine Gesellschaft, die sich deutlich von allen anderen Lebewesen abhebt. Und gäbe es nicht die Verderbtheit und Schlechtigkeit entarteter Menschen, so würde man auch kein Verlangen nach einer anderen Gesellschaft haben; es läge keinerlei Notwendigkeit vor, dass sich die Menschen von dieser großen und natürlichen Gemeinschaft trennen sollten und sich durch positive Vereinbarungen zu kleineren oder Teilgemeinschaften vereinigten.
Die andere Gewalt, die ein Mensch im Naturzustand hat, ist die Gewalt, Verbrechen zu bestrafen, die gegen jenes Gesetz begangen wurden. Die beiden Gewalten gibt er auf, wenn er sich einer privaten oder, wenn ich es einmal so nennen darf, besonderen politischen Gesellschaft anschließt und sich einem von der übrigen Menschheit gesonderten Staatswesen einverleibt.

Die erste Gewalt, nämlich alles zu tun, was er für die Erhaltung seiner selbst und der übrigen Menschheit als richtig ansieht, gibt er auf, damit sie durch die Gesetze der Gesellschaft so weit geregelt werde, wie es die Erhaltung seiner selbst und der übrigen Glieder dieser Gesellschaft erfordert. Diese Gesetze der Gesellschaft schränken in vieler Hinsicht die Freiheit ein, die er nach dem natürlichen Gesetz hatte.
Die zweite Gewalt, nämlich die Gewalt zu strafen, gibt er vollständig auf und verpflichtet seine natürliche Kraft (die er vorher auf Grund seiner eigenen Autorität nach seinem Gutdünken nur zur Vollstreckung des natürlichen Gesetzes gebrauchen durfte), um die exekutive Gewalt der Gesellschaft zu unterstützen, so wie es das Gesetz verlangt. Er befindet sich jetzt in einem neuen Zustand, der ihm von der Arbeit, Hilfe und Gesellschaft anderer in dieser Gemeinschaft viele Vorteile und auch den Schutz ihrer gesamten Stärke bringen soll. Deshalb muss er aber auch seinerseits so weit auf seine natürliche Freiheit, allein für sich selbst zu sorgen, verzichten, wie es das Wohl, das Gedeihen und die Sicherheit der Gesellschaft erfordern. Das ist nicht nur notwendig, sondern auch gerecht, weil die anderen Glieder der Gesellschaft das Gleiche tun.

Mit ihrem Eintritt in die Gesellschaft verzichten nun die Menschen zwar auf die Gleichheit, Freiheit und exekutive Gewalt des Naturzustands, um sie in die Hände der Gesellschaft zu legen, damit die Legislative so weit darüber verfügen kann, wie es das Wohl der Gesellschaft erfordert. Doch geschieht das nur mit der Absicht jedes Einzelnen, um damit sich selbst, seine Freiheit und sein Eigentum besser zu erhalten (denn man kann von keinem vernünftigen Wesen voraussetzen, dass es seine Lebensbedingungen mit der Absicht ändere, um sie zu verschlechtern). Man kann deshalb auch nie annehmen, dass sich die Gewalt der Gesellschaft oder der von ihr eingesetzten Legislative weiter erstrecken soll als auf das gemeinsame Wohl. Sie ist vielmehr verpflichtet, das Eigentum eines jeden dadurch zu sichern, indem sie gegen jene drei erwähnten Mängel Vorsorge trifft, die den Naturzustand so unsicher und unbehaglich machten. Wer immer daher die Legislative oder höchste Gewalt eines Staatswesens besitzt, ist verpflichtet, nach festen, stehenden Gesetzen zu regieren, die dem Volke verkündet und bekannt gemacht wurden, und nicht nach Beschlüssen des Augenblicks; durch unparteiische und aufrechte Richter, die Streitigkeiten nach jenen Gesetzen entscheiden müssen. Weiter ist er verpflichtet, die Macht dieser Gemeinschaft im Innern nur zur Vollziehung dieser Gesetze, nach außen zur Verhütung und Sühne fremden Unrechts und zum Schutz der Gemeinschaft vor Überfällen und Angriffen zu verwenden. Und all dies darf zu keinem anderen Ziel führen als zum Frieden, zur Sicherheit und zum öffentlichen Wohl des Volkes.

John Locke, 1632–1704, englischer Philosoph

- *Prüfen Sie die Argumente, die John Locke für die Überwindung des Naturzustands anführt.*
- *Wie erklären Sie sich, dass Locke den Schutz des Eigentums als wichtigste Forderung des Staatswesens ansieht?*
- *Informieren Sie sich in Zusammenarbeit mit dem Geschichtsunterricht über die Entstehung des Eigentums in England.*

Marc Aurel: Freiheit durch Selbstbeschränkung

Du bist Darsteller in einem Stück

Sicherlich haben Sie schon einmal den Ausdruck gehört, dass sich jemand „stoisch" angesichts eines Schicksalsschlags verhält. Damit ist gemeint, dass ein Mensch mit Gelassenheit auf harte Einschnitte und Krisen in seinem Leben reagiert. Er entwickelt sozusagen eine Unerschütterlichkeit des Gemüts (Ataraxie), kombiniert mit Selbstgenügsamkeit (Autarkie) und eine Unabhängigkeit von Affekten und Leidenschaften (Apathie). Die philosophische Grundlage für diese ethische Haltung bildet die Auffassung der Stoiker, dass die Wirklichkeit von Gott vernünftig geordnet wurde. Und wer diese Ordnung erkennt und sich ihr freiwillig unterwirft, kann sich geistig über die Widrigkeiten des Lebens erheben. Der Stoiker Epiktet, ein freigelassener Sklave, fasste diese Einstellung mit den folgenden Worten zusammen: „Gedenke, dass du Darsteller eines Stückes bist, das der Spielleiter bestimmt, und zwar eines kurzen, wenn er es kurz, eines langen, wenn er es lang wünscht. Wenn er wünscht, dass du einen Bettler darstellen sollst, musst du auch diesen angemessen spielen, und so, wenn du einen Krüppel, einen Herrscher, eine Privatperson darstellen sollst. Denn deine Sache ist es, die zugewiesene Rolle ordentlich zu spielen; sie auszuwählen ist Sache eines anderen. Die stoische Philosophie entfaltete sich über mehrere Jahrhunderte in der griechisch-römischen Antike. Sie wurde auf Zypern von Zenon von Kition (334–262 v. Chr.) begründet. Weitere wichtige Vertreter waren Epiktet (ca. 50–138) und der römische Kaiser Marc Aurel (121–180).*

Interpretieren Sie die stoische Weisheit „Darsteller in einem Stück zu sein" aus: Epiktets Handbüchlein der Ethik, Reclam, Stuttgart 1998. Vgl. auch S. 38/39.

Erarbeiten Sie ein Fachreferat zur Geschichte der stoischen Philosophie. Verwenden Sie als Literaturgrundlage: Die stoische Philosophie, in: Wolfgang Röd, Kleine Geschichte der antiken Philosophie, Beck'sche Reihe, München 1998, S. 271–290.

Rückkehr zu sich selbst

Der römische Kaiser und Philosoph Marc Aurel hat in seinen Tagebuchaufzeichnungen verschiedene Formen der Selbstbeschränkung charakterisiert, die als „Selbstbetrachtungen" in der philosophischen Tradition bekannt wurden.

Da suchen sich die Menschen Stätten, um sich zurückzuziehen: Aufenthalt auf dem Lande, an der See, im Gebirge. Und auch du pflegst dich am meisten nach solchen Stätten zu sehnen. Und doch ist all solches Verlangen in höchstem Grade kindisch, während es doch möglich ist, sich zu jeder Stunde, wenn man will, in sich selber zurückzuziehen. Denn der Mensch zieht sich nach keiner anderen Stätte zu größerer Ruhe und Ungestörtheit zurück als in seine eigene Seele, vor allem derjenige, der in sich einen solchen Seelengrund hat, dass er, wenn er in ihm untertaucht, sich alsbald in vollendeter Ruhe befindet. Unter „Ruhe" aber verstehe ich nichts anderes als vollendete Harmonie. Suche dir daher ständig diese Zuflucht und erneuere dich selbst. Es soll aber kurz und grundlegend sein, was dir im gegebenen Falle sofort einfallen und genügen wird, um den ganzen Hofstaat von dir abzusperren und dich zu geleiten, ohne dass du über das grollst, zu dem du zurückkehrst. Worüber regst du dich denn auf? Über die Schlechtigkeit der Menschen? Ruf dir den Satz ins Gedächtnis, dass die vernünftigen Wesen umeinander willen da sind und dass Duldsamkeit gegenüber seinen Mitmenschen zur Gerechtigkeit gehört und dass sie ja wider ihren Willen fehlen[1]; bedenk auch, wie viele schon miteinander verfeindet, voll Argwohn und Hass gegeneinander, ja auf Leben und Tod miteinander gekämpft und sich dann zum letzten Male ausgestreckt haben und zu Asche geworden sind! Daran denke und komm doch endlich zur Ruhe! Oder grollst du etwa auch über das, was dir der Weltlauf bringt? Ruf dir das Entweder-oder ins Gedächtnis: „Entweder eine Vorsehung oder Atome" (sind der Grund der Welt) und die Beweise, aus denen sich ergab, dass der Kosmos gleichsam ein Staat ist. Oder beunruhigen dich noch körperliche Triebe? Bedenke, dass sich die Seele, wenn sie sich erst einmal abgesondert und die ihr eigentümlichen Kräfte erkannt hat, nicht mit dem sich glatt oder rau bewegenden Lebenshauch vermischt; denk auch daran, was du über Schmerz und Lust mit voller Zustimmung gehört hast! […]
Die ganze Erde ist ja nur ein Punkt, und ein wie kleiner Fleck von ihr ist diese Wohnstätte der Menschen! Und wie wenige sind dort, und was für Leute sind es, die dich loben werden! Und dann denk fortan an die Rückzugsmöglichkeit auf dies Fleckchen, das dir selber gehört, und vor allem, lass dich nicht hin und her zerren und sei nicht gar zu erpicht auf irgendetwas, sondern sei freien Sinnes und blick auf die Dinge wie ein Mann, wie ein Mensch, wie ein Bürger, wie ein sterbliches Wesen. Unter den Sätzen aber, die dir unmittelbar zur Hand sein müssen, auf die du dich zurückziehen kannst, sollen die folgenden zwei sein: Erstens, dass die Dinge nicht die Seele berühren, sondern außerhalb dieser regungslos dastehen, dass vielmehr die Beunruhigungen ausschließlich aus der Meinung in uns kommen. Und zweitens, dass all das, was du hier siehst, beinah schon in Umwandlung begriffen ist und bald gar nicht mehr sein wird. Denk auch stets daran, wie viele (Dinge und Menschen) Umwandlungen du selber schon erlebt hast. Der Kosmos ist Veränderung, das menschliche Leben Meinung.

1 fehlen: hier: Fehler machen

Marc Aurel, *121–180, römischer Kaiser und Philosoph spanischer Herkunft*

Erläutern Sie, was Marc Aurel unter vollkommener Ruhe versteht.

Wie beurteilen Sie die beiden Prinzipien einer guten Lebensführung? Würden Sie sagen, dass ein Mensch, der diese Prinzipien erfüllt, frei ist?

Interpretieren Sie den Satz: Der Kosmos ist Veränderung, das menschliche Leben Meinung (Z. 53).

Tyrso A. Brisòlla, Blauer Planet im roten Bereich, 1991

Beschreiben Sie die einzelnen Bildelemente und erklären Sie den Titel.

Geben Sie dem Bild eine neue Überschrift, die mit dem folgenden Text von Alexander Solschenizyn zusammenpasst.

Vorausschauende Selbstbeschränkung

Der russische Schriftsteller Alexander Solschenizyn lebte zehn Jahre lang in einem russischen Straflager und musste ein entbehrungsreiches Leben erdulden. Er las dort u. a. die „Selbstbetrachtungen" von Marc Aurel und ging darauf in seiner Rede 1994 anlässlich der Verleihung der Ehrendoktorwürde der Internationalen Akademie für Philosophie der Universität Liechtenstein ein.

Unablässig nähern wir uns dem Zeitpunkt, an dem es notwendig wird, uns Selbstbeschränkung in unseren Bedürfnissen aufzuerlegen. Ist es schwer, sich zur Selbstbescheidung und zu Opfern zu entschließen? [...] Selbstbeschränkung aber ist das erste und vernünftigste Handeln eines Menschen, der die Freiheit gewonnen hat. Sie ist auch der sicherste Weg, um Freiheit zu verwirklichen. Wir dürfen nicht abwarten, bis uns die äußeren Umstände bedrängen oder sogar umstoßen, wir müssen durch vorausschauende Selbstbeschränkung dem unausweichlichen Lauf der Dinge einen friedlichen Verlauf ermöglichen. Die Beispiele, wie wir in unserem persönlichen Leben diesen Weg verlassen haben, sind nur unserem Gewissen und unseren nächsten Mitmenschen bekannt. Die Beispiele, wie die großen Institutionen* – Parteien und Staaten – von diesem Weg abweichen, liegen allen offen zutage. Wenn eine Konferenz[1] der Völker der Erde zusammentritt, die angesichts der unbezweifelbaren und nahen Gefahr für unsere ganze Natur und Atmosphäre höchst besorgt sind, setzt sich eine Großmacht, die über nicht viel weniger als die Hälfte der gegenwärtig genutzten Bodenschätze verfügt und die Hälfte der Weltverschmutzung verursacht, dafür ein, die Bestimmungen eines vernünftigen internationalen Abkommens zu verwässern, als ob sie nicht selber auf dieser Erde leben müsste. Andere Industriestaaten suchen nach Wegen, selbst diese gemilderten Bestimmungen noch zu umgehen. Auf diese Weise vergiften wir uns im Wirtschaftswettlauf selbst. Natürlich ergeben sich, wenn man das Prinzip der Selbstbeschränkung auf menschliche Gemeinschaften, auf Berufe, Parteien und ganze Staaten überträgt, mehr schwierige Fragen als fertige Antworten. Jegliche Beschlüsse über Opfer und Selbstbescheidung haben Auswirkungen auf Gruppen von Menschen, die dazu vielleicht nicht bereit und damit nicht einverstanden sind. [...] Wenn wir uns nicht dazu erziehen, unseren Wünschen und Bedürfnissen harte Grenzen zu setzen, unsere Interessen den Kriterien der Ethik unterzuordnen, wird es uns, wird es die Menschheit einfach zermalmen. Die übelsten Seiten der menschlichen Natur werden hervorbrechen. [...] Die erstrangige Bedeutung der Selbstbeschränkung hat sich in ihrer vollen Gewichtigkeit erst der Menschheit des 20. Jahrhunderts gezeigt. Aber sogar unter den vielfältigen Wechselbezügen, die unser heutiges Leben durchdringen, können wir nur durch Selbstbeschränkung, wenn auch gegen großen Widerstand, allmählich unser wirtschaftliches und unser politisches Leben gesunden lassen.

1 Klimakonferenz in Rio 1992

*Alexander Solschenizyn, *1918, russischer Schriftsteller, Nobelpreis für Literatur*

Was meint Solschenizyn mit den „übelsten Seiten der menschlichen Natur" (Z. 36/37)?

Stimmen Sie dem russischen Schriftsteller zu, dass es vielen Menschen schwer fällt, das Prinzip der Selbstbeschränkung zu akzeptieren? Worin sehen Sie mögliche Ursachen dafür?

Arendt: Selbstverwirklichung durch Handeln

Fang Lijun, Gruppe Nr. Zwei, 1992. Fang Lijun lebt in Fuynanmen bei Peking.

Beschreiben Sie die Gesichter der Männer. Welches Verhältnis von Individuum und Gruppe wird in diesem Bild zum Ausdruck gebracht?

Immer wieder etwas Neues anfangen

Die deutsche Philosophin Hannah Arendt hat in ihrem Buch „Vita activa oder Vom tätigen Leben" ihr Verständnis von Freiheit dargelegt. Der Mensch schafft sich fortwährend Freiheit durch sein spezifisches Vermögen, immer wieder etwas Neues anzufangen.

Immer wieder etwas Neues anfangen

Sprechend und handelnd unterscheiden Menschen sich aktiv voneinander, anstatt lediglich verschieden zu sein; sie sind die Modi[1], in denen sich das Menschsein selbst offenbart. Dies aktive In-Erscheinung-Treten eines grundsätzlich einzigartigen Wesens beruht, im Unterschied von dem Erscheinen des Menschen in der Welt durch Geburt, auf einer Initiative, die er selbst ergreift, aber nicht in dem Sinne, dass es dafür eines besonderen Entschlusses bedürfte; kein Mensch kann des Sprechens und des Handelns ganz und gar entraten[2], und dies wiederum trifft auf keine andere Tätigkeit der Vita activa zu. Die Arbeit mag noch so charakteristisch für den menschlichen Stoffwechsel mit der Natur sein, das besagt nicht, dass jeder Mensch auch arbeiten müsste; er kann sehr gut andere zwingen, für ihn zu arbeiten, ohne dass seinem Menschsein darum Abbruch geschähe. Und genau das Gleiche gilt für das Herstellen, sofern man sehr wohl die Welt der Dinge benutzen und genießen kann, ohne je selbst auch nur ein einziges nützliches Ding hergestellt und ihrem vielfältigen Reichtum hinzugefügt zu haben. Das Leben eines Sklavenhalters, eines Ausbeuters oder eines Parasiten mag moralisch anfechtbar sein, es ist immer noch eine spezifisch menschliche Weise zu existieren. Ein Leben ohne alles Sprechen und Handeln andererseits – und dies wäre im Ernst die einzige Lebensweise, die auf den Schein und die Eitelkeit der Welt im biblischen Sinne des Wortes verzichtet hätte – wäre buchstäblich kein Leben mehr, sondern ein in die Länge eines Menschenlebens gezogenes Sterben; es würde nicht mehr in der Welt unter Menschen erscheinen, sondern nur als ein Dahinschwindendes sich überhaupt bemerkbar machen; wir wüssten von ihm nicht mehr, als wir, die Lebenden, von denen wissen, die in den Tod schwinden, den wir nicht kennen.

Sprechend und handelnd schalten wir uns in die Welt der Menschen ein, die existierte, bevor wir in sie geboren wurden, und diese Einschaltung ist wie eine zweite Geburt, in der wir die nackte Tatsache des Geborenseins bestätigen, gleichsam die Verantwortung dafür auf uns nehmen. Aber wiewohl niemand sich diesem Minimum an Initiative ganz und gar entziehen kann, so wird sie doch nicht von irgendeiner Notwendigkeit erzwungen wie das Arbeiten, und sie wird auch nicht aus uns gleichsam hervorgelockt durch den Antrieb der Leistung und die Aussicht auf Nutzen. Die Anwesenheit von anderen, denen wir uns zugesellen wollen, mag in jedem Einzelfall als ein Stimulans wirken, aber die Initiative selbst ist davon nicht bedingt; der Antrieb scheint vielmehr in dem Anfang selbst zu liegen, der mit unserer Geburt in die Welt kam und dem wir dadurch entsprechen, dass wir selbst aus eigener Initiative etwas Neues anfangen. In diesem ursprünglichsten und allgemeinsten Sinne ist Handeln und etwas Neues anfangen dasselbe; jede Aktion setzt vorerst etwas in Bewegung, sie agiert im Sinne des lateinischen *agere*[3].

1 Modus: Art und Weise
2 entraten: hier: darauf verzichten
3 agere: tun, handeln

Hannah Arendt, 1906–1975, deutsche Philosophin

Welche Bedingungen müssen nach Hannah Arendt erfüllt sein, um ein selbstbestimmtes Leben zu führen? Diskutieren Sie in diesem Zusammenhang auch die Rolle der Arbeit in diesem Prozess.

Die Einzigartigkeit des Individuums

Die Art und Weise, wie Menschen handeln und sich in der Welt orientieren, unterscheidet sie von anderen und bestimmt nach Auffassung von Hannah Arendt ihr individuelles Konzept von Freiheit.

Es gibt keine menschliche Verrichtung, welche des Wortes in dem gleichen Maße bedarf wie das Handeln. Für alle anderen Tätigkeiten spielen Worte eine untergeordnete Rolle; sie dienen lediglich der Information oder begleiten einen Leistungsvorgang, der auch schweigend vonstatten gehen könnte. Zwar ist die Sprache durchschnittlich ein durchaus adäquates Mittel für Informationszwecke, aber sie könnte als solche auch durch eine Zeichensprache ersetzt werden, die zweckentsprechender wäre; in der Mathematik und anderen Wissenschaften, aber auch bei bestimmten Kollektivarbeiten werden solche Zeichensprachen dauernd verwandt, und zwar einfach, weil die natürliche Sprache sich als zu umständlich für ihre Zwecke erweist. Der Umstand, der sie so umständlich macht, ist die Person, die in ihr mitspricht. Im gleichen Sinne könnte man sagen, dass die Fähigkeit des Handelns durchaus für Zwecke der Selbstverteidigung oder zum Verfolg bestimmter Interessen adäquat ist; stände aber nicht mehr auf dem Spiel, als durch Handeln bestimmte Zwecke zu erreichen, so könnten solche Zwecke offenbar noch erheblich besser und schneller mit Hilfe stummer Gewaltmittel erreicht werden. Vom Standpunkt des bloßen Nutzens ist Handeln nur Ersatz für die Anwendung von Gewalt, die sich immer als wirksamer erweist, so wie das Sprechen vom Standpunkt der bloßen Information eine Art von Notbehelf ist, mit dem man sich nur so lange abfindet, als eine Zeichensprache nicht erfunden ist.
Handelnd und sprechend offenbaren die Menschen jeweils, wer sie sind, zeigen aktiv die personale Einzigartigkeit ihres Wesens, treten gleichsam auf die Bühne der Welt, auf der sie vorher so nicht sichtbar waren, solange nämlich als ohne ihr eigenes Zutun nur die einmalige Gestalt ihres Körpers und der nicht weniger einmalige Klang der Stimme in Erscheinung traten. Im Unterschied zu dem, was einer ist, im Unterschied zu den Eigenschaften, Gaben, Talenten, Defekten, die wir besitzen und daher so weit zum Mindesten in der Hand und unter Kontrolle haben, dass es uns freisteht, sie zu zeigen oder zu verbergen, ist das eigentlich personale Wer jemand jeweilig ist, unserer Kontrolle darum entzogen, weil es sich unwillkürlich in allem mit offenbart, das wir sagen oder tun. Nur vollkommenes Schweigen und vollständige Passivität können dieses Wer vielleicht zudecken, den Ohren und Augen der Mitwelt entziehen, aber keine Absicht der Welt kann über es frei verfügen, ist es erst einmal in Erscheinung getreten. Es ist im Gegenteil sehr viel wahrscheinlicher, dass dieses Wer, das für die Mitwelt so unmissverständlich und eindeutig sich zeigt, dem Zeigenden selbst gerade und immer verborgen bleibt, als sei es jener „daimon[1]" der Griechen, der den Menschen zwar sein Leben lang begleitet, ihm aber immer nur von hinten über die Schulter blickt und daher nur denen sichtbar wird, denen der Betreffende begegnet, niemals ihm selbst.

1 daimon: Grundbedeutung: Zuteiler. Der daimon hat eine Beziehung zum Schicksal, die aber auch den Göttern zugesprochen wurde. Der Person-Charakter ist umstritten. Daimon wird oft synonym zu „Gott" gebraucht, ist jedoch nicht identisch mit einem Gott. Bei Sokrates ist das „daimonion" eine warnende innere Stimme, die ihn davon abhielt, durch Handlungen gegen das als richtig Erkannte zu verstoßen.

Hannah Arendt, 1906–1975, deutsche Philosophin

- *Vorschlag für ein Referat: Das Leben von Hannah Arendt. Sie können zur Vorbereitung folgendes Buch lesen: Alois Prinz, Beruf Philosophin oder Die Liebe zur Welt, Beltz & Gelberg, Weinheim 1998.*
- *Was versteht Hannah Arendt unter dem „personalen Wer" (Z. 36)? Schreiben Sie dazu eine kurze Zusammenfassung, die in einem Jugendlexikon „Philosophie" abgedruckt werden könnte. Vergleichen Sie Ihre Textvorschläge im Kurs.*
- *Offenbaren die Männer auf Lijuns Bild eine personale Identität? Führen Sie dazu ein Streitgespräch im Kurs.*
- *Welcher Zusammenhang besteht zwischen Freiheit und Handeln? Entwerfen Sie dazu eine Modellskizze. Vergleichen Sie Hannah Arendts Ausführungen mit denen von Fernando Savater auf S. 9.*
- *Informieren Sie sich über das Leben und die Werke von Hannah Arendt. Lesen Sie „Hannah Arendt" in: Reiner Wimmer, Vier Jüdische Philosophinnen, Reclam, Leipzig 1998, S. 305–397.*

Hannah Arendt

Hannah Arendt wurde 1906 in Hannover als einziges Kind einer jüdischen Familie geboren. Sie verbrachte ihre Kindheit in Königsberg und kam 1923 nach dem Abitur zum Studium nach Berlin und Marburg. Sie hörte u. a. Vorlesungen in Philosophie bei Martin Heidegger, einem der bekanntesten Vertreter der Existenzphilosophie* in Deutschland. Der 17 Jahre ältere und verheiratete Heidegger verliebte sich in die Studentin Hannah Arendt. 1929 promovierte Hannah Arendt bei Karl Jaspers*, der neben Heidegger ein führender deutscher Existenzphilosoph der damaligen Zeit war. Sie setzte sich in ihrer Doktorarbeit mit dem „Liebesbegriff bei Augustinus*" auseinander. 1933 emigrierte Arendt nach Paris und später in die USA, wo sie mehrere Lehrstühle für Philosophie innehatte. Obwohl Martin Heidegger sich zum Nationalsozialismus bekannte, riss der Kontakt zwischen ihm und Hannah Arendt nie ab. Sie besuchte ihn nach dem Krieg mehrmals in Deutschland und lernte auch seine Frau kennen. Hannah Arendts wichtigste Werke sind „Vita activa – Vom tätigen Leben" (1960) und „Macht und Gewalt" (1970). In „Macht und Gewalt " setzte sie sich mit der Entstehung der Gewalt und ihren Formen auseinander und charakterisierte die Herrschaftsstruktur totalitärer Systeme, wie z. B. des Nationalsozialismus und des Kommunismus.

Schuluniformen – Pro und Contra

2000 Mark geben deutsche Eltern pro Jahr für die Kleidung ihres Kindes aus. Tendenz steigend. Wer mit Marken-Jeans und Edel-Sweater zur Schule geht, kommt an. Wer nicht, wird gehänselt. Viele Nachbarländer kennen das Problem nicht: Dort tragen alle Mädchen und Jungen einer Schule dasselbe Outfit. Ist die Schuluniform auch bei uns überfällig?

JA

Klaus-Peter Hesse (33), Abgeordneter der Hamburger Bürgerschaft:
„Es darf nicht sein, dass Jugendliche sich gegenseitig nur danach bewerten, welche Kleidung sie tragen. Kinder, deren Eltern die teuren Marken-Jeans und -Pullover nicht bezahlen können, werden so ausgeschlossen. Eine einheitliche Kleidung, auch wenn's nur ein Sweatshirt oder Polohemd ist, würde dafür sorgen, dass die Persönlichkeit des Einzelnen wieder in den Vordergrund tritt – und nicht der soziale Unterschied zum Mitschüler."

JA

Arno Becker (51), Gymnasiallehrer und Vorsitzender des Lehrerverbandes Hamburg:
„Schuluniformen helfen nicht nur den Klamotten-Wahn an Schulen einzudämmen. Sie haben auch hohen Identifikationswert für die Schüler: Das „Wir-Gefühl" wächst. Auch die Kriminalität an Schulen kann man so bekämpfen: Keiner muss mehr stehlen, um sich auch was Teures kaufen zu können."

NEIN

Renate Hendrichs (48, drei Kinder), Vorsitzende des Bundeselternrates:
„Schuluniformen sind doch heute nicht mehr zeitgemäß. Wir leben in einer Gesellschaft, in der unaustauschbare Menschen gefragt sind. Das Tragen von bestimmter Kleidung gehört zur Persönlichkeitsentwicklung eines Jugendlichen einfach dazu. Da kann nicht die Schule kommen und Individualität verbieten."

NEIN

Steven Galling (22), Geschäftsführer Schülerkammer:
„Mit Schuluniformen löst man die Probleme nicht. Die schaffen weder soziale Ausgrenzung noch Kriminalität an den Schulen ab. Das große Interesse der Jugendlichen an Markenklamotten wird bleiben – nur eben nach Schulschluss ausgelebt. Überhaupt: Einheitliche Schulkleidung kann auch ausgrenzen. Wer eine nicht so gute Schule besucht, ist plötzlich immer an den Klamotten zu erkennen."

Die Morgenpost, 9.10.2000

Wie würden Sie sich entscheiden? Beeinträchtigen Schuluniformen die Individualität von Schülerinnen und Schülern? Begründen Sie Ihre Auffassung.

Projektvorschlag: Machen Sie Interviews an Ihrer Schule und erkundigen Sie sich danach, was die Schülerinnen und Schüler über Schuluniformen denken. Werten Sie die Begründungen für oder gegen Schuluniformen aus und erstellen Sie anschließend eine Wandzeitung zu diesem Thema.

Wir sind uns selbst das Wichtigste

Liu Jia und Guo Ying, zwei 18-jährige Pekinger Berufsschülerinnen, haben es am liebsten südkoreanisch. Wie Tausende von Teenagern treffen sie sich jedes Wochenende vor dem Xidan-Kaufhaus im Zentrum Pekings, das eine große Abteilung mit „ausgewählten Waren aus Südkorea" unterhält. Noch nie war der Ansturm auf importierte ausländische Markenartikel in die Volksrepublik so groß wie derzeit unter Jugendlichen. Liu und Guo tragen orangefarbene südkoreanische Turnschuhe mit Plateausohlen, darüber dicke weiße Strumpfgamaschen und kurze Jeansröcke. Ihre grellbunten Sportblousons sind mit den Profilen der südkoreanischen Pop-Ikonen Highfive of Teenagers bedruckt. Gleichwohl behaupten Liu und Guo von sich, nur allgemeines Mittelmaß unter Gleichaltrigen zu verkörpern. „Wir wollen nicht auffallen, sondern wie die anderen sein", gestehen sie kleinlaut. Auch deshalb habe sich Liu Jia gerade einen funkelnden Silberring durch die Nase piercen lassen.
Die armen Eltern! Sie sind Stahlarbeiter in der Pekinger Vorstadt und werden womöglich denken, ihre Tochter sei zum Buddhismus bekehrt. Wo bitte, außer in Tempeln, trug man in China bisher Nasenringe? Doch Liu und Guo stehen dazu. Ohne Mühe formulieren sie ihr Generationsbekenntnis: „Unsere Eltern lebten für das Vaterland und die Revolution. Wir sind uns selbst das Wichtigste. Das ist nicht egoistisch. Wir sind nur realistisch." Ganz feierlich klingt plötzlich ihre Rede.
Liu und Guo sind Prototypen der neuen chinesischen Jugend. „Flygeneration" nennt sie Lu Jianhua von der Chinesischen Akademie für Sozialwissenschaften – eine Generation, die abhebt wie ein Düsenjet und kaum mehr ahnt, was ihre Eltern während der eigenen Jugend in der Kulturrevolution erfahren mussten. Damals waren totale Angepasstheit, blauer Einheitslook und völlige Fremdbestimmung durch die Partei das Los einer Generation. Bis Ende der siebziger Jahre führte Teenagerliebe direkt ins Arbeitslager, bis in die achtziger Jahre blieb sie verboten, heute küsst sich die Jugend auf jeder Parkbank.

DIE ZEIT, 7.12.2000

Wie bewerten Sie die Aussage der beiden chinesischen Mädchen, dass sie sich selbst das Wichtigste sind (Z. 21)? Stimmen Sie ihnen zu? Warum? Warum nicht?

Modernes Leben

Frank Bauer, „Afterhour (Tussi Deluxe)", 2000

Würden Sie sagen, dass die jungen Leute Individualität verkörpern? Begründen Sie Ihre Auffassung.

Der englische Philosoph John Stuart Mill hat sich fast 100 Jahre vor Hannah Arendt mit dem Problem der individuellen Freiheit auseinander gesetzt. In seiner Schrift „Über die Freiheit" analysierte er die Ursachen, die zu einer Uniformierung menschlichen Denkens und Handelns führen können.

Unduldsam gegenüber Individualität

Es ist kein Grund vorhanden, warum alle menschliche Existenz nach einem oder einigen wenigen Mustern aufgebaut werden sollte. Wenn jemand einen annehmbaren Betrag von gesundem Menschenverstand und Erfahrung besitzt, ist seine eigene Art zu leben die beste, nicht weil sie die beste an sich ist, sondern sein eigener Stil ist. Menschliche Wesen sind keine Schafe, und selbst diese gleichen einander nicht ununterscheidbar. Ein Mann kann nicht einen Rock oder ein Paar Schuhe erhalten, die ihm passen, ohne dass man ihm dazu Maß nimmt oder dass er sie aus einem ganzen Lager heraussucht – und ist es etwa leichter, ein passendes Leben für ihn zu finden als einen Rock? Oder sind menschliche Wesen in ihrer ganzen körperlichen und geistigen Beschaffenheit einander ähnlicher als in ihrer Schuhnummer? Läge es nur an der Verschiedenheit des Geschmacks bei den Leuten, so wäre das schon Grund genug, davon abzusehen, sie alle nach einem Modell zu formen. Aber verschiedene Personen erfordern auch verschiedene Bedingungen für ihre geistige Entwicklung und können ebenso wenig gesund bleiben bei gleichen moralischen Bedingungen wie die ganze Vielfalt der Pflanzen bei gleicher physikalischer Atmosphäre und gleichem Klima. Was dem einen bei der Kultivierung seiner höheren Anlagen hilft, hindert den andern. Die gleiche Lebensweise, welchem dem einen eine gesunde Anregung bedeutet, die alle seine Fähigkeiten zur Tätigkeit und zum Genuss in bester Form hält, legt dem andern eine zerstörende Last auf, die sein ganzes Innenleben lähmt oder zermalmt. So unterschiedlich sind die Quellen des Vergnügens der Menschen, ihre Empfänglichkeit für Schmerz, die Einwirkung verschiedener körperlicher und moralischer Tätigkeiten auf sie, dass sie ohne einen entsprechenden Unterschied in der Lebensführung weder ihren gerechten Anteil an Glück erhalten, noch zu der geistigen, moralischen und ästhetischen Haltung gelangen, zu der sie nach ihren Anlagen fähig sind. Warum sollte sich denn Toleranz – soweit öffentliches Empfinden in Frage kommt – nur auf den Geschmack oder die Lebensweisen erstrecken, die sich nur durch die Masse ihrer Anhänger Duldung erzwingen? Nirgends (außer in einigen mönchischen Satzungen) ist der Mannigfaltigkeit des Geschmacks gänzlich die Anerkennung versagt. Ohne sich Tadel zuzuziehen, kann man am Rudern, Rauchen, Musizieren, Turnen, Schach- oder Kartenspielen oder am Studium Gefallen finden oder nicht, weil sowohl die Anhänger wie die Gegner davon zu zahlreich sind, um sich unterdrücken zu lassen. Aber der Mann und – noch mehr – die Frau, die beschuldigt werden können, etwas getan zu haben, „was niemand tut", oder unterlassen zu haben, „was jeder tut", werden Gegenstand so vieler abfälliger Bemerkungen, wie wenn er – oder sie – irgendein schweres moralisches Verbrechen begangen hätte. Man muss schon einen Titel oder ein anderes Zeichen seines Ranges besitzen oder bei Leuten von Rang etwas gelten, um sich den Luxus, zu tun, was einem passt, einigermaßen leisten zu können, ohne an Wertschätzung* zu verlieren. Einigermaßen leisten, ich wiederhole es, denn wer mit viel von dieser Nachsicht rechnet, läuft das Risiko von etwas Schlimmerem als Verunglimpfung: Er ist in Gefahr, als Geisteskranker behandelt und seines Vermögens zugunsten seiner Verwandten beraubt zu werden.

Es gibt einen charakteristischen Zug in der heutigen Richtung der öffentlichen Meinung, der besonders darauf berechnet ist, sie gegen jede bemerkenswerte Bekundung von unduldsam zu machen.

John Stuart Mill, 1806–1874, englischer Philosoph

Würden Sie John Stuart Mill zustimmen, dass die öffentliche Meinung unduldsam gegenüber Individualität ist? Begründen Sie Ihre Auffassung. Worin könnten die Ursachen für diese Unduldsamkeit liegen?

Vergleichen Sie die Aussagen von Hannah Arendt und John Stuart Mill. Notieren Sie Gemeinsamkeiten und Unterschiede.

Weil: Wahre Freiheit gibt es nur im Denken

Max Beckmann, Der Traum, 1921

- *Beschreiben Sie die Beziehungen zwischen den handelnden Personen auf dem Bild und erklären Sie den Titel „Der Traum".*

- *Geben Sie dem Bild eine neue Überschrift.*

- *Die Philosophin Simone Weil charakterisiert in dem folgenden Text Freiheit als Zusammenhang von Denken und Handeln. Stellen Sie einen Zusammenhang her zwischen der Aussage des Bildes und der Aussage des Textes. Welche Gemeinsamkeiten finden Sie und welche Unterschiede?*

Keine Freiheit ohne Anstrengung

Nichts kann auf der Welt das Gefühl des Menschen verhindern, für die Freiheit geboren zu sein. Niemals, was auch geschehen mag, kann er die Knechtschaft ertragen; denn er denkt. Nie hat er aufgehört, von einer grenzenlosen Freiheit zu träumen, sei es als vergangenes Glück, dessen eine Sühne ihn beraubte, sei es als künftiges Glück, das eine Art Pakt mit einer geheimnisvollen Vorsehung ihm gewährleiste. [...] Man muss sich bemühen, die vollkommene Freiheit klar zu entwerfen, nicht in der Hoffnung, sie zu erreichen, aber um eine weniger unvollkommene Freiheit zu erlangen, als sie unser gegenwärtiger Zustand gewährt. Denn das Beste ist nur durch das Vollkommene denkbar. Man kann sich auf ein Ideal allein hinbewegen. Das Ideal ist so wenig zu verwirklichen wie der Traum, aber im Unterschied zum Traum bezieht er sich auf die Realität. Er erlaubt es, als Kriterium wirkliche oder zu verwirklichende Situationen nach dem geringsten bis zum höchsten Wert* einzuordnen. Die vollkommene Freiheit kann nicht begriffen werden als bloße Beseitigung jener Notwendigkeit, deren Druck wir ständig erleiden. Solange der Mensch leben wird, d. h. solange er ein winziges Fragment dieses erbarmungslosen Universums ist, wird der Druck der Notwendigkeit nie auch nur einen Augenblick nachlassen. Ein Zustand, der dem Menschen so viel Genuss und so wenig Mühe gewährte, wie es ihm gefiele, kann in unserer Welt nichts anderes als eine Fiktion sein. Gewiss zeigt die Natur, je nach dem Klima oder vielleicht auch nach den Epochen, den menschlichen Bedürfnissen gegenüber mehr Güte oder mehr Strenge. Aber eine wunderbare Erfindung erwarten, die sie überall und für immer gütig machte, das wäre ungefähr so vernünftig wie die Hoffnungen, die sich einstmals an das Jahr 1000 knüpften. Prüft man diese Fiktion überdies näher, dann ergibt sich noch nicht einmal, dass sie Bedauern verdient. Es genügt, die menschliche Schwäche zu berücksichtigen, um zu verstehen, dass ein Leben, das die Vorstellung der Arbeit so gut wie verbannt hätte, den Leidenschaften und vielleicht dem Wahnsinn ausgeliefert wäre. Es gibt keine Selbstbeherrschung ohne Disziplin, und für den Menschen gibt es keinen anderen Anlass zur Disziplin als die von äußeren Hindernissen geforderte Anstrengung. Ein Volk von Müßiggängern könnte sich zum Spaß Hindernisse geben, es könnte sich der Wissenschaft, der Kunst, dem Spiel widmen. Aber die Anstrengungen, die allein der Fantasie entspringen, sind für den Menschen kein Mittel zur Beherrschung seiner eigenen Fantasien. [...]

Man kann unter Freiheit etwas anderes verstehen als die Möglichkeit, mühelos zu erhalten, was einem gefällt. Es gibt einen ganz anderen Freiheitsbegriff: den heroischen Begriff der Lebensweisheit. Die wirkliche Freiheit wird nicht durch die Beziehung zwischen Wunsch und Erfüllung definiert, sondern durch die zwischen Denken und Handeln. Vollständig frei wäre der Mensch, dessen Aktionen in einer vorherigen Erkenntnis des erstrebten Zwecks sowie der Verknüpfung der für die Erreichung des Zwecks geeigneten Mittel gründeten. Es ist unwichtig, ob diese Aktionen an sich leicht oder schmerzhaft sind, es ist sogar unwichtig, ob sie erfolgreich enden. Schmerz und Misserfolg können den Menschen unglücklich machen, aber sie sind außerstande, ihn zu erniedrigen, solange er selbst über seine Fähigkeit zu handeln verfügt. Über seine eigenen Aktionen verfügen bedeutet keineswegs, willkürlich handeln. Die willkürlichen Aktionen gründen in keiner Erkenntnis und können daher eigentlich nicht als frei gelten. Jede Erkenntnis bezieht sich auf eine objektive Situation, folglich auf ein Gewebe von Notwendigkeiten. Der lebende Mensch kann keineswegs aufhören, allseitig durch eine absolut unerbittliche Notwendigkeit bedrängt zu werden. Aber da er denkt, kann er entscheiden: blind dem Stachel der äußeren Notwendigkeit nachgeben oder der inneren Vorstellung darüber. Hier ist der Gegensatz zwischen Knechtschaft und Freiheit. Die beiden Begriffe dieses Gegensatzes sind übrigens nur theoretische Grenzen, zwischen denen das menschliche Leben sich bewegt, ohne je eine erreichen zu können, sofern es nicht aufhören soll, Leben zu sein. Ein Mensch wäre vollständig versklavt, wenn alle seine Gesten einer anderen Quelle als seinem Denken entstammten: entweder den unvernünftigen Reaktionen des Körpers oder dem Denken eines anderen. Der hungrige Primitive, dessen Bewegungen die Krämpfe seines schmerzenden Leibes hervorrufen, der römische Sklave, stets auf die Befehle eines peitschenbewaffneten Aufsehers harrend, der moderne Fließbandarbeiter: Sie sind diesem elenden Zustand nahe. Die vollständige Freiheit kann man im abstrakten Modell der Lösung eines arithmetischen oder geometrischen Problems finden, denn in einem Problem sind alle Lösungselemente gegeben. Und der Mensch kann Hilfe nur von seiner eigenen Erkenntnis erwarten, die allein fähig ist, zwischen diesen Elementen eine Beziehung herzustellen, die an sich die gesuchte Lösung bildet.

Simone Weil, 1909–1943, französische Philosophin

Charakterisieren Sie den Zusammenhang zwischen vollkommener und unvollkommener Freiheit. Stimmen Sie der Einschätzung von Simone Weil zu? Begründen Sie Ihre Auffassung.

Simone Weil

Simone Weil wurde 1909 in Paris geboren. Sie entstammt einer jüdischen Arztfamilie und arbeitete nach dem Studium als Lehrerin für Philosophie. Bereits wärend ihres Sudiums erhielt sie den Beinamen „Rote Jungfrau“, weil sie an der Spitze von Arbeiterdemonstrationen mit der roten Fahne marschierte und in Fabriken arbeitete, um das Leben von proletarischen Frauen nachempfinden zu können. Sie veröffentlichte mehrere Essays zur marxistischen Staatstheorie. Während des Krieges ging Simone Weil in den französischen Widerstand. Durch die Bekanntschaft mit dem Dominikanerpfarrer Jean-Marie Perrin wandte sie sich vor ihrem Tode im New Yorker Exil verstärkt religiösen Themen zu. Sie starb 1943 an Lungentuberkulose und selbst verordneter Unterernährung. Ihr Hauptwerk heißt: Unterdrückung und Freiheit, Piper, München 1975.

Informieren Sie sich über das Leben und die Werke von Simone Weil. Lesen Sie „Simone Weil“ in: Reiner Wimmer, Vier Jüdische Philosophinnen, Reclam, Leipzig 1998, S. 125–215.

Nussbaum: Zweierlei Freiheit für Männer und Frauen?

Xenia Hausner, 1999

Mit welchen bildnerischen Elementen stellt Xenia Hausner das Selbstbewusstsein dar? Entspricht die dargestellte Frau Ihrem Bild einer selbstbewussten Frau? Führen Sie dazu ein Streitgespräch im Kurs.

Verschiedene Tätigkeitskataloge für Männer und Frauen?

Die amerikanische Philosophin Martha Nussbaum lehrt Philosophie an der Law School der Universität Chicago. In ihrem Buch „Gerechtigkeit oder Das gute Leben" beschäftigt sie sich mit dem Begriff der Gerechtigkeit in der Tradition der Philosophie des Aristoteles (vgl. auch das Kursheft „Recht, Gerechtigkeit, Menschenrechte", S. 36/37). In Auseinandersetzung mit dem Erziehungsroman „Emile oder Über die Erziehung" des Schweizer Philosophen Jean-Jacques Rousseau (1712–1778), in dem unterschiedliche Ausbildungsbereiche für den jungen Emile und das Mädchen Sophie gefordert werden, hat Martha Nussbaum den folgenden Text geschrieben.*

Sowohl in der nicht-westlichen als auch in der westlichen Tradition ist oft gesagt worden, dass es, entsprechend der unterschiedlichen „Natur" von Mann und Frau, zwei verschiedene Standards für menschliche Fähigkeiten und Tätigkeiten geben sollte. In den Bereichen körperliche Gesundheit, Mobilität und Wahrnehmung überschneiden sie sich gewöhnlich, unterscheiden sich aber stark in den Bereichen praktische Vernunft und soziale Beziehungen. Zumeist werden die Ausübung staatsbürgerlicher Funktionen, Aktivitäten im öffentlichen Raum und die volle praktische Autonomie den Männern zugeschrieben, die Fürsorge für Heim und Familie den Frauen. Wir müssen uns jetzt mit dieser Position auseinander setzen.
Bei denjenigen, die von getrennten Tätigkeitsbereichen für Männer und Frauen ausgehen, lassen sich zwei Positionen erkennen, die sich in wichtigen Punkten voneinander unterscheiden und die wir sorgfältig auseinander halten müssen. Die erste, die ich die Position A nenne, nimmt an, dass derselbe allgemeine normative Katalog von Tätigkeiten sowohl für Männer als auch für Frauen gilt, dass Männer und Frauen diese Tätigkeiten aber in unterschiedlichen Lebensbereichen ausüben sollten. Die zweite, die ich die Position B nenne, fordert, dass für Männer und Frauen auch auf einer sehr allgemeinen Ebene verschiedene Tätigkeits-Kataloge gelten sollten. (Die Behauptung, Männer und Frauen hätten eine unterschiedliche „Natur", ist gewöhnlich mit der Position B assoziiert.)
Die Position A ist durchaus mit einem ernsthaften Interesse an der Geschlechtergleichheit und -gerechtigkeit vereinbar. Denn sie besagt letztlich, dass Männer und Frauen dasselbe Grundbedürfnis nach der Entwicklung ihrer Fähigkeiten haben und das bekommen sollten, was sie brauchen. Sie möchte sicherstellen, dass beide die höhere (entwickelte) Fähigkeitsstufe im Hinblick auf die Ausübung aller zentralen Tätigkeiten erreichen.

*Martha Nussbaum, *1946, amerikanische Philosophin*

Charakterisieren Sie anhand von Beispielen die von Nussbaum beschriebenen unterschiedlichen Positionen zum Tätigkeitsbereich von Männern und Frauen.

Was Emile von Sophie unterscheidet

Ich glaube, es kann gezeigt werden, dass die von B vertretene Auffassung, Männer und Frauen hätten unterschiedliche Fähigkeiten, in sich nicht schlüssig ist und uns keine tragfähigen Normen für ein gedeihliches menschliches Leben gibt. Wie sehen gewöhnlich die Varianten von B aus, die uns unsere philosophische Tradition hinterlassen hat? […] Auf der einen Seite haben wir Männer, die „autonom", fähig zum praktischen Denken und unabhängig sind, die sich selbst genügen und angeblich gut für die Wahrnehmung politischer Aufgaben geeignet sind. Diese Männer werden dazu erzogen, keine starken Empfindungen von Liebe und Gefühle von Bedürftigkeit zu entwickeln, die mit dem Wissen verbunden sind, dass man sich selbst nicht genügt. Aus diesem Grund sind sie nicht geeignet, sich um die Bedürfnisse ihrer Familienmitglieder zu kümmern oder diese überhaupt wahrzunehmen. Auf der anderen Seite haben wir Frauen wie Rousseaus Sophie, denen es auf Grund ihrer Erziehung an Autonomie und Selbstachtung fehlt, die nicht die Voraussetzungen zum Gebrauch ihrer praktischen Vernunft entwickelt haben, die von Männern abhängig sind, deren ganzes Sinnen und Trachten darauf gerichtet ist, es anderen recht zu machen, und die sich gut darauf verstehen, für andere zu sorgen. Ist eine dieser Lebensformen für ein vielseitiges und erfülltes menschliches Leben ausreichend? Wohl kaum. Die innere Widersprüchlichkeit der Rousseauschen Auffassung […] bietet gute Anhaltspunkte für diese Feststellung. In seinem Buch „Emile" hebt Rousseau nachdrücklich hervor, dass Mitleid eine grundlegende Motivation sozialen Handelns ist. Für ihn setzt Mitleid ein Gefühl der Zusammengehörigkeit und eine starke Empfänglichkeit für das Leiden anderer voraus. Und dennoch stattet er Emile, der auf seinen Status als autonomer Staatsbürger vorbereitet wird, am Ende mit zu wenigen emotionalen Fähigkeiten aus und ordnet Fürsorge und Empfänglichkeit für andere allein der weiblichen Sphäre zu. Es scheint, dass aus Emile nicht nur ein unvollständiger Mensch, sondern auch ein unzulänglicher Staatsbürger wird. […] Auch für Sophie entwickeln sich die Dinge schlecht. Da sie gelehrt wurde, für andere zu sorgen, nicht aber ihr Leben selbst in die Hand zu nehmen, wird sie von äußeren Einflüssen beherrscht und hat keine Kontrolle über ihr eigenes Leben. Wie Rousseau in seiner faszinierenden Beschreibung ihres Lebensendes zeigt, scheitert sie an ihrem Mangel an Urteilsvermögen. Zudem stellt sich heraus, dass sie eine schlechte, zur Liebe unfähige Partnerin ist. Denn Liebe, so erkennen wir, erfordert Urteilsvermögen und Beständigkeit, wenn sie wahrhaft tief und wahrhaft einfühlsam sein soll. So gelingt es beiden nicht, ein erfülltes menschliches Leben zu führen; und beide erweisen sich als unfähig, auf eine umfassende und gute Weise die Tätigkeiten auszuüben, auf die sie vorbereitet wurden, da diese Tätigkeiten der Unterstützung durch andere Tätigkeiten bedürfen, die ihnen nicht vermittelt wurden. Der Text lässt den nachdenklichen Leser zu dem Schluss gelangen, dass die Fähigkeiten, die traditionell für den männlichen und den weiblichen Bereich kennzeichnend waren, nicht voneinander getrennt werden können, ohne schwerwiegende Defizite hervorzurufen. Sie unterstützen und fördern sich wechselseitig. Mithin kann die Gesellschaft den Menschen nicht zu einem erfüllten Leben verhelfen, wenn sie die Bereiche einfach trennt. Sie muss danach streben, in jedem einzelnen Menschen die volle Bandbreite menschlicher Fähigkeiten zu entwickeln.

Bei dieser umfassenderen Vorstellung von den menschlichen Fähigkeiten und Tätigkeiten sind tragische Konflikte nicht ausgeschlossen. Denn sie betont den eigenständigen Wert* und die unersetzliche Bedeutung einer großen Vielfalt von Tätigkeiten. Und die Welt bietet nicht immer die Gewähr, dass die Menschen nicht schmerzhafte Entscheidungen in Bezug auf diese Tätigkeiten treffen müssen, was bedeutet, dass sie, um eine von ihnen gut auszuüben, andere vernachlässigen müssen. […] Dies zeigt meiner Ansicht nach abermals, wie wichtig es ist, uns an einen Katalog der zentralen Tätigkeiten[1] zu halten, wenn wir die Lebensqualität in den Ländern dieser Welt bewerten und ihre Verbesserung anstreben. Denn viele Tragödien – und viele Fälle, in denen es schlicht um das Fehlen von Fähigkeiten geht – resultieren aus ungerechten und unhinterfragten gesellschaftlichen Strukturen. Man kann eine Gesellschaft konzipieren und zu schaffen versuchen, in der die tragischen Entscheidungen, die Emile und Sophie zu treffen hatten, nicht notwendig wären, in der sowohl Männer als auch Frauen beides lernen könnten: zu lieben und rational zu denken.
Eine Frau zu sein bedeutet tatsächlich noch nicht, ein Mensch zu sein. In vielen Teilen der Welt bekommen Frauen keinerlei Unterstützung, um die wichtigsten menschlichen Tätigkeiten auszuüben, und diese Verweigerung von Unterstützung ist häufig dadurch bedingt, dass sie Frauen sind. Aber Frauen sind im Gegensatz zu Felsen und Pflanzen, Hunden und Pferden menschliche Wesen, die die Fähigkeiten zur Ausübung dieser Tätigkeiten besitzen, wenn sie genügend Nahrung, Ausbildung und anderweitige Unterstützung erhalten. Aus diesem Grund ist ihr durch Ungleichbehandlung verursachter Mangel an Fähigkeiten ein Gerechtigkeitsproblem.

1 Vgl. diesen Katalog auf S. 107

*Martha Nussbaum, *1946, amerikanische Philosophin*

Die menschliche Natur

geistige Kompetenzen	geistige Kompetenzen	emotionale Kompetenzen	?
– Vernunft	– Empfindungen	– Teamfähigkeit	
– Selbstreflexion	– Gefühle	– Mitgefühl	
– ?	– ?	– ?	

Martha Nussbaum geht davon aus, dass Männer und Frauen als Menschen über gleiche Kompetenzen verfügen. Ergänzen Sie dieses Schema in Ihrem Heft und diskutieren Sie darüber, durch welche Kompetenzen das Menschsein bestimmt wird.

Warum führen nach Auffassung von Martha Nussbaum sowohl Emile als auch Sophie kein selbstbestimmtes Leben? Suchen Sie Argumente aus dem Text und ergänzen Sie diese durch weitere selbst gewählte Argumente.

Halten Sie ein Fachreferat zur Charakteristik von Sophie aus dem Erziehungsroman „Emile oder Über die Erziehung" von Jean-Jacques Rousseau, Reclam, Stuttgart 1996, 5. Buch.

Mill: Wie viel Freiheit kann der Einzelne vertragen?

Lass sie doch springen!

Eine Touristin aus Dresden geht auf der Golden Gate Bridge in San Francisco spazieren. Es wird langsam dunkel. Und deshalb entschließt sie sich, auf der Mitte der Brücke umzukehren. Plötzlich sieht sie, wie ein junges Mädchen verzweifelt versucht, das Absperrgitter an der linken Brückenseite hochzuklettern. ‚Mein Gott', denkt sie, ‚die will doch nicht etwa da hinunterspringen!' Die Frau aus Dresden beginnt zu schreien und läuft auf einen Mann zu, der einige Meter weit entfernt von ihr, mit einem Fernglas zum San Francisco Bay hinüberschaut. „Bitte kommen Sie schnell!", schreit die Touristin, „ich glaube, das Mädchen will von der Brücke springen! Wir müssen ihr sofort helfen!" – „Warum denn?", fragt der Mann erstaunt. „Wenn sie springen will, dann soll sie springen! Es ist doch ihr Leben, und sie wird schon ihre Gründe haben, wenn sie ihr Leben ins Wasser werfen will!"

Übersetzt aus dem San Francisco Advertiser, 24. 8. 1999

- *Wie hätten Sie in diesem Fall gehandelt?*
- *Bewerten Sie die Aussage des Mannes, das Mädchen solle doch springen, wenn sie ihr Leben beenden will.*
- *Wäre der beabsichtigte Sprung des Mädchens für Sie ein Akt der Selbstbestimmung? Begründen Sie Ihre Entscheidung.*

Selbstbestimmung und Öffentlichkeit

Seit dem 17. Jahrhundert wurde vor allem in der Staatsphilosophie verstärkt die Frage diskutiert, wie sich das Verhältnis des Individuums zum Gemeinwesen gestalten sollte: Wann darf die Gesellschaft die Freiheit eines ihrer Mitglieder beschränken? John Stuart Mill hat als erster Philosoph in seinem Buch „Über die Freiheit" eine umfassende Darstellung der individuellen Freiheiten des Menschen gegeben.

Wo ist denn nun also die gerechte Grenze für die Herrschaft des Individuums über sich selbst? Und wo beginnt die Autorität der Gesellschaft? Ein wie großer Teil des menschlichen Lebens sollte dem Individuum, wie viel davon der Gesellschaft vorbehalten sein?
Beide werden den ihnen gebührenden Anteil erhalten, wenn sie jeweils das bekommen, was sie im Besonderen angeht. Dem Individuum sollte der Teil des Lebens gehören, bei dem hauptsächlich der Einzelne interessiert ist, der Gesellschaft dagegen der Teil, an dem die Gemeinschaft ihr Interesse hat.
Obwohl die Gesellschaft nicht auf einen Vertrag gegründet ist und obwohl es nicht sehr zweckmäßig ist, einen Kontrakt zu erfinden, um dann soziale Verpflichtungen daraus abzuleiten, so schuldet doch jeder, der den Schutz der Gesellschaft genießt, ihr Dank für diese Wohltat. Die Tatsache, dass man in Gesellschaft lebt, macht es jedem unbedingt zur Pflicht, eine bestimmte Linie des Benehmens gegen die anderen einzuhalten. Diese Verpflichtung besteht erstens darin, die Interessen anderer nicht zu schädigen – besser gesagt: gewisse Interessen, nämlich die, welche man entweder ausdrücklich durch gesetzliche Verfügung oder durch schweigendes Übereinkommen als Rechte betrachten sollte. Zweitens darin, dass jeder sein Teil (durch Umlage) zu den entstehenden Arbeiten und Kosten beiträgt, um die Gemeinschaft oder ihre Mitglieder gegen Beleidigung und Belästigung zu schützen. Die Gemeinschaft ist berechtigt, diese Bedingungen auf alle Fälle jenen aufzuzwingen, die ihre Zustimmung dazu versagen wollen. Und das ist noch nicht alles, was die Gemeinschaft tun darf. Die Handlungen eines Einzelnen können anderen schädlich sein oder die gebotene Rücksicht auf ihr Wohl vermissen lassen, ohne so weit zu gehen, die verfassungsmäßigen Rechte zu verletzen. Der Schuldige mag dann gerechterweise durch die öffentliche Meinung bestraft werden, wenn auch nicht durch das Gesetz. Sobald irgendetwas in der Handlungsweise eines Einzelnen den Belangen anderer Abbruch tut, hat die Gemeinschaft Rechtsgewalt über ihn, und die Frage, ob das Gemeinwohl dadurch gefördert wird oder nicht, wenn sie sich mit ihm befasst, steht zur Debatte. Dagegen sollte man die Frage nicht erörtern, wenn die Handlung nur die Interessen des Betreffenden selbst angeht oder die anderer mit ihrem Willen (vorausgesetzt, alle Betreffenden seien volljährig und im Besitz ihres Verstandes). In allen solchen Fällen sollte vollkommene gesetzliche und gesellschaftliche Freiheit herrschen, das Vorhaben auszuführen und die Folgen zu tragen.
Der hier gemachten Unterscheidung zwischen dem Teil des Lebens eines Menschen, der sich nur auf ihn und dem, der sich auf andere bezieht, werden viele ihre Anerkennung verweigern. Wie kann (werden Sie fragen) ein Teil des Verhaltens eines Mitglieds der Gemeinschaft den anderen gleichgültig sein? Kein Mensch ist ein ganz für sich allein stehendes Wesen, es ist unmöglich, dass jemand sich ernstlich oder dauernd einen Schaden zufüge, ohne dass wenigstens seine nächste Umgebung – und öfter viel weitere Kreise – vom Unglück mitbetroffen werden. Verschleudert er seinen Besitz, so bringt er diejenigen in Ungelegenheit, die direkt oder indirekt ihren Unterhalt daraus zogen, und vermindert mehr oder weniger die allgemeinen Mittel der Gemeinschaft. Vergeudet er seine körperlichen oder geistigen Fähigkeiten, so bringt er nicht nur alle, die in irgendwelcher Weise in ihrem Wohlbefinden von ihm abhängen, ins Unglück, sondern macht sich auch für die Leistungen ungeeignet, die er ganz allgemein seinen Mitmenschen schuldet, und fällt vielleicht ihrem Mitleid und ihrer Mildtätigkeit zur Last. Wenn ein solches Verhalten häufig vorkäme, gäbe es kaum ein anderes Vergehen, das dem allgemeinen Wohlstand abträglicher wäre. Schließlich (könnte man sagen): ein Mensch wird, wenn er auch durch seine Laster und Torheiten nicht direkt andere schädigt, ihnen doch durch sein Beispiel verderblich. Man sollte ihn anderer wegen, die er durch den Anblick und die Kenntnis seiner Lebensführung verführen oder ins Unglück stürzen könnte, zwingen, sich zusammenzunehmen.
Und selbst wenn die Folgen des schlechten Betragens auf La-

sterhafte und Gedankenlose beschränkt werden könnten (so wird man hinzufügen), sollte die Gemeinschaft diejenigen ihren eigenen Wegen überlassen, die offenbar nicht dafür geeignet sind? Wenn man Kindern und Jugendlichen Schutz gegen sich selbst angedeihen lässt, ist dann die Gemeinschaft nicht gleicherweise verpflichtet, ihn Personen reiferen Alters zu gewähren, die gleichfalls zur Selbstbeherrschung unfähig sind? Wenn Spielsucht, Trunksucht, Ausschweifung, Trägheit, Unsauberkeit dem Wohlbefinden ebenso abträglich und der Vervollkommnung hinderlich sind wie viele oder die meisten der vom Gesetz geachteten Handlungen, warum (wird man fragen) sollte das Gesetz nicht, soweit dies zulässig und mit sozialen Rücksichten vereinbar ist, auch diese zu unterdrücken suchen? Und sollte nicht – als Ergänzung zu den unvermeidlichen Unvollkommenheiten des Rechts – die Öffentlichkeit wenigstens eine wirkungsvolle Überwachung gegen diese Laster organisieren und die, die ihnen bekanntermaßen frönen, mit strengen gesellschaftlichen Strafen belegen? Es handelt sich ja nicht (wird man sagen) um Beschränkung der Individualität oder um die Verhinderung von Versuchen neuer und ursprünglicher Lebensweisen. Das Einzige, was man zu verhindern sucht, ist etwas, was man seit Anbeginn der Welt bis jetzt versucht und verworfen hat, etwas, was keines Menschen Persönlichkeit nützlich oder angemessen ist, wie die Erfahrung lehrt. Es muss eine gewisse Zeitspanne und einen gewissen Erfahrungsbetrag geben, wonach man eine moralische oder verstandesmäßige Erkenntnis als anerkannt anzusehen hat; man wünscht nur zu verhindern, dass Generation um Generation in denselben Abgrund falle, der schon ihren Vorfahren verhängnisvoll wurde.

Ich gebe völlig zu, dass der Schaden, den sich jemand selbst zufügt, sowohl die Sympathien wie auch die Interessen der ihm Nahestehenden ernstlich in Mitleidenschaft ziehen kann, wie auch in geringerem Grade die Gemeinschaft als Ganzes. Wenn eine solche Lebensführung jemanden zur Verletzung einer klar bezeichneten Pflicht gegen eine oder mehrere Personen bringt, dann scheidet die Sache aus der Klasse der ihn selbst betreffenden Handlungen aus und setzt ihn moralischer Missbilligung im eigentlichen Sinne des Wortes aus. Wenn z. B. einer durch Unmäßigkeit oder Ausschweifung unfähig wird, seine Schulden zu bezahlen, oder wenn er die moralische Verantwortlichkeit, eine Familie zu gründen, auf sich genommen hat und dann aus denselben Gründen unfähig wird, sie zu erhalten oder zu erziehen, dann tadelt man ihn verdientermaßen und bestraft ihn gerechterweise, aber nicht seiner Ausschweifungen wegen, sondern wegen der Pflichtverletzung gegen seine Familie oder seine Gläubiger […]

Der stärkste aller Gründe gegen die Einmischung der Öffentlichkeit in rein persönliche Handlungen ist aber, dass sie der größeren Wahrscheinlichkeit nach fälschlich oder am falschen Platze erfolgt. In Fragen gesellschaftlicher Moral oder bei Pflichten gegen andere wird die Meinung des Publikums, d. h. einer überwältigenden Mehrheit, wohl oft falsch, wahrscheinlich noch öfter aber richtig sein, weil sie bei solchen Fragen nur ihre eigenen Interessen zu beurteilen hat, nur die Art, in welcher eine gewisse Handlungsweise im Falle der Ausübung diese berührt. Jedoch die Meinung einer ähnlichen Mehrheit, bei nur uns selbst angehenden Fragen der Minderheit als Gesetz aufgezwungen, ist mit ebenso viel Wahrscheinlichkeit eher falsch als richtig. Denn dabei bedeutet öffentliche Meinung bestenfalls die Ansicht einiger Leute über das, was für andere richtig oder falsch ist. Oft sogar nicht einmal das, da die Leute mit vollkommener Gleichgültigkeit über das Vergnügen oder die Bequemlichkeit derer, die sie richten, hinwegsehen und nur ihre eigene Vorliebe in Betracht ziehen.

John Stuart Mill, 1806–1873, englischer Philosoph

- *Formulieren Sie schriftlich die Hauptthese der Freiheitsüberlegungen von John Stuart Mill. Gliedern Sie den Text danach in verschiedene Sinnabschnitte, und geben Sie diesen jeweils eine Überschrift.*
- *Lässt sich Mills Unterscheidung der zwei Handlungstypen in der Praxis aufrechterhalten? Suchen Sie verschiedene Beispiele und prüfen Sie deren Zuordnung zu einem der beiden Handlungstypen.*
- *Wie würde John Stuart Mill den Fall des Mädchens entscheiden, das von der Golden Gate Bridge springen wollte?*
- *Schreiben Sie einen fiktiven Brief an Mill und begründen Sie ihm, warum Sie das Mädchen am Springen hindern würden. Vergleichen Sie Ihre Begründungen dann im Kurs.*

John Stuart Mill

John Stuart Mill gilt als der bekannteste englischsprachige Philosoph des 19. Jahrhunderts. Er besuchte nie eine Schule oder Universität, sondern erhielt seine Ausbildung ausschließlich durch seinen Vater, der ihn mit Bildung geradezu überhäufte: Griechisch mit drei Jahren, Geschichte und Latein ab dem 8. Lebensjahr. Um der Dominanz des Vaters zu entkommen, nahm Mill mit 17 Jahren eine Stellung in der Indian Company in London an. Mit 25 Jahren traf er in Paris Harriet Taylor, eine verheiratete Frau, mit der er eine Verbindung einging, die von ihrem Ehemann toleriert wurde, jedoch die britische Gesellschaft schockierte. Nach dem Tod Taylors heirateten Harriet Taylor und John Stuart Mill. Von 1865–68 war Mill Parlamentsmitglied und setzte sich vor allem für das Wahlrecht der Frauen ein.

Gemeinsam mit seiner Frau schrieb er philosophische Texte zur Emanzipation der Frauen, die sich u. a. mit der gesetzlichen Gleichstellung von Frauen beschäftigten. Frauen sollten ebenso wie Männer alle politischen, bürgerlichen und sozialen Rechte erhalten. Seine wichtigsten Schriften sind: „Über die Freiheit" (1859), „Was ist Utilitarismus?" (1861) und „Über die Hörigkeit der Frau" (1869).

Milton: Die Gedanken sind frei!

2. Ich denke, was ich will und was mich beglücket.
Doch alles in der Still' und wie es sich schicket.
Mein Wunsch und Begehren kann niemand verwehren.
Es bleibet dabei: Die Gedanken sind frei!

3. Und sperrt man mich ein im finsteren Kerker.
Das alles sind rein vergebliche Werke:
Denn meine Gedanken, die reißen die Schranken
Und Mauern entzwei: die Gedanken sind frei!

- *Fassen Sie mit eigenen Worten die Intention des Liedes zusammen. Wer könnte der Adressat gewesen sein?*
- *Vergleichen Sie das Lied mit den Gedanken zur Freiheit von Frederick auf S. 6.*

Geben Sie uns die Freiheit des Wortes!

Der englische Dichter und Publizist John Milton war der erste europäische Denker, der in einer Streitschrift „Areopagitica" Meinungs- und Gedankenfreiheit forderte. Sein Pamphlet spielt auf den Areopag (Hügel des Kriegsgottes Ares südwestlich der Akropolis) an, wo ein Ältestenrat tagte, der die Herrschenden in allen wichtigen Staatsangelegenheiten beriet. In seiner Schrift „Areopagiticos" ist der Athener Isokrates 350 v. Chr. für eine Wiederherstellung der Vollmachten des Areopag eingetreten. Mit dem Titel seiner Streitschrift knüpft Milton daran an. Er formulierte eine fiktive Rede an das englische Parlament, das 1643 eine Verordnung gegen die Meinungs-, Rede- und Pressefreiheit erlassen hatte.

Und nun ist es besonders an der Zeit, durch die Freiheit des Wortes und der Schrift zur weiteren Klärung von Problemen beizutragen, die sich noch in der Schwebe befinden. Der Tempel des Janus[1] mit seinen beiden einander entgegengesetzten Gesichtern mag jetzt nicht ohne tiefere Bedeutung aufgetan werden. Brächen selbst alle Stürme der Lehre gegen die Erde los: Solange die Wahrheit im Felde steht, tun wir ihr Unrecht, ihrer eigenen Stärke durch die Verhängung von Zensur und Verboten zu misstrauen. Mag sie gegen die Lüge antreten, denn wer hätte je gehört, dass die Wahrheit in einem freien und offenen Kampf zu Boden gerungen worden wäre? Ihre Widerlegung ist das beste und sicherste Mittel zu ihrer Unterdrückung. Wer all die Gebete vernimmt, dass das Licht uns erleuchten und eine größere Klarheit der Erkenntnis über uns kommen möge, wird seine Gedanken auf andere Dinge richten […]

Wenn aber das Licht, um das wir beten, trotzdem in uns aufleuchtet, so gibt es welche, die uns zürnen und grollen, weil es nicht zuerst durch ihre eigenen Fenster zu ihnen gedrungen ist. Was für ein Widersinn ist es doch, dass uns einerseits der Weise belehrt, es an Eifer nicht fehlen zu lassen und von früh bis spät das Himmelreich zu suchen wie einen verborgenen Schatz, und andererseits die Verfügung ergeht, wir dürfen nichts anderes wissen, als was das Gesetz bestimmt. Wenn einer, der in härtester Arbeit tief im Stollen der Erkenntnis nach Wahrheit geschürft, seine Funde mit allem Zubehör ans Tageslicht gefördert, seine Beweisgründe in schlachtbereiter Ordnung aufgestellt und alle Hindernisse auf seinem Weg beseitigt und fortgeräumt hat, seinen Widersacher zum offenen Kampf fordert und ihm sogar den Vorteil gewährt, Ort und Zeit der Auseinandersetzung nach eigenem Belieben zu wählen, um die Entscheidung über Sieg oder Untergang allein dem besseren Argument zu überlassen, und seine Gegner sich stattdessen fortstehlen, in den Hinterhalt legen und dem Herausforderer an einem engen Pass der Zensur auflauern, den er durchqueren muss, so mag das zwar unter Söldnern als hinlängliche Tapferkeit gelten, ist aber doch nur Schwäche und Feigheit in einem Krieg, bei dem es um die Wahrheit geht. Denn wer weiß nicht, dass die Wahrheit an Kraft einzig dem Allmächtigen nachsteht; um ihr zum Sieg zu verhelfen, bedarf es keiner Listen, keiner Ränke und auch keiner Zensur, die doch bloß die Kunstgriffe und Schutzwaffen sind, welche der Irrtum gegen ihre Macht aufbietet: Man gebe ihr lediglich den Weg frei und fessele sie nicht, während sie schläft, denn dann spricht sie nicht wahr – wie der alte Prometheus, der seine

Orakel[2] nur verkündete, wenn er gefesselt und gebunden war –, sondern nimmt vielmehr alle erdenklichen Gestalten an, bloß nicht die eigene, und hängt die Zunge nach dem Wind, ehe dass sie ihr wirkliches Gesicht zeigt. Dennoch ist es nicht ausgeschlossen, dass sie mehr als nur eine Gestalt haben kann. Wie wollte man sonst erklären, dass es so viele unerhebliche Dinge gibt, bei denen die Wahrheit teils auf der einen und teils auf der anderen Seite liegen kann, ohne sich selbst unähnlich zu werden? Was sonst als bloß ein leerer Schatten wäre die Aufhebung jener Satzungen, die Heftung jenes Schuldbuchs an das Kreuz, und worin bestünde dann die große Errungenschaft dieser christlichen Freiheit, die Paulus so oft preist? Er lehrt, dass ein jeder des Herrn sein kann, ob er isst oder nicht isst, ob er einen Tag höher hält als den anderen oder nicht. Wie viele andere Dinge könnten in Frieden hingenommen und dem Gewissen anheim gestellt werden, wenn wir nur Barmherzigkeit üben wollten und es nicht das wichtigste Bollwerk unserer Heuchelei wäre, immerfort miteinander zu rechten! Ich fürchte, wir spüren noch immer den Abdruck des Sklavenmals im Nacken, den das eherne Joch äußerlicher Gleichförmigkeit uns aufgeprägt hat, und lassen uns weiterhin von einem gewissen Gespenst im steifen Hemd der Züchtigkeit erschrecken. Wir beunruhigen und ereifern uns bei dem leisesten Zeichen, dass die Geister sich scheiden, und wäre es auch nur in Nebensächlichkeiten, und in unserem Ungestüm, sie zu unterdrücken, und unserer Abneigung, wenigstens einen Zipfel der geknechteten Wahrheit dem Griff des Hergebrachten zu entreißen, kommt es uns nicht in den Sinn, die eine Wahrheit vor der anderen zu trennen, was die heftigsten Streitereien und Uneinigkeiten nach sich zieht. Wir werden nicht inne, dass, indem wir weiter streng und unerbittlich an äußeren Formen festhalten, wir alsbald wieder in eine plumpe, gleichförmige Stumpfheit verfallen könnten, in den festen und tödlichen Erstarrungszustand einer zusammengepressten und gefrorenen Masse aus Holz, Heu und Stroh.

1 Ianus: römisch, Schirmherr der *öffentlichen* Tore und Durchgänge und der Gott allen Anfangs. Ianus wird doppelgesichtig dargestellt, als Attribute kommen Schlüssel und Stab vor.
2 Orakel: spruchmäßig fixierte und örtlich instituierte Form der Mantik (durch außernatürliche Kräfte hervorgerufene Begeisterung), ähnlich einer Weissagung

John Milton, 1608–1674, englischer Dichter und Publizist

- *Wie begründet Milton seine Forderung nach Meinungs- und Pressefreiheit?*

- *Projektvorschlag: Sammeln Sie Gedichte und Essays von Denkerinnen und Denkern der Weltgeschichte, die sich dem Problem der Meinungsfreiheit widmen. Arbeiten Sie in kleinen Gruppen Unterschiede und Gemeinsamkeiten heraus.*

Warum die Pluralität der Meinungen wichtig ist

Nicht der heftige Konflikt zwischen den verschiedenen Teilen einer Idee, sondern die stillschweigende Unterdrückung der einen Hälfte von ihr ist das furchtbare Übel. Es ist immer noch Hoffnung, wenn man die Menschen zwingt beide Seiten anzuhören; wenn sie dagegen bloß eine hören, dann geschieht es, dass Irrtümer sich zu Vorurteilen verhärten und die Wahrheit selbst aufhört, den Effekt der Wahrheit zu haben, weil man sie zur Falschheit übertreibt. Und da sehr wenige geistige Fähig keiten seltener sind als die urteilende, welche einsichtig über zwei Seiten einer Sache, von denen nur eine durch Anwalt vertreten ist, zu Gericht sitzen kann, so hat die Wahrheit ihre Chance nur in dem Verhältnis, wie jede ihrer Seiten, jede Meinung, die irgendeinen Bruchteil der Wahrheit verkörpere, nicht nur Anwälte findet, sondern sie auch so verteidigt, dass man sie anhört.

Wir haben nun also erkannt, dass für das geistige Wohlbefinden der Menschheit (wovon alle andere Wohlfahrt abhängt) die Freiheit der Meinung und die Freiheit, diese auch auszudrücken, notwendig ist, und zwar aus vier Gründen, die wir kurz wiederholen wollen.

Erstens: Wenn man eine Meinung zum Schweigen zwingt, so kann sie doch, soweit wir wissen können, richtig sein. Das leugnen, hieße unsere eigene Unfehlbarkeit beanspruchen.

Zweitens: Mag auch die zum Schweigen gebrachte Meinung irrig sein, so kann sie doch – was häufig genug vorkommt – ein Körnchen Wahrheit enthalten. Und da die allgemeine oder die vorwiegende Meinung über eine Sache selten oder niemals die ganze Wahrheit enthält, hat der übrig bleibende Teil nur durch Zusammenprallen entgegengesetzter Meinungen Gelegenheit, unterstützt zu werden.

Drittens: Selbst wenn die überlieferte Meinung nicht nur die Wahrheit, sondern sogar die ganze Wahrheit enthielte, so würden die meisten derer, die sie teilen, sie nur als eine Art Vorurteil annehmen, mit wenig Verständnis oder Sinn für ihre verstandesmäßige Begründung, wenn man nicht zulässt, ja sogar darauf besteht, sie in vollem Ernst zu bekämpfen. Und nicht nur dies, sondern viertens: Auch der Sinn der Lehre selbst wird in Gefahr sein, verloren zu gehen oder geschwächt und seines lebendigen Einflusses auf den Charakter und die Handlungsweise beraubt zu werden. Das Dogma wird ein rein formales Bekenntnis, wirkungslos für das Gute, doch wird es den Grund überdecken und dadurch das Wachstum einer wirklichen, von Herzen gefühlten Überzeugung aus Vernunft oder Erfahrung verhindern.

John Stuart Mill, 1806–1873, englischer Philosoph

- *Warum ist es nach Ansicht von John Stuart Mill wichtig, verschiedene Meinungen zur Kenntnis zu nehmen?*

- *Entwerfen Sie einen Werbespruch oder ein kleines Plakat, auf dem Sie in Anlehnung an Mill die Pluralität von Meinungen würdigen.*

Russell: Entzieht ihm die Lehrbefugnis

Die amerikanische Freiheitsstatue gilt als Symbol für Freiheit und Toleranz. Lesen Sie den Fall des englischen Philosophen Bertrand Russell. Entwerfen Sie anschließend ein Flugblatt gegen die Einschränkung der Freiheit der Lehre, dessen Grundmotiv die Freiheitsstatue bildet.

Stellen Sie sich vor, Sie wären damals Chefredakteur oder Chefredakteurin einer New Yorker Zeitung gewesen. Notieren Sie Stichworte für oder gegen die Veröffentlichung des Briefes von Bischof Manning in Ihrer Zeitung und beziehen Sie dann in der anschließenden Redaktionskonferenz im Kurs Stellung.

Projektvorschlag: Sammeln Sie ähnliche Fälle von Wissenschaftlern und Wissenschaftlerinnen, die aus politisch-ethischen oder religiösen Gründen nicht an Universitäten unterrichten durften. Vergleichen Sie diese Fälle mit dem Fall von Bertrand Russell.

Ein sittlich verwirrter Mensch

Nach der Emeritierung der zwei ordentlichen Professoren der Philosophie, Morris Raphael Cohen und Harry Overstreet, einigten sich die Mitglieder der philosophischen Abteilung und die Verwaltung des College of the City of New York darauf, einen hervorragenden Philosophen auf einen der freien Lehrstühle zu berufen. Die Abteilung empfahl die Berufung Bertrand Russells, der damals an der University of California unterrichtete. Diese Empfehlung wurde von der Fakultät der Hochschule, dem geschäftsführenden Präsidenten, dem Verwaltungskomitee des Ausschusses für höheres Schulwesen und schließlich vom Ausschuss selbst, der über Ernennungen auf dieser Ebene entscheidet, begeistert angenommen. Noch nie war jemand Professor am City College gewesen, der sich mit Russell an Ruhm und Auszeichnung vergleichen konnte. Neunzehn der zweiundzwanzig Ausschussmitglieder nahmen an der Sitzung teil, auf der die Berufung diskutiert wurde, und alle neunzehn stimmten dafür. Als Bertrand Russell die Berufung annahm, schrieb ihm Ordway Tead, der Vorsitzende des Ausschusses, folgenden Brief:

Lieber Professor Russell,

es ist mir eine große Ehre, Sie von Ihrer Berufung zum Professor der Philosophie am City College für die Zeit vom 1. Februar 1941 bis zum 30. Juni 1942 benachrichtigen zu dürfen, gemäß dem Beschluss, den der Ausschuss für höheres Schulwesen auf seiner Sitzung am 26. Februar 1940 gefasst hat. Ich weiß, dass es dem Namen und den Leistungen der philosophischen Abteilung und des College zur Ehre gereichen wird, wenn Sie diese Berufung annehmen, und dass damit das Interesse des College an den philosophischen Grundlagen des menschlichen Daseins vertieft und erweitert wird.

Als Russells Berufung in der Öffentlichkeit bekannt wurde, schrieb Bischof Manning von der Protestantischen Episkopalkirche* an alle New Yorker Zeitungen einen Brief, in dem er das Vorgehen des Ausschusses brandmarkte.

Was soll man von Colleges und Universitäten halten, die als verantwortlichen Lehrer für Philosophie vor unsere Jugend einen Mann stellen, der ein bekannter Propagandist sowohl gegen Religion als auch gegen Moral ist und der insbesondere den Ehebruch verteidigt. Kann irgend jemand, der sich um das Wohlergehen unseres Landes sorgt, mit ansehen wollen, dass eine solche Lehre mit Unterstützung unserer Colleges und Universitäten verbreitet wird?

Nach einigen Tagen wiederholte der Bischof seinen Angriff und sagte: „Es gibt Menschen, die in sittlicher und geistiger Hinsicht so verwirrt sind, dass sie in der Berufung […] eines Mannes nichts Schlechtes sehen, der in seinen Veröffentlichungen behauptet: ‚Außer dem Wollen der Menschen gibt es keine sittliche Norm.'"

Verschiedene Meinungen lehren

Bevor wir über den gegenwärtigen Zustand der Lehrfreiheit an den Universitäten sprechen, empfiehlt es sich zu untersuchen, was wir unter dem Begriff verstehen. Das Wesen der Lehrfreiheit besteht darin, dass die Lehrer auf Grund ihrer Sachkenntnis in ihrem Unterrichtsfach gewählt werden sollen und dass über ihre fachliche Eignung nur andere Sachverständige urteilen dürfen. Ob jemand ein guter Mathematiker, Physiker oder Chemiker ist, kann nur von anderen Mathematikern, Physikern oder Chemikern beurteilt werden. Diese jedenfalls können ihr Urteil mit einem ziemlichen Grad von Übereinstimmung fällen.

Die Gegner dieser Lehrfreiheit sind der Auffassung, es sollten neben den Kenntnissen eines Menschen auf seinem Fachgebiet auch noch andere Umstände berücksichtigt werden. Sie finden, er sollte niemals irgendeiner Meinung Ausdruck verliehen haben, die der Meinung der Machthaber widerspricht. Dies ist eine scharfe Streitfrage, in der die totalitären Staaten eine sehr bestimmte Haltung eingenommen haben. [...]

Das Prinzip der liberalen Demokratie, das die Begründer der amerikanischen Verfassung inspirierte, bestand darin, Streitfragen durch Argumente zu entscheiden und nicht durch Gewalt. Die Liberalen haben immer die Ansicht vertreten, dass Meinungen durch eine freie Diskussion gebildet werden sollen und nicht dadurch, dass nur eine Seite gehört wird. Alte wie neue tyrannische Regierungen vertreten die gegenteilige Ansicht. Ich meinerseits sehe keinen Grund, in dieser Frage von der liberalen Tradition abzuweichen. Wenn ich Macht hätte, würde ich nicht danach trachten, zu verhindern, dass meine Gegner zu Wort kommen. Ich würde vielmehr versuchen, allen Ansichten die gleichen Möglichkeiten zu verschaffen, und würde den Ausgang den Ergebnissen von Erörterungen und Verhandlungen überlassen. Unter den akademischen Opfern der deutschen Verfolgungen in Polen befinden sich meines Wissens einige berühmte Logiker, die streng orthodoxe Katholiken sind. Ich würde alles in meiner Macht Stehende versuchen, diesen Männern Lehrstühle zu verschaffen, obwohl ihre Brüder im Glauben dieses Kompliment nicht erwidern.

Der grundlegende Unterschied zwischen liberaler und nichtliberaler Auffassung besteht darin, dass die erstere besagt, alle Fragen seien einer Diskussion zugänglich und alle Meinungen dürften mehr oder weniger angezweifelt werden, während die letztere von vornherein bestimmt, dass gewisse Ansichten absolut unanfechtbar seien und gegen sie kein Argument vorgebracht werden dürfe. Das Eigenartige daran ist der Glaube, eine unparteiische Untersuchung, wäre sie erlaubt, würde die Menschen zu falschen Schlüssen führen und Unwissenheit biete deshalb die einzige Sicherheit gegen Irrtum. Diese Ansicht kann niemand anerkennen, der wünscht, dass die Handlungen der Menschen durch Vernunft bestimmt werden und nicht durch Vorurteil. [...]

Das gilt besonders für den Unterricht. Von einem Mann oder einer Frau, die eine staatliche Lehrstelle bekleiden, sollte man nicht verlangen, die Meinungen der Mehrheit zu lehren, obwohl das natürlich die Mehrzahl der Lehrer tun wird. Es sollte nicht nur nicht angestrebt, sondern nach Möglichkeit vermieden werden, dass alle Lehrer die gleichen Auffassungen vertreten, weil es für jede gesunde Erziehung wesentlich ist, dass die Lehrer verschiedene Ansichten vortragen. Kein Mensch kann als gebildet gelten, der nur die eine Seite solcher Probleme gesehen hat, über die man geteilter Ansicht ist. Zum Wichtigsten, was an den Unterrichtsstätten einer Demokratie gelehrt werden sollte, gehören die Fähigkeit, Argumente zu wägen, und die unvoreingenommene Bereitschaft, sich jener Meinung anzuschließen, die als die vernünftigere erscheint. Sobald den Ansichten, zu denen sich die Lehrer bekennen dürfen, eine Zensur auferlegt wird, dient die Erziehung nicht mehr diesem Zweck und erzeugt an Stelle einer Nation von Menschen eine Herde fanatischer Frömmelei.

Sir Bertrand Russell, 1872–1970, englischer Philosoph, Nobelpreis für Literatur

- *Mit welchen Argumenten rechtfertigt Bertrand Russell die Freiheit der Lehre? Teilen Sie seine Auffassung?*

- *Wie könnte die Gesellschaft Einfluss auf die Gestaltung von Forschung und Lehre nehmen? Erarbeiten Sie Vorschläge.*

Unterrepräsentiert

Gemessen am Frauenanteil unter den Studierenden insgesamt (42,5 Prozent), ist das Geschlechterverhältnis beim Studienerfolg weitgehend ausgewogen. 1995 waren unter den Hochschulabgängerinnen bzw. Hochschulabgängern mit bestandenem Diplom – oder entsprechenden Abschlussprüfungen – rund 39 Prozent Frauen. Im Unterschied dazu betrug ihr Anteil an den Doktorprüfungen jedoch nur etwa 31 Prozent, an den Habilitationen lediglich knapp 14 Prozent. Da gerade die Habilitation die wichtigste Eingangsvoraussetzung für eine Professur ist, kann es nicht verwundern, dass Professorinnen an den Hochschulen eklatant unterrepräsentiert sind. 1995 lag ihr Anteil bei gerade 8 Prozent; in der höchsten Besoldungsstufe (C 4) betrug er sogar nur knapp 5 Prozent. Auf den unteren Hierarchiestufen sind Frauen demgegenüber etwas besser vertreten. Gleichwohl bleibt festzuhalten, dass sich der Aufholprozess der Frauen unter den Studierenden bislang nicht in der Entwicklung beim wissenschaftlichen Hochschulpersonal widerspiegelt.

*Beate Hoecker, *1954, deutsche Soziologin*

- *Sir Bertrand Russell plädiert dafür, Wissenschaftlerinnen und Wissenschaftler nur nach fachlichen Qualifikationen zu berufen. Wie kommt es dann, dass Frauen in Führungspositionen an den Universitäten und Hochschulen unterrepräsentiert sind? Bilden Sie Arbeitsgruppen und erarbeiten Sie einen Katalog mit Ursachen.*

- *Informieren Sie sich am „Tag der offenen Tür" über die Zusammensetzung und die Arbeit von Berufungskommissionen an Universitäten und Hochschulen.*

Sartre: Der Mensch ist zur Freiheit verurteilt

Zwei Typen des Seins

Der französische Philosoph Jean-Paul Sartre (1905–1980) geht davon aus, dass der Mensch das einzige Wesen ist, das zunächst existiert und sich erst im Nachhinein definiert, d. h. etwas aus sich macht. Insofern geht die Existenz der Essenz (dem Wesen) voran, für die allein der Mensch verantwortlich ist. Daraus folgt, dass es keine Vorherbestimmung des Menschen gibt; der Mensch ist frei zu wählen. Getrieben wird er dabei durch die Angst und den Ekel vor dem Vernunftlosen und der Fremdbestimmung seines Ichs. Sartre unterscheidet zwei Typen des Seins, die eine Einheit bilden, jedoch nicht identisch sind.

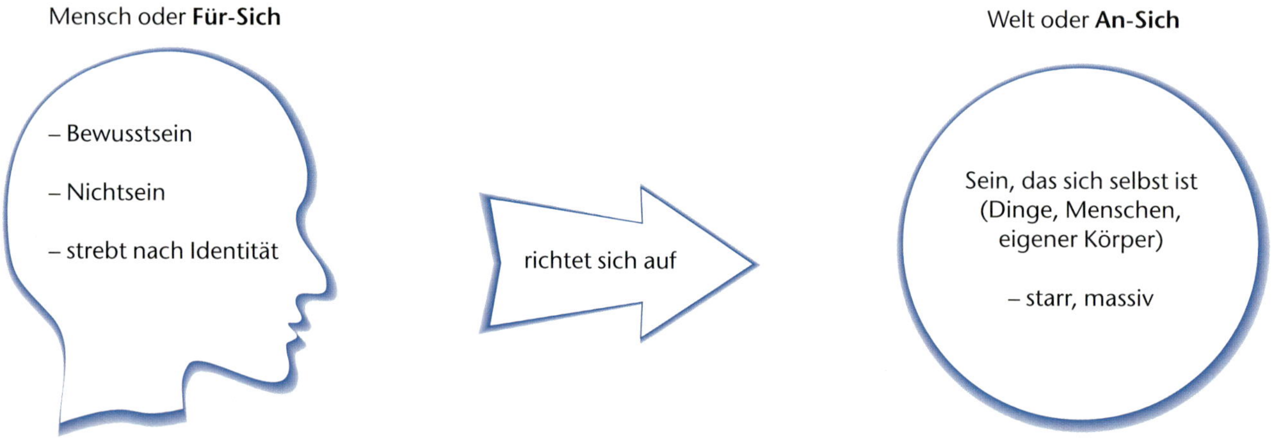

Der Mensch enthält in Sartres Konzeption das Nichts. Dadurch erfährt er sich als Mangelwesen und ist bestrebt, diesen Mangel zu beseitigen, indem er sich der Welt (den Objekten) zuwendet. Er versucht, das abstrakte An-Sich in seinem Für-Sich festzumachen, damit seine Existenz einen Sinn bekommt. Dennoch kann er trotz dieser nach außen gerichteten Versuche niemals selbst Sein werden, sondern bleibt im Für-Sich stecken. Diese Differenz zwingt ihn, sich zu entwerfen.

Wähle dich selbst

Die wesentliche Konsequenz unserer vorangehenden Ausführungen ist, dass der Mensch, dazu verurteilt, frei zu sein, das Gewicht der gesamten Welt auf seinen Schultern trägt: Er ist für die Welt und für sich selbst als Seinsweise verantwortlich. Wir nehmen das Wort „Verantwortlichkeit" in seinem banalen Sinn von „Bewusstsein (davon), der unbestreitbare Urheber eines Ereignisses oder eines Gegenstands zu sein". In diesem Sinn ist die Verantwortlichkeit des Für-Sich drückend, weil es das ist, wodurch geschieht, dass es eine Welt *gibt*; und weil das Für-Sich auch das ist, das *sich sein macht*, muss es, was immer die Situation ist, in der es sich befindet, diese Situation gänzlich annehmen mit ihrem eigenen Widrigkeitskoeffizienten, und sei sie auch unerträglich; es muss sie annehmen mit dem stolzen Bewusstsein, ihr Urheber zu sein, denn die schlimmsten Übel oder die schlimmsten Gefahren, die meine Person zu treffen drohen, haben nur durch meinen Entwurf einen Sinn; und sie erscheinen auf dem Hintergrund des Engagements, das ich bin. Es ist also unsinnig, sich beklagen zu wollen, weil ja nichts Fremdes darüber entschieden hat, was wir fühlen, was wir leben oder was wir sind. Diese absolute Verantwortlichkeit ist übrigens kein Akzeptieren: sie ist das bloße logische Übernehmen der Konsequenzen unserer Freiheit. Was mir zustößt, stößt mir durch mich zu, und ich kann weder darüber bekümmert sein noch mich dagegen auflehnen, noch mich damit abfinden. Übrigens, alles was mir zustößt, ist meins; darunter ist zuallererst zu verstehen, dass ich als Mensch immer auf der Höhe dessen bin, was mir zustößt, denn was einem Menschen durch andere Menschen und durch ihn selbst zustößt, kann nur menschlich sein. Die grauenhaftesten Situationen des Krieges, die schlimmsten Foltern schaffen keinen unmenschlichen Sachverhalt: es gibt keine unmenschliche Situation; allein durch Furcht, Flucht und Rückgriff auf magische Verhaltensweisen kann ich mich für das Unmenschliche *entscheiden*; aber eine solche Entscheidung ist menschlich, und ich werde die gesamte Verantwortung dafür tragen. Aber die Situation ist außerdem *meine*, weil sie das Bild meiner freien Selbstwahl ist, und alles, was sie mir bietet, ist *meins*, insofern es mich darstellt und symbolisiert. Bin ich es nicht, der ich, indem ich über mich entscheide, über den Widrigkeitskoeffizienten der Dinge entscheide bis hin zu ihrer Unvorhersehbarkeit? So gibt es keine *Zwischenfälle* in einem Leben; ein gesellschaftliches Ereignis, das plötzlich ausbricht und mich mitreißt, kommt nicht von außen; wenn ich in einem Krieg eingezogen werde, ist dieser Krieg *mein* Krieg, er ist nach meinem Bild und ich verdiene ihn. Ich verdiene ihn zunächst, weil ich mich ihm immer durch Selbstmord oder Fahnenflucht entziehen könnte: Diese letzten Möglichkeiten müssen uns immer gegenwärtig sein, wenn es darum geht, eine Situation zu beurteilen. Da ich mich ihm nicht entzogen habe, habe ich ihn *gewählt*; das kann aus Schlaffheit, aus Feigheit gegenüber der öffentlichen Meinung sein, weil ich bestimmte Werte* sogar der Kriegsdienstverweigerung vorziehe (die Achtung meiner Nächsten, die Ehre meiner Familie usw.). Jedenfalls handelt es sich um eine Wahl. Diese Wahl wird in der Folge bis zum Ende des Krieges fortgesetzt wiederholt werden; man muss also den Ausspruch von Jules Romains unterschreiben: „Im Krieg gibt es keine unschuldigen Opfer."

Freiheit verträgt keinen Zwang

Wenn ich also dem Tod oder der Entehrung den Krieg vorgezogen habe, dann geschieht alles so, als trüge ich die gesamte Verantwortung für diesen Krieg. Gewiss, andere haben ihn erklärt, und man wäre vielleicht versucht, mich als bloßen Komplizen zu betrachten. Aber dieser Begriff der Komplizenschaft hat nur einen juristischen Sinn; hier hält er nicht stand; denn es hat *von mir* abgehangen, dass für mich und durch mich dieser Krieg nicht existiert, und ich habe entschieden, dass er existiert. Es hat keinerlei Zwang gegeben, denn Zwang vermag nichts über eine Freiheit; ich habe keinerlei Entschuldigung gehabt, denn wie wir in diesem Buch gesagt und wiederholt haben, ist es die Eigenart der menschlichen Realität, dass sie ohne Entschuldigung ist. Es bleibt mir also nur, diesen Krieg anzunehmen. Aber außerdem ist es *meiner*, denn allein dadurch, dass er in einer Situation auftaucht, die ich sein mache, und dass ich ihn in ihr nur entdecken kann, indem ich mich für oder gegen ihn engagiere, kann ich jetzt meine Selbstwahl nicht mehr von der Wahl dieses Krieges unterscheiden: diesen Krieg leben heißt durch ihn mich wählen und durch meine Selbstwahl ihn wählen. Es kann gar nicht in Frage kommen, ihn als „vier Jahre Ferien" oder als „Aufschub" oder als eine „Sitzungspause" zu betrachten, weil das Wesentliche meiner Verantwortlichkeit woanders läge, in meinem Ehe-, Familien- und Berufsleben. Sondern in diesem Krieg, den ich gewählt habe, wähle ich mich Tag für Tag, und ich mache ihn zu meinem, indem ich mich mache. Wenn er vier leere Jahre sein soll, trage ich dafür die Verantwortung.

Kurz, wie wir im vorangehenden Abschnitt ausgeführt haben, ist jede Person eine absolute Selbstwahl, ausgehend von einer Welt von Kenntnissen und Techniken, die von dieser Wahl zugleich angenommen und beleuchtet wird; jede Person ist etwas Absolutes, das sich eines absoluten Datums erfreut und das zu einem andern Datum völlig undenkbar wäre. Es ist also müßig, sich zu fragen, was ich gewesen wäre, wenn dieser Krieg nicht ausgebrochen wäre, denn ich habe mich gewählt als ein möglicher Sinn der Epoche, die unmerklich zum Krieg führte; ich unterscheide mich nicht von eben dieser Epoche, ich könnte nicht ohne Widerspruch in eine andere Epoche versetzt werden. Also *bin ich* dieser Krieg, der die Periode, die ihm vorangegangen ist, abschließt und verstehen lässt. In diesem Sinn muss man der eben zitierten Formulierung „Im Krieg gibt es keine unschuldigen Opfer" zur genaueren Definition der Verantwortlichkeit des Für-Sich hinzufügen: „Man hat den Krieg, den man verdient." Total frei also, ununterscheidbar von der Periode, deren Sinn zu sein ich gewählt habe, ebenso tief für den Krieg verantwortlich, als wenn ich ihn selbst erklärt hätte, unfähig, etwas zu leben, ohne es in *meine* Situation zu integrieren, mich ganz darin zu engagieren und sie mit meinem Siegel zu prägen, muss ich ohne Gewissensbisse und ohne Bedauern sein, so wie ich ohne Entschuldigung bin, denn vom Augenblick meines Auftauchens zum Sein an trage ich das Gewicht der Welt für mich ganz allein, ohne dass irgendetwas oder irgendjemand es erleichtern könnte.

Jean-Paul Sartre, 1905–1980, französischer Philosoph, Nobelpreis für Literatur

Jean-Paul Sartre

Jean-Paul Sartre war Professor für Philosophie in Frankreich. Er erlangte als Schriftsteller Weltruhm und wurde 1964 mit dem Nobelpreis für Literatur ausgezeichnet. Sartre ist der Hauptvertreter der atheistisch eingestellten Existenzphilosophie*, deren zentrale Begriffe Freiheit, Angst, Ekel und Sinnlosigkeit des Daseins sind. Sartres wichtigste Werke sind: „Das Sein und das Nichts" (1943) sowie „Ist der Existentialismus ein Humanismus?" (1946).

- *Legen Sie mit eigenen Worten dar, worin die Konzeption der Freiheit bei Sartre besteht. Berücksichtigen Sie dabei seine Unterscheidung der beiden Typen des Seins.*
- *Wie begründet Sartre, dass es im Krieg keine unschuldigen Opfer gibt? Akzeptieren Sie diese Auffassung? Begründen Sie Ihre Entscheidung.*
- *Formulieren Sie schriftlich einen Gegenvorschlag zu Sartres Position.*

Camus: Die Stunde des Bewusstseins

Was verbinden Sie mit dem Ausdruck „Sisyphusarbeit"? Suchen Sie Beispiele aus Ihrem Erfahrungsbereich.

Sisyphos

Korinth, die volkreiche Handelsstadt an der schmalen Landzunge zwischen dem nördlichen Griechenland und der Halbinsel Peloponnes, wurde erbaut und zuerst beherrscht von Sisyphos, dem listigsten aller Menschen. Der rastlose Seefahrer, unermüdlich auf Gewinn bedacht, wusste sich durch Schlauheit und manchen Betrug unermesslichen Reichtum zu erwerben. Seine Habsucht verleitete ihn, selbst Verrat gegen die Götter zu üben. Da schickte ihm Zeus zur Strafe den Todesgott, dass er ihn in die Unterwelt hinabführe. Doch der schlaue Sisyphos merkte das Herannahen des Todesgottes, überfiel ihn und sperrte ihn in einen tiefen Kerker ein. Von nun an starb eine Zeit lang kein Mensch auf Erden.

Endlich erschien der starke Kriegsgott Ares, befreite den Todesgott und übergab ihm den Sisyphos. Der musste nun zwar in die Unterwelt hinabwandern; aber er hatte schon Vorsorge getroffen, dass er sich aus dem dunklen Schattenreich bald wieder befreien konnte. Seiner Gattin hatte er aufgetragen, alle üblichen Todesopfer für ihn zu unterlassen; und als nun der Gott der Unterwelt sich zornig darüber zeigte, dass diese Opfer ausblieben, sprach der listige Sisyphos: „Das ist ein sehr schweres Vergehen meiner Gattin gegen deine Majestät, hoher Beherrscher des Totenreiches! Ich kann darum hier gar nicht zur Ruhe kommen. So lass mich wieder auf die Oberwelt zurückkehren, damit ich das gottvergessene Weib zur Ordnung bringe. So rasch es irgend möglich ist, werde ich – ich schwöre es dir mit heiligen Eiden – wieder vor dir erscheinen, um hier endlich den vermissten Frieden zu finden." Der Gott ließ ihn gehen, und der Schlaue konnte abermals aus der Macht des Todes fliehen. Wieder in die Unterwelt hinabzusteigen, wie er es versprochen hatte, dazu zeigte er nun nicht die geringste Eile. Das helle Sonnenlicht der Oberwelt gefällt ihm viel zu gut, um es sogleich wieder mit der Finsternis des Schattenreiches einzutauschen. Leichtfertig lebt er das lustigste, üppigste Leben. Doch mit dieser Herrlichkeit ist es bald wieder vorbei: Inmitten eines rauschenden Festes erfasst ihn plötzlich Hermes, der schattengeleitende Gott, und schleppt ihn mit Gewalt wieder in die Unterwelt hinab. Jetzt gibt es kein Entrinnen mehr für den Verbrecher, und nimmer endet die Qual, die ihm im Schattenreich auferlegt ist. Mit gewaltiger Anstrengung, mit Händen und Füßen angestemmt, wälzt er einen schweren Felsblock aus der Ebene einen steilen Berg hinauf. Hat er ihn keuchend zur Höhe gebracht und glaubt, ihn endlich auf den Gipfel zu drehen, da wendet sich plötzlich die Kraft um, und der tückische Stein rollt unaufhaltsam wieder hinab in die Tiefe. So muss sich der Verdammte, von Angstschweiß triefend, immer wieder in vergeblicher Arbeit abmühen.

Klassische Sage

Welches Menschenbild des Sisyphos zeichnet der griechische Mythos?

Dem Schicksal überlegen sein

Die moderne Version des griechischen Mythos wurde von Albert Camus während des Zweiten Weltkrieges geschrieben.

Kurz und gut: Sisyphos ist der Held des Absurden, dank seinen Leidenschaften und dank seiner Qual. Seine Verachtung der Götter, sein Hass gegen den Tod und seine Liebe zum Leben haben ihm die unsagbare Marter aufgewogen, bei der sein ganzes Sein sich abmüht und nichts zustande bringt. Damit werden die Leidenschaften dieser Erde bezahlt. Über Sisyphos in der Unterwelt wird uns nichts weiter berichtet. Mythen sind dazu da, von der Fantasie belebt zu werden. So sehen wir nur, wie ein angespannter Körper sich anstrengt, den gewaltigen Stein fortzubewegen, ihn hinaufzuwälzen und mit ihm wieder und wieder einen Abhang zu erklimmen; wir sehen das verzerrte Gesicht, die Wange, die sich an den Stein schmiegt, sehen, wie eine Schulter sich regen den erdbedeckten Koloss legt, wie ein Fuß ihn stemmt und der Arm die Bewegung aufnimmt, wir erleben die ganze menschliche Selbstsicherheit zweier erdbeschmutzter Hände. Schließlich ist nach dieser langen Anstrengung (gemessen an einem Raum, der keinen Himmel, und an einer Zeit, die keine Tiefe kennt) das Ziel erreicht. Und nun sieht Sisyphos, wie der Stein im Nu in jene Tiefe rollt, aus der er ihn wieder auf den Gipfel wälzen muss. Er geht in die Ebene hinunter.

Auf diesem Rückweg, während dieser Pause, interessiert mich Sisyphos. Ein Gesicht, das sich so nahe am Stein abmüht. Ist selber bereits Stein! Ich sehe, wie dieser Mann schwerfälligen, aber gleichmäßigen Schrittes zu der Qual hinuntergeht, deren Ende er nicht kennt. Diese Stunde, die gleichsam ein Aufatmen ist und ebenso zuverlässig wiederkehrt wie sein Unheil, ist die Stunde des Bewusstseins. In diesen Augenblicken, in denen er den Gipfel verlässt und allmählich in die Höhlen der Götter entschwindet, ist er seinem Schicksal überlegen. Er ist stärker als sein Fels.

Dieser Mythos ist tragisch, weil sein Held bewusst ist. Worin bestünde tatsächlich seine Strafe, wenn ihm bei jedem Schritt die Hoffnung auf Erfolg neue Kraft gäbe? Heutzutage arbeitet der Werktätige sein Leben lang unter gleichen Bedingungen, und sein Schicksal ist genauso absurd. Tragisch ist es aber nur in den wenigen Augenblicken, in denen der Arbeiter bewusst wird. Sisyphos, der ohnmächtige und rebellische Prolet der Götter, kennt das ganze Ausmaß seiner unseligen Lage: Über sie denkt er während des Abstiegs nach. Das Wissen, das seine eigentliche Qual bewirken sollte, vollendet gleichzeitig seinen Sieg. Es gibt kein Schicksal, das durch Verachtung nicht überwunden werden kann. Darin besteht die ganze verschwiegene Freude des Sisyphos. Sein Schicksal gehört ihm. Sein Fels ist seine Sache. Ebenso lässt der absurde Mensch, wenn er seine Qual bedenkt, alle Götzenbilder schweigen. Im Universum, das plötzlich wieder seinem Schweigen anheim gegeben ist, werden die tausend kleinen, höchst verwunderten Stimmen der Erde laut. Unbewusste, heimliche Rufe, Aufforderungen aller Gesichter bilden die unerlässliche Kehrseite und den Preis des Sieges. Ohne Schatten gibt es kein Licht: Man muss auch die Nacht kennen lernen. Der absurde Mensch sagt Ja und seine Mühsal hat kein Ende mehr. Wenn es ein persönliches

Geschick gibt, dann gibt es kein übergeordnetes Schicksal, oder zumindest nur eines, das er unheilvoll und verächtlich findet. Darüber hinaus weiß er sich als Herr seiner Zeit. Gerade in diesem Augenblick, in dem der Mensch sich wieder seinem Leben zuwendet (ein Sisyphos, der zu seinem Stein zurückkehrt), bei dieser leichten Drehung betrachtet er die Reihe unzusammenhängender Taten, die sein Schicksal werden, seine ureigene Schöpfung, die in seiner Erinnerung geeint ist und durch den Tod alsbald besiegelt wird. Überzeugt von dem rein menschlichen Ursprung alles Menschlichen, ist er also immer unterwegs – ein Blinder, der sehen möchte und weiß, dass die Nacht kein Ende hat. Der Stein rollt wieder.
Ich verlasse Sisyphos am Fuße des Berges! Seine Last findet man immer wieder. Nur lehrt Sisyphos uns die größere Treue, die die Götter leugnet und die Steine wälzt. Auch er findet, dass alles gut ist. Dieses Universum, das nun keinen Herrn mehr kennt, kommt ihm weder unfruchtbar noch wertlos vor. Jedes Gran[1] dieses Steins, jeder Splitter dieses durchnächtigten Berges bedeutet allein für ihn eine ganze Welt. Der Kampf gegen Gipfel vermag ein Menschenherz auszufüllen. Wir müssen uns Sisyphos als einen glücklichen Menschen vorstellen.

1 Gran: altes Apotheker- und Edelmetallgewicht

Albert Camus, 1913–1960, französischer Philosoph, Nobelpreis für Literatur

Albert Camus

Albert Camus gehört neben Jean-Paul Sartre zu den wichtigsten Vertretern der Existenzphilosophie* in Frankreich. Er wurde 1913 in Algerien geboren, wo er seine Kindheit und Studienjahre verbrachte. In Algier inszenierte er sein erstes Theaterstück „Revolte in Asturien", das Leben und Rebellion der spanischen Minenarbeiter vor dem Beginn des Bürgerkrieges 1936 beschreibt. Es folgten weitere Erzählungen und Romane wie „Der Fremde", die sich mit der Rolle des Absurden im menschlichen Dasein beschäftigen. Weltruhm erlangte Camus mit seiner philosophischen Abhandlung „Der Mythos des Sisyphos", in dem er die zentralen Begriffe seines Systems Absurdität und Freiheit ausarbeitete. Die Reflexion über das Absurde bildet auch den Ausgangspunkt seiner Schrift „Der Mensch in der Revolte".
Camus engagierte sich auch politisch, u. a. gegen den Nationalsozialismus sowie die Stalinschen Schauprozesse und Straflager. Er setzte der französischen Résistance ein literarisches Denkmal mit seinem Roman „Die Pest". Für sein literarisches Schaffen erhielt Camus 1957 den Nobelpreis. 1960 kam es bei einem Autounfall ums Leben.

- *Vergleichen Sie das Menschenbild des Sisyphos aus dem griechischen Mythos mit dem von Albert Camus. Welche Gemeinsamkeiten und Unterschiede stellen Sie fest?*
- *Welche Konzeption der Freiheit vertritt Albert Camus? Vergleichen Sie seine Position mit der von Jean-Paul Sartre (S. 32/33).*
- *Jean Dubuffet hat das Bild „La route aux hommes" zum gleichen Zeitpunkt gemalt, als Albert Camus seinen „Mythos des Sisyphos" schrieb. Beschreiben Sie das Bild und vergleichen Sie die Aussage mit den Gedanken von Camus.*

Jean Dubuffet, La route aux hommes, 1944

Determinanten der Freiheit

Jeder Mensch findet sich von den frühesten Momenten seines Lebens an, erst unbewusst, dann halb, endlich ganz bewusst, immerfort bedingt.

Johann Wolfgang von Goethe, 1749–1832, deutscher Dichter

Die menschliche Freiheit besteht lediglich darin, dass sich die Menschen ihres Wollens bewusst und der Ursachen, von denen sie bestimmt werden, unbewusst sind.

Baruch Spinoza, 1632–1677, portugiesisch-jüdischer Philosoph in Holland

Glaubst du, es gäb' ein Sandkorn in der Welt, das nicht gebunden an die ew'ge Kette von Wirksamkeit, von Einfluss und Erfolg?

Franz Grillparzer, 1791–1872, österreichischer Schriftsteller

Die Sterne sind nur der Vater deines Schicksals.
Die Mutter ist deine eigene Seele.

Johannes Kepler, 1571–1630, deutscher Theologe, Mathematiker und Astronom

Die Sachen haben die Menschen gesehen,
die Ursache haben sie nicht gesehen.

***Aurelius Augustinus**, 354–430, Theologe in Karthago, Thagaste, Rom und Mailand*

Wie von unsichtbaren Geistern gepeitscht, gehen die Sonnenpferde* der Zeit mit unsers Schicksal leichtem Wagen durch; und uns bleibt nichts, als mutig gefasst die Zügel festzuhalten und bald rechts, bald links, vom Steine hier, vom Sturze da, die Räder wegzulenken. Wohin es geht, wer weiß es? Erinnert er sich doch kaum, woher er kam.

Johann Wolfgang von Goethe, 1749–1832, deutscher Dichter

Ich habe bis jetzt keine Ursache,
an der Vorsehung zu zweifeln.

Gottfried Keller, 1819–1890, schweizerischer Schriftsteller

Verehre die Wege der Vorsehung auch da,
wo sie deinen blöden Augen ungerecht scheinen.

Johann Gottfried Herder, 1744–1803, deutscher Theologe und Philosoph

Überlegen Sie, was das Bild Labyrinth der russischen Künstler Scherer und Ouporov mit dem Problem der Freiheit zu tun hat. Notieren Sie Stichworte und führen Sie anschließend ein Streitgespräch im Kurs.

Welche Determinanten der Freiheit kommen in den Zitaten der Philosophen und Schriftsteller zum Ausdruck? Fertigen Sie ein Begriffsnetz an und ergänzen Sie dieses im Laufe der Kursarbeit.

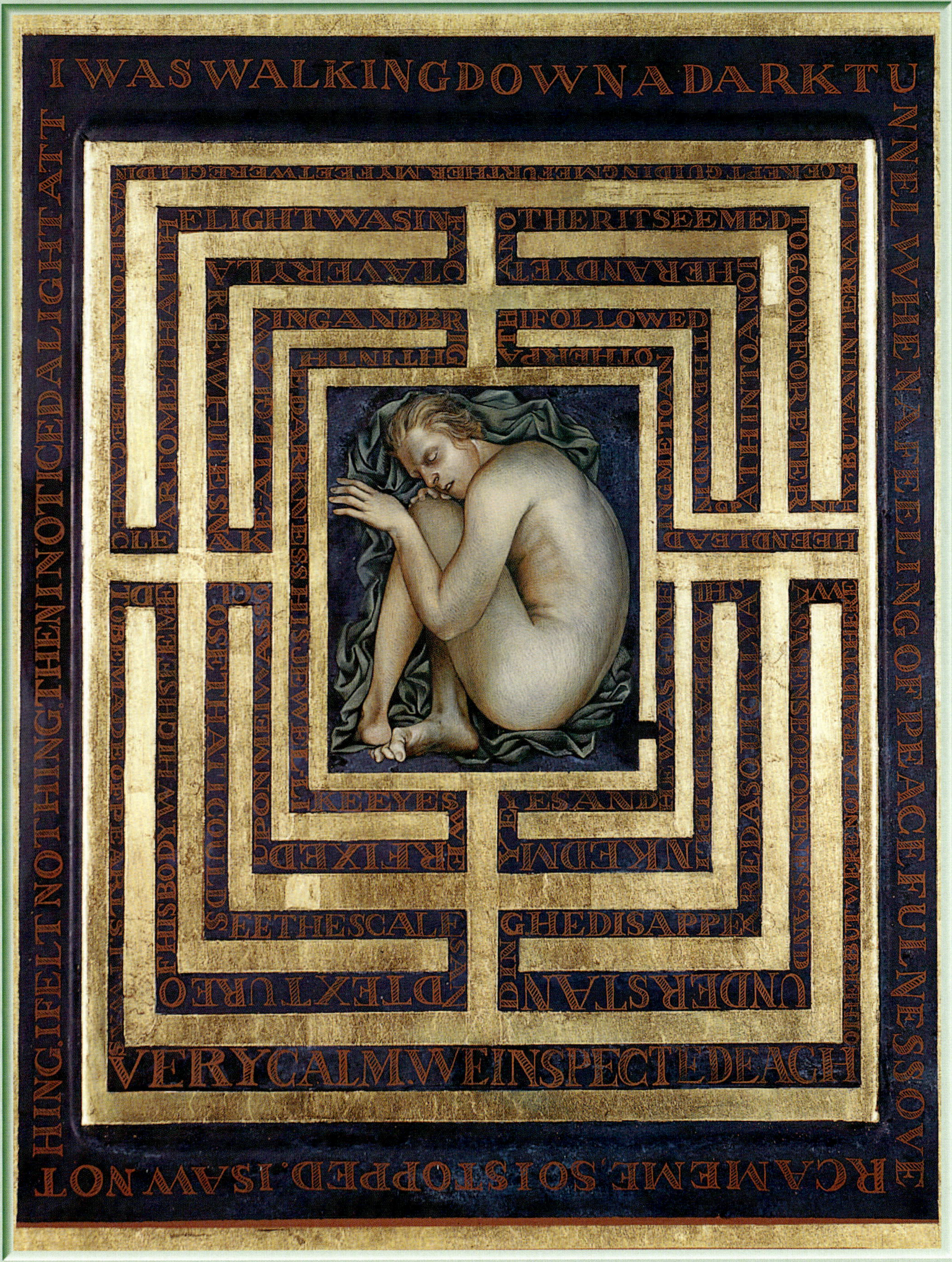

Suzanne Scherer, Pavel Ouporov, Labyrinth, 1998

Wem das Schicksal schlägt

Bildteppich, Tournai, Die drei Parzen (Schicksalsgöttinnen), frühes 16. Jahrhundert

Schicksalsfrauen

Wenn die Welt keine beliebig zusammengekommene Menge von Dingen ist, kein Konglomerat[1] von Gegenständen, die „eigentlich“ nichts miteinander zu tun haben, sondern wenn sie wirklich ein Ganzes ist, ein wesenhafter Zusammenhang, dann ist sie Schöpfung – oder, was dasselbe meint, Kosmos. In diesem hat der Mensch seinen vorbestimmten Ort, seine „richtige“, für ihn freigelassene, Stelle. Wäre der Zufall das Herrschende, dann wäre auch der Mensch entbehrlich und zufällig. Er hätte mit der übrigen Welt nichts zu tun; sie entspräche ihm nicht und wäre entweder entsetzlich – oder aber entsetzlich langweilig. Im Universum jedoch gehört er sinnvoll zum Ganzen – ja, er krönt den Kosmos sogar; wie gesagt, er ist Mikrokosmos, „Kosmos im Kleinen“.

Diese Vorstellung kann man nicht ernst genug nehmen. Sie besagt, zwischen Mensch und Welt bestehe so etwas wie Gleichheit, beide spiegelten und erklärten einander; wir müssten auf den Menschen sehen, um die Welt zu verstehen, und auf die Welt, um zu erkennen, wer wir sind. Mir kommt es heute nur auf das Letztere an: Der Mensch liest von der Welt ab, wie es mit ihm steht. Schaut er sich selbst an, so vermag er sich nicht zu begreifen; aber in der Welt kann er sozusagen in großer Schrift lesen, was er von sich selbst halten soll. Dieser Gedanke, uralt, hat viele Facetten. Aber den größten Beweis für seine Wahrheit haben die Menschen seit Jahrtausenden darin gefunden, dass sie einen Zusammenhang zwischen dem Lauf der Sterne und ihren eigenen Lebenswegen erkannten. Dies mag nur ein Glaube sein, aber in ihm hat die Mikrokosmoslehre ihr Zentrum; in der Tat hängt ihre Wahrheit an der Frage der Astrologie. Wenn an dieser nichts wäre, hätte die Lehre vom Menschen als „kleiner Welt“ keine ernste Bedeutung, sie wäre mehr oder weniger leeres Gerede. Jedoch hielt man während Jahrtausenden an der Überzeugung unerschütterlich fest, dass „die Schrift am Himmel“, wie Plotin[2] sie genannt hat, Wahrheit enthält; man müsse sie nur richtig lesen. Aber eben das ist sehr schwer und gelingt keinem so richtig. Jedoch selbst Kepler, der große Wegbereiter der modernen Astronomie, setzte voraus, dass nicht die Sterne irren, nur ihre allzu unvollkommenen Deuter.

Das Fortleben des Sternenglaubens ist an einem der beliebtesten Grimmschen Märchen zu zeigen, in welchem er, nur wenig verdeckt, die Hauptrolle spielt. Ich denke an das Märchen von Dornröschen und den „weisen Frauen“, die, wie es bei Grimm heißt, das Kind „mit ihren Wundergaben beschenkten“. Wer sind diese Frauen? In einer griechischen Variante des Märchens heißt es: „Als das Kind drei Tage alt war, kamen nachts die (drei) Schicksalsfrauen“, also die altgriechischen Moiren, „um ihm sein Schicksal zuzuteilen“. Und der König, der nicht schlief und heimlich ihre Voraussagen mithörte, versuchte alles, um das Schicksal seiner Tochter zu ändern, was ihm aber, wie immer in solchen Geschichten, nicht gelang.

1 Konglomerat: Zusammenballung, Gemisch

2 Plotin: griechischer Philosoph, ca. 205–270, Begründer des Neuplatonismus

***Franz Vonessen**, *1926, deutscher Philosophieprofessor*

- *Welche Beziehung zwischen Mensch und Welt spiegelt sich im Schicksalsbegriff wider?*
- *Was verbinden Sie mit dem Wort „Schicksal“? Suchen Sie nach Beispielen aus Ihrem eigenen Leben.*
- *Fächerverbindende Zusammenarbeit mit dem Deutschunterricht: Lesen Sie das Märchen „Dornröschen“ und analysieren Sie die Darstellung des Schicksals in diesem Märchen. Wählen Sie weitere Märchen der Gebrüder Grimm aus und finden Sie heraus, welche Rolle das Schicksal in diesen Märchen spielt.*

Die göttliche Verheißung

Aeneas ist ein Held griechischer Epen, die über den Untergang der Stadt Troja berichten. Als diese der Sage nach von den Griechen eingenommen wurde, flieht Aeneas mit seinem Vater auf den Schultern, nachdem er Widerstand geleistet hat. Er und einige andere Flüchtlinge kommen schließlich nach einer längeren Irrfahrt auf der Insel Delos an, das der Legende nach die Geburtsstätte des Gottes Apollon sein soll. Sie knien vor seinem Tempel nieder.

Erschrocken fuhren die Flehenden zurück, denn aus dem Tempel drang eine Stimme, die den Lorbeerhain ringsum erbeben ließ: „Ihr leidgeprüften Dardaner, bleibt weiterhin ungebrochenen Mutes, denn euch ist bestimmt, in das Land zurückzukehren, aus dem euer Ahnherr hervorgegangen ist! Ein Spross aus Aeneas' Geschlecht wird von dort aus einst mit seinen Nachkommen über alle Länder dieser Erde herrschen."
Voll Ehrfurcht vernahmen die Heimatvertriebenen die göttliche Stimme. Dann sprangen sie jubelnd auf. Aber welches Land war es, das Apollo ihnen verhieß?
Anchises glaubte die Deutung des Orakels zu wissen. „Apollo, der unserem Volke stets freundlich gesinnt war, verweist uns auf jene Insel, der Jupiter selbst entstammt. Es ist Kreta, und von dort, das wissen wir, kam einst auch der Stammvater unseres Volkes, der mächtige Teucer, nach Troja. Lichtet die Anker – mit gutem Fahrtwind können wir in wenigen Tagen in unserer neuen Heimat sein!"
Um die Götter günstig zu stimmen, brachten ihnen die Auswanderer ihre Opfer dar: Dem Gotte Neptun, der Meer und Wellen regiert, und dem Apollo, dessen Orakelspruch ihnen neuen Trost gespendet hatte. Dann ging es von Delus aus wieder aufs Meer hinaus, an den weißen Marmorklippen der Inseln vorbei – der verheißenen Heimat entgegen.
Froh gingen sie in Kreta an Land, mit Eifer und frommem Willen richteten sie sich ein, bauten Wohnstätten und bestellten das Land und mussten bald erkennen, dass kein göttlicher Segen auf ihrem Beginnen ruhte. Die Sonne brannte ringsum ihre Felder aus und ließ Pflanzen, Gras und Bäume verdorren: Krankheiten wüteten unter den jungen Siedlern und hielten schreckliche Ernte. Verzweifelt drängten sich die Überlebenden um Aeneas und seinen greisen Vater und verlangten ihren Rat. Hatte Apollos Orakelspruch ihnen denn Elend und Untergang vorausgesagt?
„Vielleicht ist es das Beste, die Schiffe zu besteigen und durch das Inselmeer nach Delos zurückzufahren, um noch einmal den Gott zu befragen, wohin er uns ziehen heißt; vielleicht haben wir seine Prophezeiung nicht recht verstanden!" In ihrer Verzweiflung stimmten alle Aeneas zu; eilig rüsteten sie sich, das ungastliche, unglückbringende Land zu verlassen.
In tiefen Sorgen um das Volk, das sich ihm als Beschützer - anvertraut hatte, lag Aeneas in jener Nacht, die die letzte in Kreta sein sollte, auf seinem Lager und überlegte, wie seinen Gefährten zu helfen sei. Da zeigte sich ihm plötzlich ein seltsames Gesicht. Vor ihm standen in hellem Strahlenglanz Trojas heilige Hausgötter, die er aus seiner brennenden Vaterstadt gerettet hatte, und redeten ihn an. Noch niemals zuvor hatte er ihre Stimmen vernommen. „Höre voll Vertrauen, was wir dir auf Apollos Geheiß zu verkünden haben: Wir, deine Laren[1], werden dir und deinem Geschlecht eine Heimatstatt geben; herrlichen Ruhm werden wir dir und deinen Nachkommen bescheren und ihrer Flucht nicht scheuen, denn dir selbst ist es bestimmt, deinen Enkeln den Boden zu diesem Wohnsitz zu bereiten. Du musst wissen, dass das Land, das dir als Ziel deiner Fahrt erschien, nicht dem Willen des delischen Gottes entspricht. Apollo hat mit seinem göttlichen Spruche nicht Kreta gemeint, nein, weit von hier liegt das Land, in dem ihr euch niederlassen sollt; es liegt gegen Sonnenuntergang und heißt darum Hesperien, das Abendland. Nach dem Namen seines vormaligen Königs Italus soll es Italien heißen."
Voll ehrfürchtigen Staunens hörte der Held die Stimmen seiner Laren. War ihm nicht der einstige Sitz seiner Ahnen verheißen? „Jenes Land ist einst deinem Geschlecht zu eigen gewesen", fuhren sie fort, „denn von dorther entstammt Dardanus, der Urvater eurer Ahnenreihe."
Wunderbarer Trost durchströmte Aeneas bei dieser Verheißung, und voll Dank gegen die Gottheiten hob er die Hände zum Himmel empor und brachte ihnen ein Dankopfer dar. Dann weckte er den Vater: „Der delische Gott gebietet uns, diesen Strand zu verlassen, denn Kretas Boden verweigert uns der Vater der Götter, Italien ist das Ziel unserer Fahrt, dort ist uns eine neue Heimat verheißen!"
Anchises stimmte in die Freude des Sohnes ein, denn jetzt erst verstand er Apollos Seherspruch richtig. Hatten doch die Trojer einen doppelten Ursprung: Teucrus, ihr Stammvater, sei vorzeiten von Kreta ins trojische Land gekommen, so berichtet die uralte Überlieferung, und habe dem Hirtenvolk jener Gegend den Namen gegeben. Dann aber sei Dardanus, ein Sohn des Zeus, von Italien her nach Samothrake und von dort aufs asiatische Festland an die Mündung des Skamandros gekommen und der Schwiegersohn des Königs geworden, nach ihm war das Volk der Teukrer seither „Dardaner" genannt.
Auch die Gefährten des Aeneas hörten mit Freude, wie man bisher das göttliche Gebot missverstanden hatte, und voll Eifer lenkten sie den Bug der Schiffe, die schon für die Rückfahrt nach Delus gerichtet waren, gegen Abend: Nach Westen ging die Fahrt – Italien war ihr Ziel!

1 Laren: altrömische Schutzgeister, besonders von Haus und Familie

Griechische Sage

- Informieren Sie sich über Rolle und Bedeutung des griechischen Gottes Apollon.

- Welche Auffassung vom Schicksal kommt in der Sage von Aeneas zum Ausdruck?

- Erörtern Sie schriftlich das Verhältnis von Freiheit und Schicksal. Berücksichtigen Sie dabei auch die Gedanken von Albert Camus (S. 34/35).

Lorenz: Der Mensch im Netz der Instinkte

Jeder Pavian würde dasselbe tun

Der österreichische Verhaltensforscher Konrad Lorenz hat in seinem viel diskutierten Buch „Das so genannte Böse" die Ursachen der tierischen und menschlichen Aggression untersucht. Dabei analysierte er auch die Rolle der Instinkte für das Verhalten von Mensch und Tier und kam zu dem Schluss, dass biologisch-physiologische Verhaltensdispositionen die Handlungen und Willensentscheidungen der Menschen erheblich beeinflussen.

Ein Kind fällt ins Wasser, ein Mann springt ihm nach, zieht es heraus, prüft die Maxime[1] seines Handelns und findet, dass sie, zum Naturgesetz erhoben, etwa folgendermaßen lauten würde: Wenn ein erwachsener Mann von Homo sapiens L. ein Kind seiner Art in Lebensgefahr sieht, aus der er es zu erretten imstande ist, so tut er dies. Enthält diese Abstraktion vernunftmäßige Widersprüche? Ganz sicher nicht! So klopft sich der Retter innerlich auf die Schulter und ist stolz darauf, so vernunftmäßig und moralisch gehandelt zu haben. Hätte er das wirklich getan, so wäre das Kindchen längst tief versunken gewesen, bevor er ins Wasser gesprungen wäre. Dennoch hört der Mensch, sofern er unserem westlichen Kulturkreis angehört, nur recht ungern, dass er rein instinktmäßig gehandelt hat und dass jeder Pavian in analoger Lage zuverlässig dasselbe getan hätte.
Die alte chinesische Weisheit, dass zwar alles Tier im Menschen, nicht aber aller Mensch im Tiere steckt, besagt durchaus nicht, dass dieses „Tier im Menschen" etwas von vornherein Böses, Verächtliches und nach Möglichkeit Auszurottendes sei.

1 Maxime: Hauptgrundsatz, Leitsatz, subjektiver Vorsatz für das eigene sittliche Handeln; Lebensregel

Konrad Lorenz, 1903–1989, österreichischer Verhaltensforscher, Nobelpreis für Medizin

- *Warum hören Menschen in unserem Kulturkreis nur ungern, dass auch Instinkte ihr Handeln bestimmen? Stimmen Sie der Einschätzung von Konrad Lorenz zu? Begründen Sie Ihre Auffassung.*

- *Interpretieren Sie unter Bezugnahme auf das Bild die von Konrad Lorenz angeführte chinesische Weisheit, dass zwar alles Tier im Menschen steckt, nicht aber aller Mensch im Tier. Stützen Sie sich dabei auch auf die bisherigen philosophischen Überlegungen zur Freiheit.*

- *Welches Bildelement würden Sie dem Bild hinzufügen, um das Verhältnis von Mensch und Tier zu verdeutlichen? Entwerfen Sie eine Skizze und vergleichen Sie Ihre Ergebnisse im Plenum.*

Freiheit und biologische Determination

Das dumpfe, an Klaustrophobie[1] gemahnende Gefühl des Gefesseltseins, das viele Menschen bei Betrachtung der allgemeinen ursächlichen Bestimmtheit des Naturgeschehens beschleicht, hängt sicher mit ihrem berechtigten Bedürfnis nach Freiheit des eigenen Wollens zusammen und mit dem ebenso berechtigten Wunsche, das eigene Handeln nicht durch zufällige Ursachen, sondern durch hohe Ziele bestimmen zu lassen. [...]

Wahrscheinlich fürchten die Menschen die kausale Betrachtung deshalb so sehr, weil sie von der törichten Angst gepeinigt werden, restlose Einsicht in die Ursachen des Weltgeschehens könnte den freien Willen des Menschen als Illusion entlarven. In Wirklichkeit ist natürlich die Tatsache, dass ich es bin, der will, ebenso wenig anzuzweifeln wie meine eigene Existenz. Tiefere Einsicht in die physiologischen Ursachenverkettungen des eigenen Handelns kann nicht das Geringste an der Tatsache ändern, *dass* man will, wohl aber kann sie eine Veränderung dessen bewirken, *was* man will.

Nur bei sehr oberflächlicher Betrachtung scheint die Freiheit des Willens darin zu liegen, dass man in völliger Gesetzlosigkeit „wollen kann, was man will". Demjenigen, der nur klaustrophobisch vor der Kausalität flieht, scheint dies indessen vorzuschweben. Man erinnere sich, wie die Undeterminiertheit mikrophysikalischen Geschehens, die „akausalen" Quantensprünge, mit wahrer Gier aufgegriffen und auf ihrer Grundlage Theorien aufgebaut wurden, die zwischen physikalischem Determinismus und dem Glauben an den freien Willen vermitteln sollten, obwohl diesem so nur die klägliche Freiheit des rein zufällig fallenden Würfels verblieb. Es kann doch keiner ernstlich meinen, freier Wille bedeute, dass es der Willkür des Einzelnen, wie einem völlig verantwortungslosen Tyrannen, anheim gestellt sei, über Tun und Lassen zu entscheiden. Unser freiestes Wollen unterliegt den strengen Gesetzen der Moral, und unser Drang nach Freiheit ist u. a. dazu da, zu verhindern, dass wir anderen Gesetzen als eben diesen gehorchen. Bedeutsamerweise wird die ängstliche Empfindung der Unfreiheit *niemals* durch die Erkenntnis hervorgerufen, dass unser Handeln an die Gesetze der Moral ebenso streng gebunden ist wie die physiologischen Vorgänge an die der Physik. Wir alle sind uns darin einig, dass die größte und schönste Freiheit des Menschen mit dem moralischen Gesetz in ihm identisch ist. Zunehmendes Wissen um die natürlichen Ursachen des eigenen Verhaltens kann sehr wohl das *Können* eines Menschen vermehren und ihm die Macht geben, seinen freien Willen in Handeln umzusetzen. Niemals aber kann es sein Wollen vermindern. Und wenn, in einem utopischen Enderfolg der Ursachenanalyse, der aus prinzipiellen Gründen gar nicht möglich ist, ein Mensch zu völliger Einsicht in die Ursachenketten des Weltgeschehens, einschließlich der in seinem eigenen Organismus wirkenden, gelangt wäre, er würde nicht zu wollen aufhören, sondern er würde dasselbe wollen, was die widerspruchsfreie Gesetzlichkeit des Universums, die „Weltvernunft" des Logos, will. Dieser Gedanke ist nur unserem heutigen westlichen Denken fremd, der altindischen Philosophie und den Mystikern des Mittelalters war er durchaus vertraut.

1 Klaustrophobie: Angst vor dem Eingeschlossen werden; Furcht vor dem Aufenthalt in geschlossenen Räumen

Konrad Lorenz, 1903–1989, österreichischer Verhaltensforscher, Nobelpreis für Medizin

Was ist ein Instinkt?

Ein Instinkt ist ein Naturtrieb und bezeichnet die Fähigkeit von Tieren und Menschen, mittels ererbter Koordinationssysteme des Zentralnervensystems bestimmte vorwarnende, auslösende und richtende Impulse mit wohlkoordiniertem Lebens- und arterhaltendem Verhalten zu beantworten. Instinktverhalten ist angeboren. Es kann jedoch durch Erfahrung modifiziert werden. Damit gehören Instinkthandlungen zu den charakterisierenden Eigenschaften einer Art und unterliegen der Evolution. Die Bedeutung der Instinkte für menschliches Handeln ist in der Philosophie und Verhaltensforschung umstritten; wesentliche Forschungen auf diesem Gebiet wurden u. a. von Konrad Lorenz durchgeführt.

- *Konrad Lorenz behauptet, dass Einsichten in physiologische Ursachenverkettungen den Inhalt von Willensentscheidungen beeinflussen. Was meint er damit? Stimmen Sie ihm zu? Begründen Sie Ihre Auffassung.*
- *Was verstehen Sie unter „Weltvernunft" (Z. 45)? Analysieren Sie diesen Begriff.*
- *Wenn Sie sich ausführlicher über die Forschungsergebnisse von Lorenz informieren wollen, dann lesen Sie das Kapitel „Das große Parlament der Instinkte" in: Konrad Lorenz, Das so genannte Böse, dtv, München 1983, S. 88–109.*

Konrad Lorenz

1903–1989. Er war einer der bedeutendsten Verhaltensforscher des 20. Jahrhunderts und begründete die vergleichende Verhaltenskunde (Ethologie). Aus der Erforschung tierischer Instinkte und Verhaltensweisen zog er Rückschlüsse auf menschliches Handeln. Dabei stand vor allem die Aggression als ein wesentlicher Faktor menschlichen Handelns im Mittelpunkt seiner Untersuchungen. Für seine Forschungen auf dem Gebiet der Biologie erhielt Lorenz 1973 zusammen mit Karl von Frisch und Nikolaas Tinbergen den Nobelpreis für Medizin und Physiologie. Sein bekanntestes Buch trägt den Titel „Das so genannte Böse – Zur Naturgeschichte der Aggression" und beschäftigt sich mit aggressivem Verhalten bei Mensch und Tier.

Freud: Ist der Charakter vorgeprägt?

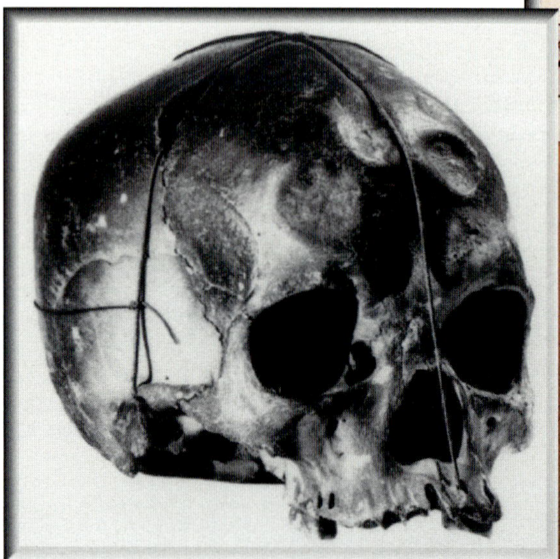

Jean-Pierre Raynaud, Human Space, 1995 (Detail)

Jean-Pierre Raynaud, Human Space, 1995

Jean-Pierre Raynaud wollte mit dieser Arbeit „das Bindeglied zu unserer Seele schaffen, die die getreue Reflexion unseres Körpers ist, der unsere Wünsche und Nöte erzeugt". Tatsächlich öffnet er den menschlichen Seelenraum hier wie in einem Rundpanorama, das aber, anders als im 19. Jahrhundert in dieser Gattung üblich, keinerlei erzählerische Ambitionen aufweist. Zwar ist der Totenschädel jedem als abgegriffenes, vordergründiges Zeichen für die Eitelkeit menschlichen Bemühens leicht und schnell verständlich, doch die eigentliche Mehrdimensionalität der Arbeit erschließt sich erst durch den Betrachter, in dessen Innerem der Schädel aus der Frühzeit menschlicher Existenz zum Symbolträger für das künstlerische Anliegen, die Erfahrung des Elementaren in Leben und Tod, Raum und Zeit mutieren kann. Der Seelenraum fungiert so als Brücke von der Vergangenheit zur Gegenwart.

Wie beurteilen Sie Raynauds Auffassung, dass die Seele „die getreue Reflexion" des Körpers sei (Z. 2/3)?

Triebe als psychisches Erbe

Doch ebenso wenig wie das neurotische hat das normale Individuum den Charakter, der es zu dem macht, was es ist, selbst verursacht. Ist einmal zugestanden, dass Neurotiker für ihr Verhalten (für den Teil ihres Verhaltens, den wir neurotisch nennen) nicht verantwortlich sind, weil es aus unverarbeiteten Kindheitskonflikten herrührt, an deren Entstehen sie nicht beteiligt waren und die ihnen ebenso äußerlich sind, als wenn ihnen das Verhalten von einer übelwollenden Gottheit aufgezwungen wäre (wie es eine der Theorien hierüber tatsächlich annimmt), so ist der so genannte normale Mensch doch nicht weniger Produkt von Faktoren, an denen sein Wille gänzlich unbeteiligt war. Und wenn sich, anders als beim Neurotiker, sein Verhalten auch durch Überlegung und Einsicht ändern lässt und wenn er genug Willenskraft besitzt, um die Effekte einer ungünstigen frühkindlichen Umwelt zu kompensieren, dann ist das nicht sein Verdienst; er hat Glück gehabt. Wenn er über Energien verfügt, die sich zu konstruktiven Zwecken mobilisieren lassen, dann ist das nicht sein Verdienst, denn auch dies ist ein Teil seines psychischen Erbes. Diejenigen von uns, die Selbstdisziplin üben können und die gelernt haben, sich auf eine Sache zu konzentrieren, neigen dazu, diejenigen, die es nicht können zu tadeln und als faul und willensschwach zu bezeichnen. Aber sie übersehen dabei, dass es jenen im wörtlichsten Sinne *unmöglich* ist, die Erwartungen der anderen zu erfüllen. Wäre ihre Psyche genauso strukturiert wie unsere, könnten sie es; aber da sie geschlagen sind mit einem tyrannischen Über-Ich (um für einen Augenblick in den psychoanalytischen* Jargon zu verfallen) und einem schwachen, wehrlosen Ich, dessen Energien sich in endlosen Kämpfen mit dem Über-Ich verzehren, schaffen sie es einfach nicht, und es wäre sinnlos, es von ihnen zu verlangen. Wir haben kein Recht, sie für das, was sie nicht können, zu tadeln, genauso wenig wie wir ein Recht haben, uns zu dem, was wir können, zu beglückwünschen. Es ist nicht leicht, sich diese Einsicht zu Eigen zu machen, denn wir gehen immer wieder naiverweise davon aus, dass andere genauso strukturiert sind wie wir.

Zum Beispiel: Jemand, der in Slum-Verhältnissen aufgewachsen ist, dessen Eltern sozial ehrgeizig und Familien mit Geld beneiden, die aber das Wenige, was sie haben, für Alkohol ausgeben, mag im späteren Leben einfach unfähig sein, die Kraft

aufzubringen, um diese frühen Einflüsse zu kompensieren. Der gesunde Menschenverstand würde hier die Vermutung nahe legen, dass er die Tugend* der Sparsamkeit entwickelt, dass er dafür Sorge trägt, nicht noch einmal in der bedrückenden Armut leben zu müssen, die er als Kind erfahren hat. Aber tatsächlich ist es anders. Die genauen Bedingungen sind zu komplex, um hier im Einzelnen angegeben zu werden, aber wenn bestimmte Bedingungen erfüllt sind (Bedingungen, die die frühe Kindheit des Menschen betreffen), wird er notwendig später zur Verschwendung neigen, und keine rationalen Argumente werden ihn davon abbringen können. Er wird sich die rationalen Argumente anhören und sogar einsehen, dass sie Sinn haben, aber das wird ihn nicht ändern können, selbst wenn er sich anstrengt; er kann seine verschwenderischen Gewohnheiten genauso wenig ändern, wie er das Empire-State-Building eigenhändig hochheben kann. Wir versuchen ihn mit allen Mitteln zu überreden, Sparsamkeit zu üben, aber wir sehen nicht, wie stark, ja wie allmächtig in ihm der entgegengesetzte Trieb ist, ein Trieb, mit dem wir so leicht fertig werden. Er ist von dem alles verzehrenden, alles in seinen Bann ziehenden Drang besessen, die Welt sehen zu lassen, dass er es geschafft hat, dass er sich dasselbe leisten kann wie andere auch, dass die schrecklichen Demütigungen, die er erlebt hat, niemals Wirklichkeit waren – denn kann er jetzt nicht Geld ausgeben, wie er will? Die Erinnerung an die Demütigung soll ausgelöscht werden, und ausgelöscht wird sie durch ausgiebiges, auffälliges und verschwenderisches Geldausgeben; er zeigt der Welt, was die Welt bisher nicht sehen wollte! Natürlich ist das alles nur für den Augenblick; natürlich muss das letztlich selbstzerstörerisch sein, denn verschwenderischer Konsum ist der nächste Weg zurück in die Armut; aber das Individuum, das den übermächtigen Drang spürt, die seinem Narzissmus zugefügte Wunde zu heilen, kann gegen die Lawine dieses Dranges mit seinem Quäntchen Vernunft nichts ausrichten. [...]
Ihm fehlt die psychische Kraft, die Energie, der andrängenden Flut eines übermächtigen Triebes standzuhalten. Und wir, die wir diese Flut nur aus der Distanz kennen, sitzen über ihn zu Gericht und tadeln ihn und ermahnen ihn und kritisieren ihn; aber er, mitgerissen von der Flut, vermag nicht anders zu handeln als er handelt. Er mag alle Kraft, die ihm zu Gebote steht, aufwenden, um gegen sie anzukämpfen, aber sie reicht dennoch nicht aus. Und wir, die wir zumindest so einsichtig sind, einen Menschen zu entschuldigen, der unter dem Einfluss eines „übermächtigen Triebs" (wenn wir ihn als solchen erkennen) handelt, erkennen nicht einmal, dass derjenige, der von der Flut, die seine frühkindliche Umwelt verursachen musste, mitgerissen wird, obendrein noch unsere Belehrungen, unsere Kritik und unsere moralische Empörung über sich ergehen lassen muss.

*John Hospers, *1929, amerikanischer Philosoph*

- *Fassen Sie mit eigenen Worten zusammen, wie das psychische Erbe den Charakter eines Menschen prägt. Stimmen Sie der Auffassung von John Hospers zu? Begründen Sie Ihre Entscheidung.*

- *Versuchen Sie unter Berücksichtigung der Installation von Raynaud den Zusammenhang zwischen der Seele, dem Über-Ich und der körperlichen Verfassung eines Menschen zu erklären.*

Wie funktionieren Triebe im Menschen?

Der Trieb hingegen wirkt nie wie eine *momentane Stoßkraft*, sondern immer wie eine *konstante* Kraft. Da er nicht von außen, sondern vom Körperinnern her angreift, kann auch keine Flucht gegen ihn nützen. Wir heißen den Triebreiz besser „Bedürfnis"; was dieses Bedürfnis aufhebt, ist die „Befriedigung". Sie kann nur durch eine zielgerechte (adäquate) Veränderung der inneren Reizquelle gewonnen werden. [...]
Die im Innern des Organismus entstehenden Triebreize stellen höhere Anforderungen an das Nervensystem, veranlassen es zu verwickelten, ineinander greifenden Tätigkeiten, welche die Außenwelt so weit verändern, dass sie der inneren Reizquelle die Befriedigung bietet, und nötigen es vor allem auf seine ideale Absicht der Reizfernhaltung zu verzichten, da sie eine unvermeidliche kontinuierliche Reizzufuhr unterhalten. Wir dürfen also wohl schließen, dass sie, die Triebe, und nicht die äußeren Reize, die eigentlichen Motoren der Fortschritte sind, welche das so unendlich leistungsfähige Nervensystem auf seine gegenwärtige Entwicklungshöhe gebracht haben. Natürlich steht nichts der Annahme im Wege, dass die Triebe selbst, wenigstens zum Teil, Niederschläge äußerer Reizwirkungen sind, welche im Laufe der Phylogenese[1] auf die lebende Substanz verändernd einwirkten.

1 Phylogenese, Phylogenie: Stammesgeschichte der Lebewesen

***Sigmund Freud**, 1856–1939, österreichischer Psychoanalytiker*

Komponenten des menschlichen Charakters

Vernunft	Das Unbewusste	Emotionen
– Fähigkeit zur Selbsterkenntnis	– Triebe	– Sympathie
– Fähigkeit zur Werteentscheidung	– Instinkte	– Mitleid
– ???	– ???	– ???

- *Ergänzen Sie diese Skizze im Heft oder an der Tafel.*

- *In welchem Verhältnis stehen diese Komponenten zueinander? Gibt es ein dominierendes Element? Begründen Sie Ihre Entscheidung.*

Pieper: Gibt es regellose Freiheit?

Barbara Kruger, „We don't need another hero", 1987

- *Beschreiben Sie das Bild und überlegen Sie, welche Vorbilder eine Rolle in Ihrem Leben spielen. Falls ja, welche Bedeutung haben sie?*
- *In welcher Weise beeinflussen gesellschaftliche Werte*, Normen und Modetrends den Charakter und die Auswahl von Vorbildern? Begründen Sie Ihren Standpunkt.*
- *Lesen Sie den folgenden Text des englischen Philosophen Stuart Hampshire und erläutern Sie den Zusammenhang zwischen Text und Bild.*
- *Fassen Sie die wichtigste These von Hampshire in einem kurzen Satz zusammen und gestalten Sie dazu selbst eine Fotocollage.*

Lernen, wie man sich verhält

Von Kindheit an durchdringen explizit gelernte und auch nachgeahmte Rituale und festgelegte Anredeformen, die in mehr oder weniger genau unterschiedenen gesellschaftlichen und familialen Situationen gelten, unsere Verhaltensweisen. Es gibt selbst in modernen Gesellschaften große Überschneidungen zwischen der Forderung nach guten Umgangsformen und moralischen Forderungen.

Im Allgemeinen haben wir für die situationsgerechte Anpassung unseres Verhaltens an herrschende Umgangsformen Gründe, selbst wenn wir absolut nicht in der Lage sind, diese Gründe anzugeben, wenn man uns fragt. Dass „jemand einen Grund hat, sich in einer bestimmten Situation so und so zu verhalten", bedeutet nicht, „dass er in der Lage ist zu sagen, warum er sich so verhält, wie er es tut", ja nicht einmal, dass „er den konkreten Grund dafür erkennt, dass er sich so verhält, wie er es tut, wenn dieser ihm genannt würde". Er könnte, etwa durch Nachahmung von Vorbildern, gelernt haben, sein Verhalten wechselnden Situationen anzupassen, und darin mit

Regeln und Konventionen übereinstimmen, die ihm niemals explizit benannt worden sind, und selbst mit Regeln, die überhaupt niemals explizit formuliert worden sind.
Nehmen wir an, jemand habe über lange Jahre hin durch Nachahmung gelernt, seine Haltung und Anredeformen so anzupassen, dass sie dem Geschlecht, Alter und sozialen Rang seiner jeweiligen Interaktionspartner angemessen sind. Wenn er nun einen Fehler macht und sich „unpassend" benimmt, so wird sein Fehler mit einem Minimum an Verallgemeinerung vermerkt. Es heißt etwa: „Sie ist eine ältere Frau und die Ehefrau eines Verwandten von dir – warum also hast du dich so nachlässig benommen?" Man lernt Verhaltensdifferenzierungen so, wie man seine Muttersprache lernt; indem man andere nachahmt und mit stärkerer oder geringerer Bezugnahme auf allgemeine Regeln bei Fehlverhalten korrigiert wird. Man muss nicht einen explizit formulierten Verhaltenscode gelernt haben, genauso wenig, wie man die Regeln der Grammatik, die in der Muttersprache gelten, gelernt haben muss. In beiden Fällen könnte man sagen, dass die Regeln und Konventionen internalisiert[1] wurden.

1 Internalisierung: Werte, Normen, Auffassungen o. Ä. übernehmen und sich zu Eigen machen; verinnerlichen

*Stuart Hampshire, *1942, englischer Philosoph*

Nennen Sie Beispiele für die Internalisierung von Werten und Umgangsformen aus Ihrem Erfahrungsbereich.

Spielräume der Freiheit

Die Moral spielt im alltäglichen Erfahrungsbereich eine große Rolle: In allen menschlichen Verhaltensweisen und Sprachgewohnheiten stellt sich mehr oder weniger ausdrücklich ein bestimmtes Engagement dar, das wiederum auf bestimmten Wertvorstellungen basiert.
Es macht gerade die Humanität des Menschen als Mitglied einer Sozietät aus, dass er sich nicht schlechthin gleichgültig gegen alles das verhält, was seine Mitmenschen sagen und tun, sondern Partei ergreift, indem er durch die Äußerung von Lob und Tadel, von Billigung und Missbilligung, von Zustimmung und Ablehnung erkennen lässt, was er für gut oder böse, richtig oder falsch hält. Diese grundsätzliche Möglichkeit, nicht alles, was geschieht, kritiklos hinzunehmen, sondern – sei es aus eigenem Interesse, sei es aus innerer Überzeugung oder sei es um eines allgemein für erstrebenswert gehaltenen Ziels willen – seine persönliche Stellungnahme in die Gemeinschaft der miteinander Redenden und Handelnden einzubringen, ist ein Indiz für die Freiheit als Fundament aller menschlichen Praxis.
Sonst birgt diese Möglichkeit die Gefahr der Verkehrung von Freiheit in Unfreiheit. Nirgends sind die Meinungsverschiedenheiten und die Widersprüche zwischen miteinander unverträglichen Standpunkten größer als in der Beurteilung von Handlungen bezüglich ihrer Richtigkeit und Moralität. Was der eine für gut hält, lehnt der andere rigoros ab und ist oft nicht einmal dazu bereit, seinen Standpunkt zu problematisieren, d. h. der Kritik auszusetzen und Gegenargumenten zu begegnen. Solche dogmatisch als unangreifbar behaupteten, zu bloßen Vorurteilen erstarrten Haltungen sind Formen eines „Moralisten" oder „Pharisäertums"*, das Freiheit nicht als Freiheit aller begreift, sondern als Freiheit einiger weniger Auserwählter missversteht. Die Folgen eines solchen unkritisch verallgemeinerten Ethos sind bekannt: religiöse Verfolgung, Diffamierung von Minderheiten, Rassendiskriminierung, Ächtung politisch oder ideologisch Andersdenkender, Verfemung moralisch Andershandelnder usf. Hier werden die Menschen in Klassen, in Über- und Untermenschen eingeteilt, und zwar nach Maßgabe desjenigen, der sich einen absoluten Standpunkt angemaßt hat und nicht mehr bereit ist, diesen zu problematisieren.
Freiheit als Fundament menschlicher Praxis ist keine regellose Willkürfreiheit, der gemäß jeder tun und lassen kann, was ihm beliebt. Der Mensch ist auch nicht wie das Tier schon von Natur aus durch Instinkt und Triebe so optimal eingerichtet, dass Freiheit überflüssig würde. Vielmehr besteht die menschliche Freiheit als moralische Freiheit darin, sich selber Regeln im Hinblick auf das, was man als von Bedürfnissen und Trieben abhängiges, durch diese aber nicht schlechthin determiniertes Sinnenwesen ist, zu geben und diese Regeln aus Freiheit und zur Erhaltung der Freiheit zu befolgen. Erst durch die Selbst*bindung* an solche Regeln der Freiheit entsteht so etwas wie Ver*bind*lichkeit und damit eine Moral.
Regellose Freiheit ist keine menschliche, vielmehr eine unmenschliche Freiheit. Das andere Extrem, eine total von Regeln bestimmte, in Zwangsmechanismen erstarrte Freiheit – z. B. in totalitären Staaten oder Gesellschaftsformen, wo kein Spielraum mehr bleibt für die Freiheit des Einzelnen –, ist ebenso unmenschlich. Moralische Freiheit dagegen setzt sich selbst um der Freiheit aller willen Regeln, an die sie sich bindet, so wie man beim Spiel Regeln gehorcht, die das Spielen nicht aufheben, sondern als Spiel gerade ermöglichen sollen.
Was genau beinhaltet nun das Wort Moral?
Eine *Moral* ist der Inbegriff jener Normen und Werte, die durch gemeinsame Anerkennung als verbindlich gesetzt worden sind und in der Form von
- Geboten (Du sollst …) oder
- Verboten (Du sollst nicht …)

an die Gemeinschaft der Handelnden appellieren. Jede Moral ist somit als geschichtlich entstandener und geschichtlich sich mit dem Freiheitsverständnis von Menschen verändernder Regelkanon immer eine Gruppenmoral, deren Geltung nicht ohne weiteres über die Mitglieder der Gruppe hinaus ausgedehnt werden kann.

Annemarie Pieper, **1941, deutsche Philosophin*

Beschreiben Sie, wie Annemarie Pieper das Verhältnis von Freiheit und Moral charakterisiert. Sammeln Sie Argumente, weshalb es ihrer Meinung nach keine regellose Freiheit gibt.

Steht ihre Auffassung von moralischer Freiheit im Widerspruch zur Lorenz' und Hospers'? (Vgl. S. 40–43) Begründen Sie Ihre Entscheidung.

Horkheimer: Individualität und Institutionen

Rudolf Wissel, Die Kalenberger Bauernfamilie, 1939

Welche Beziehungen zwischen den Familienmitgliedern kommen in diesem Bild zum Ausdruck? Untersuchen Sie auch die Blickrichtungen der einzelnen Personen. Lassen sich aus dem Bild Aussagen über die Institution Familie ableiten? Notieren Sie einige Stichworte.*

Ist der unterwürfige Typ gefragt?

Im gegenwärtigen Zeitalter der Großindustrie ist der unabhängige Unternehmer nicht mehr typisch. Der einfache Mann findet es immer schwerer für seine Erben zu planen oder auch nur für seine eigene ferne Zukunft. Das heutige Individuum mag mehr Möglichkeiten haben als seine Vorfahren, aber seine konkreten Aussichten haben eine immer kürzer werdende Dauer. Die Zukunft tritt nicht mehr so bestimmt in seine Transaktionen ein. Es empfindet, dass es nicht gänzlich verloren ist, wenn es seine Tüchtigkeit bewahrt und sich an seine Firma, seinen Verband oder seine Gewerkschaft hält. So tendiert das individuelle Subjekt der Vernunft dazu, zu einem eingeschrumpften Ich zu werden, dem Gefangenen einer dahinschwindenden Gegenwart, das den Gebrauch der intellektuellen Funktionen vergisst, durch die es einst imstande war, seine Stellung in der Wirklichkeit zu überschreiten. Diese Funktionen werden jetzt durch die großen ökonomischen und gesellschaftlichen Kräfte der Ära übernommen. Die Zukunft des Individuums hängt immer weniger von seiner eigenen Voraussicht ab und immer mehr von den nationalen und internationalen Kämpfen zwischen den Machtkolossen. […]
Aber die Einwirkung der bestehenden Verhältnisse auf das Leben des Durchschnittsmenschen ist derart, dass der oben erwähnte unterwürfige Typ in überwältigendem Maße zum vorherrschenden geworden ist. Von Kindesbeinen an wird das Individuum zu der Ansicht gebracht, dass es nur einen Weg gibt, mit dieser Welt auszukommen – den, seine Hoffnung auf höchste Selbstverwirklichung aufzugeben. Das kann es einzig durch Nachahmung erreichen. Es entspricht fortgesetzt dem, was es um sich herum wahrnimmt, nicht nur bewusst, sondern mit seinem ganzen Sein, indem es mit den Zügen und Verhaltensweisen wetteifert, die durch all die Kollektive repräsentiert werden, in die es verstrickt ist – seine Spielgruppe, seine Klassenkameraden, seine Sportriege und all die anderen Gruppen, die, wie ausgeführt, eine striktere Konformität erzwingen, eine radikalere Unterwerfung durch völlige Assimilation[1], als irgendein Vater oder Lehrer im 19. Jahrhundert fordern konnte. Indem es das Echo seiner Umgebung ist, sie wiederholt, nachahmt, indem es sich all den mächtigen Gruppen anpasst, zu denen es letztlich gehört, […] gelingt es ihm zu überleben. Es ist ein Überleben, das durch das älteste biologische Mittel des Überlebens zustande kommt, nämlich durch Mimikry[2].

1 Assimilation: Angleichung, Anpassung
2 Mimikry: Selbstschutz von Tieren, der dadurch erreicht wird, dass das Tier die Gestalt, die Färbung, Zeichnung wehrhafterer oder nicht genießbarer Tiere täuschend nachahmt.

***Max Horkheimer**, 1895–1973, deutscher Philosoph*

Welche Mechanismen führen nach Ansicht Horkheimers zur Determination des Individuums? Entspricht die Analyse Horkheimers Ihren Erfahrungen im Umgang mit Institutionen? Führen Sie ein Streitgespräch im Plenum.

Institutionen geben Orientierung

Auf das Hilfs- und Erziehungsbedürfnis der Kinder gibt es selbstverständlich eine Reaktion, mit der der angenommene Naturzustand *de facto*[1] immer schon überwunden wird. Die erforderliche Fürsorge und Erziehung leistet freilich in der Regel nicht erst ein Rechts- und Staatswesen, sondern wer die Kinder in die Welt gesetzt hat, also die Eltern, namentlich die Mutter. Die zu erbringenden Hilfs- und Erziehungsleistungen stehen jedoch unter der anthropologischen[2] Bedingung der Offenheit. Obwohl die Kinder, um sich zu lebens- und freiheitsfähigen Personen zu entwickeln, über eine gelegentliche Zuwendung hinaus dauernd angeregt, unterstützt und gefördert werden müssen, liegen weder der Antrieb zur Anregung und Förderung noch die Mittel und Wege in artspezifischer Prägung vor. Es gibt allenfalls schwache Prädispositionen[3], beispielsweise das so genannte Kindchenschema, wonach der Anblick kleiner niedlicher Personen häufig eine Neigung zur fürsorglichen Zuwendung hervorruft. [...] In der Familie oder den ihr analogen[4] Institutionen erhält das vitale Bedürfnis der Kinder nach Schutz, Geborgenheit und Erziehung sowie nach einem Einleben in die Gesellschaft, das noch nicht den Zwängen der Wirtschafts- und Arbeitsweit, unterworfen ist, eine bleibende, den Individuen weitgehend entzogene Gestalt. Zwar sind die Familien in den verschiedenen Kulturräumen unterschiedlich strukturiert. Außerdem hat jede einzelne Familie ihr eigenes, ganz persönliches Gesicht. Doch die Grundform ist von diesen Unterschieden unabhängig. Die Familie ist eine Kunst, in gewisser Weise sogar für die sprachliche Kommunikation. Die in all diesen Bereichen ohnehin stattfindenden wechselseitigen Freiheitseinschränkungen spielen sich mehr oder weniger deutlich in Sozialgebilden ab, die durch Strukturen und Regeln geordnet werden, welche der unmittelbaren Verfügung der beteiligten Individuen und Teilgruppen entzogen sind und deren Einhaltung durch formelle oder informelle soziale Sanktionen erzwungen wird. So macht die weitgehende Freiheit von Instinktbindungen und artspezifischen Prägungen den Menschen nicht einfach unabhängig. Er tauscht vielmehr solche organischen und artspezifischen Vorgaben gegen institutionell bestimmte Handlungsmuster ein. [...]

Ordnung und Normierung

Es wäre zwar falsch zu glauben, Institutionen würden das konkrete Handeln vollständig determinieren, folglich der Spezies Mensch ihre biologisch mögliche Handlungsfreiheit auf sozialer Ebene wieder unmöglich machen. In Wahrheit legen Institutionen nur einen gewissen Spielraum fest, innerhalb dessen das konkrete Handeln situationsgerecht und individuumsspezifisch durchgeführt werden kann. Deshalb gibt es im Rahmen derselben Institutionsart, beispielsweise der Familie oder der Universität, unterschiedliche Ausprägungen und dabei bessere und schlechtere Beispiele. Aber wie groß auch immer die Toleranzen sein mögen: Institutionen setzen der Handlungsfreiheit Grenzen, auf deren Übertretung Sanktionen stehen. Die nichtnaturwüchsigen, die sozial geregelten Freiheitseinschränkungen beginnen nicht, wie manche Verteidigung der Herrschaftsfreiheit ausdrücklich oder mitlaufend behauptet, erst auf der Ebene von Recht und Staat; sie gehören zu jedem institutionalisierten Zusammenleben. Hier bestätigt sich unsere Annahme: Eine gründliche Herrschaftskritik ist weitreichender, aber auch schwieriger als eine bloße Kritik von Recht und Staat. Sie übt eine generelle Kritik an sozialen Institutionen und beruft sich dabei auf die Freiheit. Gegen eine generelle Institutionenkritik im Namen der Freiheit spricht jedoch, dass Institutionen die Freiheit nicht nur einschränken. Wie wir bei der Erziehung und ihrer Stabilisierung in der Familie bzw. in den ihr analogen Institutionen angedeutet haben, dienen mindestens in diesem Fall die Freiheitsgrenzen der Ermöglichung von Freiheit. Allerdings sind in der Familie die Begrenzung und die Ermöglichung der Freiheit zunächst auf verschiedene Gruppen verteilt. Eingeschränkt wird die Freiheit der Eltern – sie sollen sich auch gegen momentan widerstreitende Neigungen verlässlich um die Kinder kümmern –; ermöglicht wird die Freiheit der Kinder. Und diese Asymmetrie läuft der gewohnten Kritik an eventuell autoritären Familienstrukturen zuwider. Neben, vom Gerechtigkeitsstandpunkt sogar vor der Frage, ob die Eltern liberal genug sind, den Kindern ihre (volle) Freiheit zu lassen, ist zu überlegen, warum die Eltern für die Kinder sorgen sollen, wenn der Nachteil, die Freiheitseinschränkung, auf ihrer Seite liegt, der Vorteil dagegen auf der anderen. Bei der Ordnung und Normierung, die in Institutionen stattfindet, kann man begrifflich zwei Ebenen unterscheiden. Ohne immer verbal vor Augen zu stehen, befindet sich auf einer allgemeinen Ebene die *idée directrice*, das Leitbild, das die Institution begründet, ordnet und belebt und sie in der Regel über bloß funktionale Zweckmäßigkeiten im Dienst menschlichen Überlebens weit hinaushebt. Das Leitbild hilft Gemeinschaft zu bilden, persönliche Identität zu stiften und einen Sinnzusammenhang zu erfahren. Durch ihre Leitbilder werden Institutionen zu Sinngestalten menschlichen Lebens und Zusammenlebens. Auf der konkreteren Ebene der Ordnung und Normierung finden wir das binneninstitutionelle Normensystem, das aus Sitte und Brauch, aus Recht, auch aus technischen Fertigkeiten besteht und mit denen die Leitidee „operationalisiert[5]" wird, ohne im konkreten Normensystem restlos aufzugehen.

1 de facto: tatsächlich
2 Anthropologie: Wissenschaft vom Menschen und seiner Entwicklung in natur- und geisteswissenschaftlicher Hinsicht
3 Prädisposition: Anlage
4 analog: entsprechend, ähnlich, gleichartig
5 operationalisieren: 1. Begriffe präzisieren, standardisieren durch Angabe der Operationen, mit denen man den durch den Begriff bezeichneten Sachverhalt erfassen kann, oder durch Angabe der Indikatoren (messbaren Ereignisse), die den betreffenden Sachverhalt anzeigen. 2. In der Curriculumsforschung Lernziele durch einen Ausbildungsgang in Verhaltensänderungen der Lernenden übersetzen, die durch Tests o. Ä. zu überprüfen sind.

Otfried Höffe, **1945, deutscher Philosoph*

- *Wie charakterisiert Otfried Höffe das Spannungsverhältnis von Freiheitsbeschränkung und -ermöglichung? Suchen Sie Beispiele aus dem Text.*
- *Charakterisieren Sie die Spielräume der Freiheit innerhalb von Institutionen an einem selbst gewählten Beispiel aus Ihrer Alltagspraxis.*
- *Mit welchen Argumenten Höffes lässt sich Horkheimers Position kritisieren?*

Hume: Menschliches Handeln und Naturgesetze

Möglichkeit

Keinen kenne ich, der den Gesetzen entkam,
Die unser Leben bestimmen.
Auch wer allen Willen zusammennahm,
Musste stromabwärts schwimmen.

Noch jeden hat Resignation befallen,
Wenn ihn das Alter ereilte.
Wie sehr er sich unterschied von allen:
Das wars, was er mit ihnen teilte.

Ich kenne auch keinen versöhnlichen
Gedanken gegen den Zwiespalt des Lebens:
Keinen Eingott, keinen Allgott, keine Ideologie.
Lang mühte ich mich vergebens,

Ein Gesetz zu finden, das etwas erklärt
Oder rechtfertigt wenigst in Teilen.
Doch was man lebend erlebt und erfährt,
Lässt sich mit Glauben nicht heilen.

Auch mit Denken kaum. Doch will ich mich nicht
Der Resignation ergeben.
Noch fühle ich als Verpflichtung das Licht
Und als Möglichkeit das Leben.

*Eva Strittmatter, *1930, deutsche Dichterin*

- *Wie charakterisiert Eva Strittmatter den Zwiespalt des Lebens?*
- *Was bedeutet es für Sie, „stromabwärts zu schwimmen"?*
- *Suchen Sie Beispiele für die Möglichkeiten des Lebens. Schreiben Sie einen Essay dazu.*

David Hume hat sich als erster neuzeitlicher Philosoph mit dem Problem von Ursache und Wirkung in der Natur beschäftigt. Er versuchte in seinem Hauptwerk „Versuch über den menschlichen Verstand" die Gesetzmäßigkeiten in der Natur auch auf menschliches Handeln zu übertragen.

Kausalität in der Natur

Es ist die allgemeine Überzeugung, dass die Materie in allen ihren Wirksamkeiten durch eine zwingende Kraft belebt wird und dass jede natürliche Wirkung durch die Wirksamkeit der Ursache derart bestimmt ist, dass unter so bewandten Umständen keine andere Wirkung aus ihr hätte entspringen können. Grad und Richtung jeder Bewegung ist durch ein Naturgesetz so genau vorgeschrieben, dass eher ein Lebewesen aus dem Stoß zweier Körper hervorgehen kann als eine Bewegung von anderer Intensität oder Richtung als jene, die in Wirklichkeit entstand. Wollen wir demnach einen richtigen und präzisen Begriff der Notwendigkeit bilden, so müssen wir darauf achten, woher dieser Begriff entspringt, wenn wir ihn auf das körperliche Geschehen anwenden. Es ist klar, dass, wenn alle Naturprozesse beständig solchermaßen sich abspielten, dass kein Ereignis Ähnlichkeit mit einem andern aufwiese, sondern jeder Gegenstand ganz neu, ohne Ähnlichkeit mit irgendetwas früherem aufträte, wir in diesem Falle niemals die geringste Vorstellung von Notwendigkeit oder einer Verknüpfung zwischen jenen Gegenständen erlangt hätten. In diesem Falle könnten wir nur sagen, dass ein Gegenstand oder Ereignis dem anderen gefolgt, aber nicht, dass eines durch das andere hervorgebracht worden ist. Die Beziehung von Ursache und Wirkung wäre der Menschheit gänzlich unbekannt: Schlüsse und Argumentationen betreffs Naturprozessen hätten ohne weiteres ein Ende; Gedächtnis und Sinneswahrnehmung wären dann die einzigen Kanäle, durch welche die Kenntnis irgendwelcher Existenz möglicherweise in uns gelangen könnte. Unsere Vorstellung von Notwendigkeit und Verursachung entspringt also durchaus nur aus der Gleichförmigkeit, die wir an den Naturprozessen wahrnehmen, bei denen ähnliche Gegenstände beständig einander begleiten, sodass der Geist durch Gewohnheit bestimmt wird, den einen aus dem Auftreten des anderen zu folgern. Diese beiden Umstände bilden das Ganze jener, von uns der Materie zugeschriebenen Notwendigkeit. Über die konstante Zuordnung *(conjunction)* ähnlicher Gegenstände und die konsequente Folgerung von einem auf den andern hinaus gibt es für uns keinen Begriff von Notwendigkeit oder Verknüpfung.

Kausalität im menschlichen Handeln

Konsequentermaßen muss der Philosoph dasselbe betreffs der Handlungen und der Willenstätigkeit vernünftiger Wesen annehmen. Die unregelmäßigsten und unerwartetsten Entschlüsse eines Menschen lassen sich von jenem meist verstehen, der jede Eigenheit des Charakters und der Verfassung des betreffenden Menschen kennt. Eine sonst höfliche Person gibt uns eine unwirsche Antwort; indes sie hat Zahnschmerzen oder sie hat nicht gespeist. Ein stupider Bursch lässt eine ungewöhnliche Munterkeit in seinem Verhalten erkennen: Es ist ihm plötzlich ein Glück zuteil geworden. Selbst wenn manchmal eine Handlung weder von dem Handelnden noch von Fremden auf einen bestimmten Grund zurückgeführt werden kann, so wissen wir doch im Allgemeinen, dass die menschlichen Charaktere bis zu einem gewissen Charakter unbeständig und unregelmäßig sind. Dies gehört gewissermaßen konstant zur menschlichen Natur, obwohl es, in einem engeren Sinne, besonders auf solche Personen sich bezieht, deren Verhalten von keiner festen Maxime geleitet wird, sondern in einer fortgesetzten Reihe von Launen und Unbeständigkeit besteht. Die inneren Prinzipien und Motive können aber trotz dieser scheinbaren Unregelmäßigkeiten gleichmäßig funktionieren, ebenso wie man annimmt, dass Wind, Regen, Wolken und andere meteorologische Veränderungen durch feste Gesetze bestimmt werden, wenngleich die Gesetze nicht leicht dem menschlichen Scharfsinn und Forschen sich offenbaren.

Kausalität und Gesellschaft

In allen Gesellschaften ist die wechselseitige Abhängigkeit der Menschen so groß, dass kaum eine menschliche Handlung völlig in sich beschlossen oder ohne Beziehung zu den Handlungen anderer ausführbar ist, die zur Erreichung der Absicht des Handelnden nötig sind. Der ärmste, allein arbeitende Handwerker erwartet wenigstens den Schutz der Obrigkeit, der ihm den Genuss der Früchte seiner Arbeit sichern soll. Er erwartet auch, dass er, wenn er seine Waren auf den Markt bringt und sie zu einem annehmbaren Preis anbietet, Käufer finden werde und dass er mittels des eingenommenen Geldes andere werde veranlassen können, ihn mit den zu seiner Existenz notwendigen Erfordernissen zu versehen. In dem Maße, wie die Menschen ihr Handeln ausdehnen und sich ihr Verkehr mit anderen verwickelter gestaltet, umfassen ihre Unternehmungen eine immer größere Mannigfaltigkeit von Willenshandlungen, deren Zusammenwirken, nach ihren eigenen Motiven, mit den eigenen sie erwarten. Man trifft bei allen diesen Folgerungen seine Maßregeln gemäß früheren Erfahrungen ebenso wie in den Schlüssen betreffs äußerer Dinge und man hegt den sicheren Glauben, dass die Menschen ebenso wie die Elemente in ihren Tätigkeiten stets dieselben sein werden, wie man sie immer angetroffen hat. […] Oft habe ich bedacht, was der mögliche Grund sei, weshalb die Menschen, obwohl sie in ihrer ganzen Praxis und Theorie stets die Lehre von der Notwendigkeit rückhaltlos anerkannten, noch solchen Widerstand gegen deren verbale Anerkennung leisten und zu allen Zeiten die Neigung gezeigt haben, sich zur gegenteiligen Ansicht zu bekennen. Ich glaube, dies lässt sich folgendermaßen erklären. Untersuchen wir die Wirksamkeit der Körper und die Hervorbringung von Wirkungen durch ihre Ursachen, so finden wir, dass wir mit allen unseren Fähigkeiten in unserer Erkenntnis dieser Beziehung nicht weiterkommen als bis zu der einfachen Beobachtung, dass bestimmte Gegenstände miteinander konstant verbunden sind und dass der Geist durch einen gewohnheitsmäßigen Übergang von dem Auftreten des einen zum Glauben an den anderen geleitet wird. Wiewohl nun dieser Schluss betreffs menschlicher Unwissenheit das Resultat genauester Prüfung des Gegenstands ist, so besteht doch bei den Menschen die starke Neigung zu glauben, dass sie tiefer in die Kräfte der Natur eindringen und so etwas wie eine notwendige Verknüpfung zwischen Ursache und Wirkung gewahren. Wenn sie dann wieder ihre Aufmerksamkeit auf die Tätigkeiten ihrer eigenen Seele richten und eine solche Verknüpfung zwischen Motiv und Handlung nicht fühlen, so bringt sie das zur Annahme, dass ein Unterschied bestehe zwischen den Wirkungen materieller Kraft und denen des Geistes und Verstandes. Ist man aber einmal überzeugt, dass wir von jeglicher Verursachung nichts anderes kennen als die bloße konstante Verbindung von Gegenständen und die ihr gemäße Folgerung des Geistes von einem aufs andere, und findet sich, dass diese zwei Umstände anerkanntermaßen in jeder Willenshandlung bestehen, so werden wir leichter zugeben, dass dieselbe Notwendigkeit allen Arten von Ursachen zukommt. […] Es wird nicht vieler Worte für den Beweis bedürfen, dass in der Lehre von der Freiheit alle Leute von jeher ebenso einer Meinung gewesen sind wie betreffs der Notwendigkeit und dass der ganze Streit auch in dieser Beziehung ein bloßer Wortstreit war. Denn was versteht man unter Freiheit, wenn von Willenshandlungen die Rede ist? Sicherlich meint man nicht, dass die Handlungen eine so geringe Verknüpfung mit den Motiven, Neigungen und Umständen haben, dass nicht das eine mit einem gewissen Grad von Gleichförmigkeit auf das andere folgte und dass das eine keinen Schluss auf die Existenz des anderen zuließe. Denn das sind augenscheinliche und anerkannte Tatsachen. Unter Freiheit kann man nur verstehen eine Macht zu handeln oder nicht zu handeln, gemäß dem Willensentscheid, d. h., wenn wir ruhig bleiben wollen, können wir es, und wollen wir uns bewegen, so können wir es ebenso. Diese Art der Freiheit nun wird allgemein als Eigenschaft eines jeden anerkannt, der nicht gefangen und gefesselt ist.

***David Hume**, 1711–1776, englischer Philosoph*

Einsicht in die Notwendigkeit

Hegel war der Erste, der das Verhältnis von Freiheit und Notwendigkeit richtig darstellte. Für ihn ein Schritt zur Freiheit. „*Blind* ist die Notwendigkeit nur, *insofern dieselbe nicht begriffen wird.*" Nicht in der geträumten Unabhängigkeit von den Naturgesetzen liegt die Freiheit, sondern in der Erkenntnis dieser Gesetze und in der damit gegebenen Möglichkeit, sie planmäßig zu bestimmten Zwecken wirken zu lassen. Es gilt dies mit Beziehung sowohl auf die Gesetze der äußeren Natur wie auf diejenigen, welche das körperliche und geistige Dasein des Menschen selbst regeln – zwei Klassen von Gesetzen, die wir höchstens in der Vorstellung, nicht aber in der Wirklichkeit voneinander trennen können. Freiheit des Willens heißt daher nichts anderes als die Fähigkeit, mit Sachkenntnis entscheiden zu können. Je *freier* also das Urteil eines Menschen in Beziehung auf einen bestimmten Fragepunkt ist, mit desto größerer *Notwendigkeit* wird der Inhalt dieses Urteils bestimmt sein; während die auf Unkenntnis beruhende Unsicherheit, die zwischen vielen verschiedenen und widersprechenden Entscheidungsmöglichkeiten scheinbar willkürlich wählt, eben dadurch ihre Unfreiheit beweist, ihr Beherrschtsein von dem Gegenstande, den sie gerade beherrschen sollte. Freiheit besteht also in der auf Erkenntnis der Naturnotwendigkeiten gegründeten Herrschaft über uns selbst und über die äußere Natur; sie ist damit notwendig ein Produkt der geschichtlichen Entwicklung. Die ersten, sich vom Tierreich sondernden Menschen waren in allem Wesentlichen so unfrei wie die Tiere selbst; aber jeder Fortschritt in der Kultur war ein Schritt zur Freiheit. An der Schwelle der Menschheitsgeschichte steht die Entdeckung der Verwandlung von mechanischer Bewegung in Wärme: die Erzeugung des Reibfeuers; am Abschluss der bisherigen Entwicklung steht die Entdeckung der Verwandlung von Wärme in mechanische Bewegung: die Dampfmaschine. – Und trotz der riesigen befreienden Umwälzung, die die Dampfmaschine in der gesellschaftlichen Welt vollzieht – sie ist noch nicht halb vollendet –, ist es doch unzweifelhaft, dass das Reibfeuer sie an weltbefreiender Wirkung noch übertrifft. Denn das Reibfeuer gab dem Menschen zum ersten Mal die Herrschaft über eine Naturkraft und trennte ihn damit endgültig vom Tierreich.

***Friedrich Engels**, 1820–1895, deutscher Philosoph*

- *Welche Auffassung vertritt Hume über Kausalität in der Natur? Wie begründet er diese Auffassung? Stimmen Sie ihm zu? Lesen Sie hierzu die Kritik Immanuel Kants in: Immanuel Kant, Prolegomena, Felix Meiner Verlag, Hamburg 1989, S. 1–12.*

- *Welche Rolle spielt Kausalität im menschlichen Handeln? Stimmen Sie Hume zu? Begründen Sie Ihre Auffassung. Lesen Sie hierzu auch S. 58–61.*

- *Setzen Sie sich mit Humes Definition der Freiheit auseinander und vergleichen Sie diese mit der Auffassung von Friedrich Engels.*

- *Lassen sich die in Eva Strittmatters Gedicht erwähnten Möglichkeiten des Lebens mit den Überlegungen von Friedrich Engels beantworten? Begründen Sie Ihre Entscheidung.*

Raymond & Stephanie: Mal sehen, ob es Liebe wird

Hamburg – SAT.1 hat es am Sonntagabend in seiner Kuppelshow nicht geschafft, einen aus Düsseldorf stammenden Millionär sofort unter die Haube zu bringen. Der 44-jährige Raymond Krichel entschied sich zwar unter 50 Kandidatinnen für die 21-jährige Stephanie aus München, nahm jedoch zugleich von der Sofort-Trauung Abstand. Er schlug vor, dass beide sich in den „Flitterwochen" in Dubai erst einmal näher kennen lernen.

Dort sind die beiden inzwischen auf der Flucht vor Neugierigen, wollen ihr Liebesnest im teuersten Hotel der Welt gegen ein ruhigeres Hotel tauschen. Bei romantischen Strandspaziergängen und Candlelight-Diners scheint aber die Liebe zu wachsen. Und nach dem Urlaub darf Stephanie schon Raymonds Stadt-Palais in Monaco bewundern.

„Wir hätten es natürlich schön gefunden, wenn es gleich zur Hochzeitszeremonie gekommen wäre", sagte eine SAT.1-Sprecherin gestern. Man könne beide nicht zur Ehe zwingen. Die (aufgezeichnete) Show „Wer heiratet den Millionär?" wurde von 6,82 Millionen Zuschauern gesehen.

SAT.1 betonte, dass der als Unternehmensberater in der Computerbranche tätige und in Monaco lebende 44-Jährige wirklich Multimillionär sei – anders als Thomas Tepe, den RTL als reichen Bräutigam in seiner Show präsentiert hatte. Krichel hatte in der Sendung eingeräumt, dass er bei seinen Geschäften auch schon Geld verloren habe. Es gab Berichte, wonach seine Firma 1999 „wegen Vermögenslosigkeit und Zahlungsunfähigkeit" aus dem Handelsregister gelöscht worden war.

Hamburger Morgenpost, 9. 1. 2001

- *Wie beurteilen Sie die ethische Dimension solcher Hochzeiten?*
- *Die Paare lassen sich freiwillig darauf ein – ist das für Sie Selbstverwirklichung im Sinne von Hannah Arendt (vgl. S. 18/19). Begründen Sie Ihre Entscheidung.*

Das unbekannte Licht der Freiheit

Friedrich Nietzsche kritisierte bereits im 19. Jahrhundert das von der Aufklärungsphilosophie Kants geprägte Ideal des autonomen Menschen, der durch Vernunft zu selbstbestimmtem moralischem Handeln gelangt. Anstelle der rationalen Welterklärung setzt er das immer wiederkehrende Streben des Einzelnen nach Selbstgenuss und die Ablehnung jeglicher Verantwortung für Moralität.

Die völlige Unverantwortlichkeit des Menschen für seine Handlungen und sein Wesen ist der *bitterste* Tropfen, welchen der Erkennende schlucken muss, wenn er gewohnt war, in der Verantwortlichkeit und der Pflicht den Adelsbrief seines Menschtums zu sehen. Alle seine Schätzungen, Auszeichnungen, Abneigungen sind dadurch entwertet und falsch geworden: sein tiefstes Gefühl, das er dem Dulder, dem Helden entgegenbrachte, hat einem Irrtum gegolten; er darf nicht mehr loben, nicht tadeln, denn es ist ungereimt die Natur und die Notwendigkeit zu loben und zu tadeln. So wie er das gute Kunstwerk liebt, aber nicht lobe, weil es nichts für sich selber kann, wie er vor der Pflanze steht, so muss er vor den Handlungen der Menschen, vor seinen eigenen stehen. Er kann Kraft, Schönheit, Fülle an ihnen bewundern, aber darf keine Verdienste darin finden. [...] Alle diese Motive aber, so hohe Namen wir ihnen geben, sind aus denselben Wurzeln gewachsen, in denen wir die bösen Gifte wohnend glauben; zwischen guten und bösen Handlungen gibt es keinen Unterschied der Gattung, sondern höchstens des Grades. Gute Handlungen sind sublimierte[1] böse; böse Handlungen sind vergröberte, verdummte gute. Das einzige Verlangen des Individuums nach Selbstgenuss (samt der Furcht, desselben verlustig zu gehen) befriedigt sich unter allen Umständen, der Mensch mag handeln wie er kann, d. h. wie er muss: sei es in Taten der Eitelkeit, Rache, Lust, Nützlichkeit, Bosheit, List, sei es in Taten der Aufopferung, des Mitleids, der Erkenntnis. Die Grade der Urteilsfähigkeit entscheiden, wohin jemand sich durch dies Verlangen hinziehen lässt; fortwährend ist jeder Gesellschaft, jedem Einzelnen eine Rangordnung der Güter gegenwärtig, wonach er seine Handlungen bestimmt und die der anderen beurteilt. Aber dieser Maßstab wandelt sich fortwährend, viele Handlungen werden böse genannt und sind nur dumm, weil der Grad der Intelligenz, welche sich für sie entschied, sehr niedrig war. Ja in einem bestimmten Sinne sind auch jetzt noch *alle* Handlungen dumm, denn der höchste Grad von menschlicher Intelligenz, der jetzt erreicht werden kann, wird sicherlich noch überboten werden: Und dann wird, bei einem Rückblick, all *unser* Handeln und Urteilen so beschränkt und übereilt erscheinen, wie uns jetzt das Handeln und Urteilen zurückgebliebener wilder Völkerschaften beschränkt und übereilt vorkommt. – Dies alles einzusehen kann tiefe Schmerzen machen, aber danach gibt es einen Trost: Solche Schmerzen sind Geburtswehen. Der Schmetterling will seine Hülle durchbrechen, er zerrt an ihr, er zerreißt sie: Da blendet und verwirrt ihn das unbekannte Licht, das Reich der Freiheit.

1 Sublimierung: 1. auf eine höhere Ebene erheben, ins Erhabene steigern; verfeinern, veredeln. 2. Psychologie: einen Geschlechtstrieb in kulturelle, künstlerische o. ä. Leistungen umsetzen.

***Friedrich Nietzsche**, 1844–1900, deutscher Philosoph*

- *Erklären Sie mit eigenen Worten, warum der Mensch nach Auffassung von Nietzsche für sein Handeln nicht verantwortlich ist.*
- *Interpretieren Sie den Satz: Da blendet und verwirrt ihn das unbekannte Licht, das Reich der Freiheit (Z. 44/45).*

Gegen die Tyrannei des Marktes

Der amerikanische Soziologe Robert Bellah hat in verschiedenen Studien das Konsumverhalten vieler Amerikanerinnen und Amerikaner untersucht. Er kam zu der Auffassung, dass die Mechanismen des Marktes die freie Entscheidung des Einzelnen beeinträchtigen.

Das, worauf zu verzichten den im Wohlstand lebenden Amerikanern am schwersten fallen würde, waren nicht ihre BMWs oder ihre Ferien in Europa, sondern ihre Mikrowellenherde. Wir wissen, dass immer mehr amerikanische Familien nie gemeinsam essen. Die Familienmitglieder gehen, jeder für sich, irgendwann mal in die Küche und schieben irgendwas in die Mikrowelle. Danach macht sich jeder oder jede mit „Mach's gut, ich muss fort" auf den Weg zur je eigenen Beschäftigung. Einst war die gemeinsame Mahlzeit der ganzen Familie ein heiliges Ritual von äußerster Wichtigkeit, bei dem die Kinder den höflichen Umgang miteinander lernten. Was geschieht mit der Familie, wenn die Warenwelt *(commodification)* ein derartiges Ausmaß erreicht?
Oder: Was geschieht, wenn Eltern sich zum Kauf eines Eigenheims weit außerhalb der Stadt entscheiden, wo es zwar auf den Straßen sicherer ist als in der Innenstadt und es „für die Kinder" bessere Schulen gibt, dann aber die Wege zum Arbeitsplatz derartig weit werden, dass die Eltern kaum noch Zeit für ihre Kinder haben? Die Auswirkungen des Marktes und der Arbeitsbedingungen auf die Familien machen es den Familienmitgliedern schwer, für eine Form des gemeinsamen Lebens Verantwortung zu übernehmen, das jede(r) der Beteiligten als das ihre oder seine empfinden kann. Von der Fähigkeit, eine Form des teilhabenden Lebens zu pflegen, hängt vielleicht ab, ob das eigene Leben reich an persönlichen Beziehungen und Sinn ist oder ob es ihm an dauerhaften Befriedigungen fehlt. Gelegenheiten, in einem mit anderen geteilten Leben eine verantwortliche Rolle zu übernehmen, halten nicht nur das Familienleben aufrecht, sondern auch das Schul- und Gemeinschaftsleben, das von religiösen Organisationen und Wirtschaftsunternehmen, das von Staaten und sogar, wie wir jetzt bemerken, das einer bewohnbaren planetaren Ökosphäre.
Eine Wirtschaftsideologie, die Menschen zu unablässigen Markt-Maximatoren verwandelt, unterminiert ihr Engagement in Familie, Kirche, Nachbarschaft und Schule und für die großen staatlichen und globalen Gesellschaften. In „Habits of the Heart" (dt.: Gewohnheiten des Herzens. Individualismus und Gemeinsinn in der amerikanischen Gesellschaft, Bund-Verlag, Köln 1987) haben wir dokumentiert, was diese Denkweise unserer Fähigkeit antut im privaten wie im öffentlichen Bereich, Beziehungen aufrechtzuerhalten. Die ironische Schlusspointe dieser offenkundig ökonomischen Auffassung von Menschenleben erweist sich aber darin, dass sie sogar für unsere Wirtschaft höchst destruktiv ist. Machte uns die Selbstdeutung als Mitglieder einer Gemeinschaft ärmer, so gäbe es dennoch viele Gründe, sich dafür einzusetzen; Tatsache ist jedoch, dass die Einbindung in eine Gemeinschaft sich als viel stärkere Basis einer effektiven Ökonomie erweist als die individualistische Verfolgung von Eigeninteressen. [...]
Das Prinzip sofortiger Gewinnmaximierung, das unsere Wirtschaft kaputt macht, schwächt auch jeden anderen Aspekt unseres Zusammenlebens. In unseren großen Städten sorgen sich die Leute wegen der hohen Wohnungskosten und des Problems verstopfter Verkehrsadern. Wenn aber jeder, dem es wirtschaftlich gut geht, das bestmögliche Haus für die Familie kaufen möchte, ohne sich über die Wohnraumversorgung in der Gemeinde für Leute mit niedrigen oder mittleren Einkommen Gedanken zu machen, dann steigen eben die Wohnungskosten so hoch, dass selbst die Wohlhabenden zu Dienern ihrer Hypotheken werden, während jene leer ausgehen, die auf der Suche nach billigem Wohnraum sind. [...]
Unser individualistisches Erbe hat uns gelehrt, dass es so etwas wie ein Gemeinwohl nicht gibt, sondern nur die Summe des individuellen Wohlergehens. In unserer komplexen, interdependenten[1] Welt bringt die Summe individuellen Wohlstands, die nur durch die Tyrannei des Marktes zustande kommt, jedoch häufig ein Gemeinübel hervor, das letztendlich auch die Befriedigung unserer persönlichen Bedürfnisse durchlöchert.

1 interdependent: voneinander abhängend

***Robert Bellah**, *1947, amerikanischer Soziologe*

- *Erläutern Sie den Zusammenhang zwischen Freiheit und der Wirkungsweise des Marktes. Gehen Sie dabei auch auf den von Bellah erhobenen Vorwurf der „Tyrannei des Marktes" (Z. 67) ein.*

- *Lassen sich die von Bellah angeführten Beispiele aus der amerikanischen Gesellschaft auch auf das Alltagsleben in der Bundesrepublik übertragen? Suchen Sie Pro-und-Contra-Beispiele aus Ihrem Erfahrungsbereich und führen Sie eine Diskussion im Plenum. Berücksichtigen Sie dabei auch das Beispiel einer künstlich gestifteten Hochzeit bzw. Partnerschaft. Vergleichen Sie anschließend die Überlegungen Bellahs mit denen von John Locke (S. 14/15). Benennen Sie Unterschiede und Gemeinsamkeiten.*

- *Entwerfen Sie in Arbeitsgruppen ein Plakat oder einen Werbespruch gegen die „Tyrannei des Marktes".*

Marcuse: Massenkultur und Manipulation

Sylvie Fleury, Spring Summer 2000 (orange), 2000

Woran denken Sie beim Betrachten der Installation? Notieren Sie einige Stichworte und tauschen Sie anschließend im Plenum Ihre Eindrücke aus.

Was verbinden Sie mit den Begriffen „Massenkultur" und „Massenkonsum"? Erarbeiten Sie ein Begriffsnetz.

Moral oder Kommerz?

Der Verleger Wolf Jobst Siedler war lange Jahre Journalist und Verleger, ehe er seinen eigenen Verlag, den Siedler Verlag, gründete. In dem folgenden kurzen Essay beschreibt er, wie ein Verleger und Künstler in der täglichen Verlagsarbeit zwischen künstlerischen und moralischen Ansprüchen einerseits und kommerziellen Notwendigkeiten andererseits jonglieren muss.

Auf einer Buchmesse bot mir ein amerikanischer Verleger, Roger Strauss, ein langjähriger Freund, ein Buch an, von dem er gerade 100 000 Exemplare verkauft hatte: „Pills that don't work", eine ziemlich oberflächlich recherchierte Untersuchung über die schädliche Nebenwirkung der wichtigsten Arzneimittel. Ich nahm den Band mit nach Berlin und ließ ihn von einigen befreundeten Fachärzten lesen. Sie gaben ein einigermaßen vernichtendes Urteil ab. Das Buch werde alles Vertrauen in Ärzte, ihre Rezepturen, die Apotheken und die Arzneimittelindustrie verletzen; dass ein solches Buch erfolgreich sein würde, bezweifelte aber niemand. Ich habe dann, melancholisch an meine Bilanz denkend, auf das Buch, dessen deutsche Rechte ganze 500 Dollar kosten sollten, schließlich verzichtet. Ich bin ihm auf der nächsten Buchmesse in einer deutschen Ausgabe wiederbegegnet, die inzwischen bei 250 000 verkauften Exemplaren stand, und – trotz einer Fülle von einstweiligen Verfügungen und Klageschriften – einem monatlichen Absatz von weiteren 40 000 Exemplaren. Ich glaube dennoch, dass meine Entscheidung richtig war, obwohl dieser Band meinen Verlag, der damals gerade zwei Jahre alt war, mit einem Schlag in die Gewinnzone katapultiert hätte.
Aber es gibt Dinge, die man nicht tun kann, wenn man an den Sinn und die Nobilität seines Tuns glaubt. Man kann nicht Bücher über Moral und Geschichte verlegen, wenn man sehenden Auges jenes Vertrauen in die Medizin zerstört, das zur Grundlage der modernen Wissenschaft gehört.

*Wolf Jobst Siedler, *1926, deutscher Verleger*

Interpretieren Sie den Anspruch Siedlers, dass es Dinge gibt, die man nicht tun kann, wenn man an den Sinn und die Nobilität seines Tuns glaubt.

Wahre und falsche Bedürfnisse

In seinem 1964 erschienenen Buch „Der eindimensionale Mensch" kritisierte der deutsch-amerikanische Philosoph Herbert Marcuse den Zusammenhang zwischen der fortschreitenden Industrialisierung der westlichen Gesellschaften und der damit einhergehenden Vereinheitlichung menschlicher Bedürfnisse. Als Ausweg sah er die Erziehung zu einem kritischen Bewusstsein.

Wir können wahre und falsche Bedürfnisse unterscheiden. „Falsch" sind diejenigen, die dem Individuum durch partikuläre gesellschaftliche Mächte, die an seiner Unterdrückung interessiert sind, auferlegt werden: Diejenigen Bedürfnisse, die harte Arbeit, Aggressivität, Elend und Ungerechtigkeit verewigen. Ihre Befriedigung mag für das Individuum höchst erfreulich sein, aber dieses Glück ist kein Zustand, der aufrechterhalten und geschützt werden muss, wenn es dazu dient, die Entwicklung derjenigen Fähigkeit (seine eigene und die anderer) zu hemmen, die Krankheit des Ganzen zu erkennen und die Chancen zu ergreifen, diese Krankheit zu heilen. Das Ergebnis ist dann Euphorie[1] im Unglück. Die meisten der herrschenden Bedürfnisse sich im Einklang mit der Reklame zu entspannen, zu vergnügen, zu benehmen und zu konsumieren, zu hassen und zu lieben, was andere hassen und lieben, gehören in diese Kategorie falscher Bedürfnisse.
Solche Bedürfnisse haben einen gesellschaftlichen Inhalt und eine gesellschaftliche Funktion, die durch äußere Mächte determiniert sind, über die das Individuum keine Kontrolle hat; die Entwicklung und Befriedigung dieser Bedürfnisse sind heteronom[2]. Ganz gleich, wie sehr solche Bedürfnisse zu denen des Individuums selbst geworden sind und durch seine Existenzbedingungen reproduziert und befestigt werden; ganz gleich, wie sehr es sich mit ihnen identifiziert und sich in ihrer Befriedigung wiederfindet, sie bleiben, was sie seit Anbeginn waren – Produkte einer Gesellschaft, deren herrschendes Interesse Unterdrückung erheischt.
Das Vorherrschen repressiver[3] Bedürfnisse ist eine vollendete Tatsache, die in Unwissenheit und Niedergeschlagenheit hingenommen wird, aber eine Tatsache, die im Interesse des glücklichen Individuums sowie aller derjenigen beseitigt werden muss, deren Elend der Preis seiner Befriedigung ist. Die einzigen Bedürfnisse, die einen uneingeschränkten Anspruch auf Befriedigung haben, sind die vitalen – Nahrung, Kleidung und Wohnung auf dem erreichbaren Kulturniveau. Die Befriedigung dieser Bedürfnisse ist die Vorbedingung für die Verwirklichung *aller* Bedürfnisse, der unsublimierten wie der sublimierten.
Für jedes Bewusstsein und Gewissen, für jede Erfahrung, die das herrschende gesellschaftliche Interesse nicht als das oberste Gesetz des Denkens und Verhaltens hinnimmt, ist das eingeschliffene Universum von Bedürfnissen und Befriedigungen eine in Frage zu stellende Tatsache – im Hinblick auf Wahrheit und Falschheit. [...]
Es ist der kennzeichnende Zug der fortgeschrittenen Industriegesellschaft, dass sie diejenigen Bedürfnisse wirksam drunten hält, die nach Befreiung verlangen – eine Befreiung auch von dem, was erträglich, lohnend und bequem ist –, während sie die zerstörerische Macht und unterdrückende Funktion der Gesellschaft „im Überfluss" unterstützt und freispricht. Hierbei erzwingen die sozialen Kontrollen das überwältigende Bedürfnis nach Produktion und Konsumtion von unnützen Dingen; das Bedürfnis nach abstumpfender Arbeit, wo sie nicht mehr wirklich notwendig ist; das Bedürfnis nach Arten der Entspannung, die diese Abstumpfung mildern und verlängern; das Bedürfnis, solche trügerischen Freiheiten wie freien Wettbewerb bei verordneten Preisen zu erhalten, eine freie Presse, die sich selbst zensiert, freie Auswahl zwischen gleichwertigen Marken und nichtigem Zubehör bei grundsätzlichem Konsumzwang.
Unter der Herrschaft eines repressiven Ganzen lässt Freiheit sich in ein mächtiges Herrschaftsinstrument verwandeln. Der Spielraum, in dem das Individuum seine Auswahl treffen kann, ist für die Bestimmung des Grades menschlicher Freiheit nicht entscheidend, sondern *was* gewählt werden kann und was vom Individuum gewählt *wird*. Das Kriterium für freie Auswahl kann niemals ein absolutes sein, aber es ist auch nicht völlig relativ. Die freie Wahl der Herren schafft die Herren oder die Sklaven nicht ab. Freie Auswahl unter einer breiten Mannigfaltigkeit von Gütern und Dienstleistungen bedeutet keine Freiheit, wenn diese Güter und Dienstleistungen die soziale Kontrolle über ein Leben von Mühe und Angst aufrechterhalten – d.h. die Entfremdung. Und die spontane Reproduktion aufgenötigter Bedürfnisse durch das Individuum stellt keine Autonomie her; sie bezeugt nur die Wirksamkeit der Kontrolle.
Wenn wir auf der Tiefe und Wirksamkeit dieser Kontrolle bestehen, setzen wir uns dem Einwand aus, dass wir die prägende Macht der „Massenmedien" sehr überschätzen und dass die Menschen ganz von selbst die Bedürfnisse verspüren und befriedigen würden, die ihnen jetzt aufgenötigt werden. Der Einwand greift fehl. Die Präformierung[4] beginnt nicht mit der Massenproduktion von Rundfunk und Fernsehen und mit der Zentralisierung ihrer Kontrolle. Die Menschen treten in dieses Stadium als langjährig präparierte Empfänger ein; der entscheidende Unterschied besteht in der Einebnung des Gegensatzes (oder Konflikts) zwischen dem Gegebenen und dem Möglichen, zwischen den befriedigten und den nicht befriedigten Bedürfnissen.

1 Euphorie: augenblickliche, heiter-zuversichtliche Gemütsstimmung; Hochgefühl, Hochstimmung
2 heteronom: fremdbestimmt
3 repressiv: hemmend, unterdrückend
4 Präformation: angenommene Vorherbildung des fertigen Organismus im Keim (Biol.)

***Herbert Marcuse**, 1898–1979, deutsch-amerikanischer Philosoph*

- *Wie bewerten Sie Marcuses Unterscheidung zwischen wahren und falschen Bedürfnissen? Worin sieht Marcuse die Ursache für falsche (repressive) Bedürfnisse? Stimmen Sie seiner Einschätzung zu? Begründen Sie Ihre Auffassung.*
- *Was verstehen Sie unter Konsumzwang? Erläutern Sie diesen Begriff anhand von Beispielen aus Ihrem eigenen Erfahrungsbereich. Lesen Sie hierzu auch noch einmal „Schuluniformen" auf S. 20/21.*

Sen: Wirtschaftswachstum als Grundlage der Freiheit

Friedrich Stark, Schulklasse in Ähiopien, 1996/97

In vielen afrikanischen und asiatischen Staaten wird die Schulbildung der Kinder unter freiem Himmel organisiert, weil es keine Schulen in unmittelbarer Nähe der Dörfer gibt. Der indische Wirtschaftswissenschaftler und Nobelpreisträger Amartya Sen hat im Auftrag der UNESCO vor allem in seiner Heimat Bildungsprojekte organisiert, weil seiner Meinung nach Bildung den Spielraum der Freiheit des Einzelnen erhöht.*

Stellen Sie in Arbeitsgruppen eine Liste mit Gründen für die These Sens zusammen und vergleichen Sie anschließend Ihre Ergebnisse.

Schafft Bildung Freiheit?

Im Unterschied zu vielen Philosophen wie, z. B. Max Horkheimer (vgl. S. 46) oder Herbert Marcuse* (vgl. S. 53), fordert Amartya Sen vor allem durch eine gezielte Entwicklungspolitik, Industrialisierung und Wirtschaftswachstum in den Staaten der Dritten Welt zu fördern, um dadurch gezielt Freiheitsräume zu schaffen.*

Freiheit zählt nicht nur zu den am höchsten geschätzten Ideen in der Welt, sie gehört auch zu den menschlichen Lebensumständen, die am meisten gefürchtet werden. Wer die Freiheit fürchtet, fürchtet sich meist vor der Freiheit der anderen – der unzufriedenen Unterschichten, der verelendeten Landbevölkerung, der erbitterten Frauen der rebellischen Jugend, der entschlossenen Dissidenten[1]. Es ist die Freiheit der anderen, über die sich viele Autoren beunruhigt zeigten, ohne jedoch deshalb auf ihre eigene Freiheit verzichten zu wollen. Das gilt für autoritäre Herrscher wie für tonangebende Intellektuelle. Meine These ist, dass wir den verschiedenen skeptischen Ablehnungen zur Freiheit umfassend und konsequent entgegentreten müssen. Die grundlegende Einsicht, dass Freiheit erstens das primäre Ziel und zweitens das Hauptmittel der Entwicklung ist, bildet einen ausgezeichneten Ausgangspunkt für die Analyse von Entwicklung.

Manchmal hört man fragen, ob denn politische Freiheit „der Entwicklung förderlich ist". Tatsächlich hat die negative Antwort auf diese Frage – die häufig geäußerte Meinung, Demokratie schade dem Wirtschaftswachstum, gehört dazu – in verschiedenen Teilen der Welt Öl ins Feuer autoritärer politischer Tendenzen gegossen. Um diese Argumentationslinie zu beurteilen, müssen wir zunächst festhalten, dass eine solche Fragestellung die entscheidende Einsicht verfehlt, dass politische Freiheiten und demokratische Rechte zu den grundlegenden Bestandteilen von Entwicklung gehören. Politisch unfreien Bürgern, seien sie nun reich oder arm, wird ein grundlegender Bestandteil des guten Lebens vorenthalten.

Damit können wir uns jedoch nicht begnügen, denn Freiheit ist zudem ein kraftvolles und wirksames Mittel. Was ein Individuum tatsächlich verwirklichen kann, hängt von wirtschaftlichen Chancen, politischen Freiheiten, sozialen Einrichtungen und den Voraussetzungen ab, die es uns ermöglichen, von ihnen überhaupt Gebrauch zu machen: Gesundheit, grundlegende Schulbildung, Förderung und Pflege von Initiativen. Dergleichen Chancen ergänzen sich in nicht unbeträchtlichem Maße gegenseitig, und ihre Kombination neigt dazu, die jeweiligen positiven Wirkungen noch zu verstärken. Dadurch wird freies und autonomes Handeln zum Antriebsmotor der Entwicklung.

Markt und Freiheit

Auf diesen häufig vernachlässigten Punkt hinzuweisen heißt natürlich nicht, zu bestreiten, wie wichtig es ist, den Marktmechanismus zu würdigen, einschließlich seiner erprobten Fähigkeit, wirtschaftliches Wachstum, Wohlstand und, unter bestimmten Umständen, sogar Gerechtigkeit im wirtschaftlichen Sinn hervorzubringen. Auf der anderen Seite haben wir auch die Nachteile unbeschränkter Marktwirkungen in Erwägung zu ziehen – besonders in Anbetracht der ernsten Tatsache, dass Eigentum und Begabungen ungleich verteilt sind – und ebenso die allgemeinen, teils auch kritischen Vorstellungen, die man über Lebensstile und Werte* hegen mag, die im Gefolge einer ausschließlich marktzentrierten Kultur auftreten. Um Entwicklung als freiheitlichen Prozess zu begreifen, muss beides, die grundlegende Bedeutung des Austauschs und die direkten und indirekten Wirkungen des Marktes, zusammen betrachtet werden: als Vernetzung zwischen Freiheiten verschiedener Art.

Ein weiteres Beispiel sind die sozialen Chancen. Beispielsweise ist durch den öffentlichen Schulunterricht ein machtvoller Hebel angesetzt worden, um die Menschen aus der Knechtschaft des Analphabetismus und der Unwissenheit zu befreien. Diese Freiheit ist schon an und für sich etwas Kostbares, doch daneben steuert sie auch etwas zur wirtschaftlichen Entwicklung, zu breiterer Teilhabe an der Nutzung des Marktmechanismus und zu den Freiheiten bei, die das Resultat des Wohlstands sind.

Einkommen und gesellschaftliche Stellung

Ich wende mich jetzt einer etwas anderen Frage zu. Stellt die Perspektive der Freiheit eine Abkehr von der klassischen Volkswirtschaftslehre dar? Ich würde sagen, dass das eigentlich nicht der Fall ist. Auch wenn die heutigen Ökonomen diesen Gesichtspunkt häufig vernachlässigen, wurde er von den älteren doch sehr ernst genommen. Wenn Adam Smith* sich mit dem Phänomen Armut auseinander setzte, beschäftigte ihn nicht vordringlich die Einkommenshöhe, sondern ob jemand die Freiheit hat zu tun, was er im Sinn eines guten Lebens würde tun wollen. Dies führte Smith zur Analyse der Tatsache, dass eine relative Benachteiligung in Bezug auf das Einkommen eine absolute Benachteiligung in Bezug auf die Freiheit ergeben kann. In einem wohlhabenden Land relativ arm zu sein, kann ein großes Handicap darstellen, auch wenn das Einkommen im Weltvergleich hoch liegt. Die Kleidung, die nötig ist, um am Gemeinschaftsleben eines wohlhabenden Landes zu partizipieren, kostet deutlich mehr als die für diesen Zweck erforderliche Kleidung an anderen Orten, wo die Maßstäbe nicht so hoch sind. Dieselbe Freiheit, nämlich in der Öffentlichkeit auftreten zu können, ohne erröten zu müssen, erfordert in dem wohlhabenderen Land ein viel höheres Einkommen. Aus diesem Grund kann jemand, der, gemessen am Einkommen, nur relativ arm ist, gemessen an seiner Freiheit absolut arm dran sein.

Die Probleme, die manche Gruppen von Menschen damit haben, „am Gemeinschaftsleben teilzunehmen“, gehören zu den wichtigsten Punkten bei jeder Beschäftigung mit dem Phänomen sozialer Ausgrenzung. Die Notwendigkeit, am Gemeinschaftsleben zu partizipieren, erlegt jemandem, der in einem wohlhabenden Land relativ arm ist, Zwänge auf, die selbst bei viel höherem Einkommen größer sind als die von Bewohnern ärmerer Länder. Die paradoxe Erscheinung, dass in den reichen Ländern gehungert wird – selbst in den USA –, hat etwas mit den konkurrierenden Ansprüchen an das Haushaltsbudget zu tun. Der Druck der modernen Lebensweise kann dazu führen, dass „sozialen“ Erfordernissen für die Partizipation am Gemeinschaftsleben, etwa bestimmten Konsumgütern, der Vorrang eingeräumt wird, und das führt manchmal eben dazu, dass Ernährung und medizinische Versorgung zu kurz kommen.

1 Dissident: Jemand, der mit der offiziellen (politischen) Meinung nicht übereinstimmt, Andersdenkender, Abweichler.

***Amartya Sen**, *1933, indischer Wirtschaftswissenschaftler, Nobel-Gedenkpreis für Wirtschaftswissenschaft*

- *Erklären Sie anhand eines selbst gewählten Beispiels den Zusammenhang zwischen Freiheit und Wirtschaftswachstum, vor allem bezogen auf die Dritte Welt.*

- *Vergleichen Sie die Positionen von Bellah* (S. 51), Marcuse (S. 53) und Sen hinsichtlich der Einschätzung der Bewertung des Marktmechanismus. Lesen Sie zu den von Sen erwähnten Thesen von Adam Smith auch S. 81–83 in: Technikphilosophie und Wirtschaftsethik, Cornelsen, Berlin 2001.*

- *Wie bewerten Sie den von Sen gezogenen Vergleich zwischen Einkommen und Freiheit in den Industrienationen und Entwicklungsländern? Führen Sie eine Pro-und-Contra-Diskussion im Plenum.*

Freiheitsformen

Edgar Ende, 1932

Jenny Holzer, 1991

- *Betrachten Sie die verschiedenen Bilder und notieren Sie jeweils einen Titel, der Ihre spontanen Assoziationen wiedergibt.*
- *Überlegen Sie in Kleingruppen, welche Form von Freiheit durch die Bilder ausgedrückt werden könnte oder welche Formen von Freiheit in der Darstellung eingeschränkt werden.*

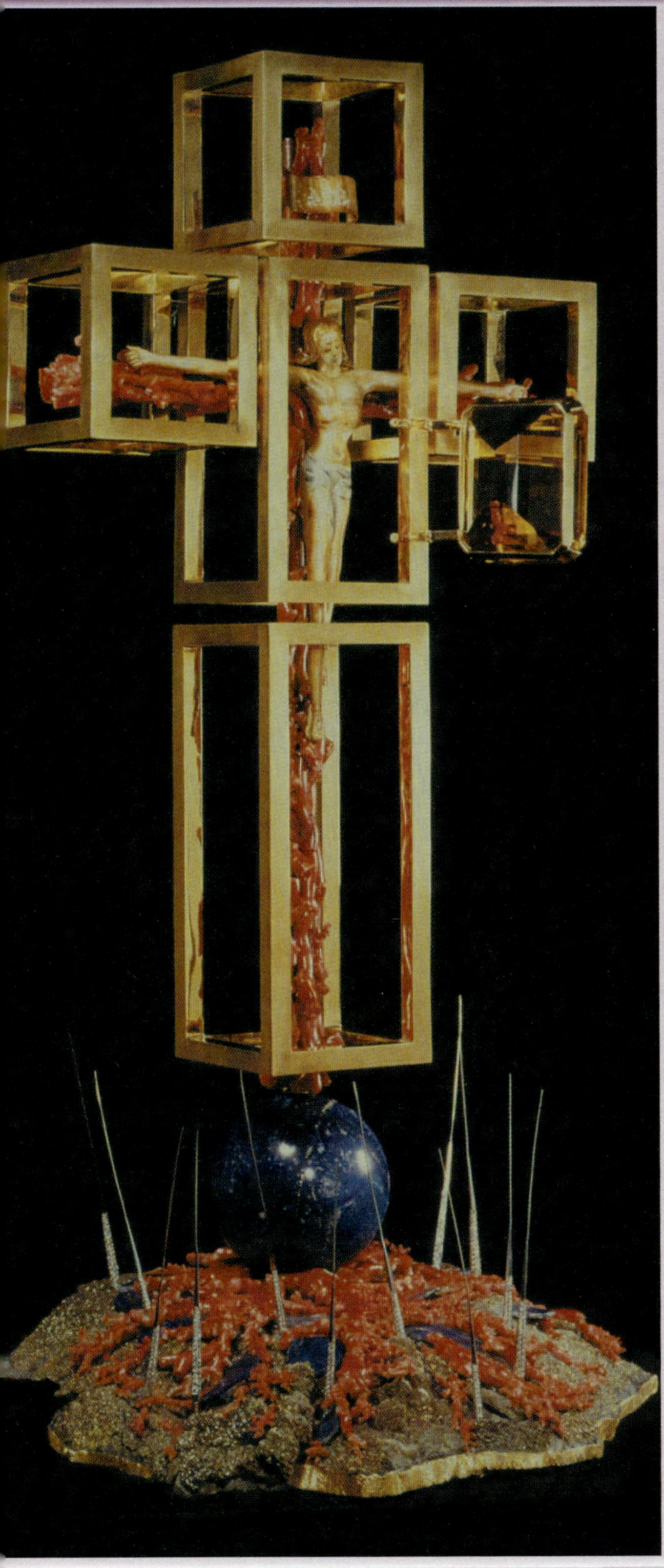

Salvador Dalí, 1954

Jonathan Borofsky, 1978

Vergleichen und besprechen Sie im Plenum Ihre Ergebnisse.

Willensfreiheit

Kann ich als Mensch meinen Willen selbst und frei bestimmen oder bin ich determiniert beispielsweise durch meine Gene, meine Erziehung, meine Umwelt oder auch durch meinen Charakter? Das ist eine Frage, deren Beantwortung wesentlich für das Selbstbild des Menschen ist.

- *Verfassen Sie einen kurzen Text oder ein Gedicht, das Ihre Gedanken und Emotionen zu dem Begriff „Willensfreiheit" zum Ausdruck bringt. Besprechen Sie Ihre Texte in der Lerngruppe.*
- *Formulieren Sie eine Definition des Begriffs „Willensfreiheit".*
- *Beurteilen Sie die verschiedenen Zitate zum Problem der Willensfreiheit und überlegen Sie gemeinsam, worin der jeweilige Autor den Kernpunkt des Problems sieht.*

Wer an die Freiheit des menschlichen Willens glaubt, hat nie geliebt und nie gehasst.

Marie Freifrau von Ebner-Eschenbach, 1830–1916, österreichische Dichterin

Viele denken, sie sind frei, weil sie machen können, was sie wollen, und merken gar nicht, dass sie ihre Diktatur in sich tragen.

*Ernesto Cardenal, *1925, Priester, Lyriker und Kultusminister (1979–1990) aus Nicaragua, Friedenspreis des Deutschen Buchhandels*

Die Freiheit ist nicht die Willkür, beliebig zu handeln, sondern die Fähigkeit, vernünftig zu handeln.

Rudolf Virchow, 1821–1902, deutscher Arzt

René Magritte, Das Fernglas, 1963

- *Betrachten Sie das Bild von René Magritte genau und erklären Sie den Titel.*
- *Versetzen Sie sich in die Position desjenigen, der das Fenster öffnet. Beschreiben Sie in Textform Ihre Gedanken.*

Der freie Wille – eine Illusion?

Der Hirnforscher Gerhard Roth und der Wissenschaftsphilosoph Gerhard Vollmer führten ein Gespräch mit Mitarbeitern der Zeitschrift „Spektrum der Wissenschaft". Sie diskutierten die Frage, welche Bedeutung es für die menschliche Willensfreiheit hat, wenn der Mensch in einem intelligenten Roboter nachgeahmt wird.

Roth Sobald die ersten Schritte in Richtung eines sich selbst bewertenden Roboters unternommen sind, muss man die Notbremse ziehen. [...] Unter der Voraussetzung, dass alle Vorgänge im limbischen System[1] auf den bekannten Naturgesetzen beruhen, kann man es im Prinzip auch nachbauen. [...] Es würde bereits genügen, die Leistung eines kleinen Frosches zu erbringen, der einmal nach einer Biene schnappt, gestochen wird und fortan in Panik gerät, wenn er eine Biene sieht, also „furchtkonditioniert" ist. Wenn so etwas in vielleicht zwanzig Jahren realisiert ist, wenn das Problem des limbischen Systems also im Prinzip gelöst wäre. [...]

Spektrum Aber eine „Revolution des Weltbildes", von der derzeit oft die Rede ist, sehen Sie offenbar nicht.

Vollmer [...] Die so genannte Computerrevolution dauert ja bereits seit Jahrzehnten an. „Revolution" ist also nicht der passende Begriff für die Gegenwart. Allerdings geht es – das ist nicht zu leugnen – immer mehr ans Eingemachte. Nicht gleich, was die technische Machbarkeit angeht, aber doch in Bezug auf den Erkenntnisfortschritt. Das Gehirn ist nach allem, was wir wissen, das Zentrum der Person, und es wird gegenwärtig mit allen zur Verfügung stehenden Mitteln erforscht. Unser Weltbild wird dadurch vielleicht weniger beeinflusst, wohl aber unser Menschenbild – weil wir immer mehr über uns selbst lernen. Ein Beispiel: Bald werden nicht nur die Hirnforscher einsehen müssen, dass es die traditionelle Willensfreiheit überhaupt nicht gibt.

Spektrum Sie meinen die Vorstellung, dass wir dauernd in freien Entscheidungen zwischen mehreren Möglichkeiten bewusst oder unbewusst auswählen.

Vollmer Ja – das ist eine Illusion, wenn auch eine sehr nahe liegende. Der „Wegfall" der vermeintlichen Willensfreiheit wird nicht nur Philosophen, Theologen und Juristen bis ins Mark erschüttern. Wir werden so viel über den Menschen herausfinden, dass wir wieder einmal von uns selbst enttäuscht sind. Die letzten „Kränkungen" des Menschen – wenn ich Sigmund Freuds* Ausdruck an dieser Stelle bemühen darf – stehen ins Haus.

Roth Ich denke wie Herr Vollmer, dass der Fortschritt innerhalb der Neuro- und Kognitionswissenschaften[2] zeigt, dass es bald ans letzte Eingemachte geht. In absehbarer Zeit wird man – zumindest ungefähr – wissen, wie Bewusstsein entsteht und das, was wir bislang als „freien Willen" gedeutet haben. Das ist ohne Zweifel in Reichweite – egal, ob es nun noch zwanzig oder fünfzig Jahre dauert.

Vollmer Eine interessante Zeit für Wissenschaftler! Leider ist zu bezweifeln, dass die Öffentlichkeit diese bedeutenden Entwicklungen auch wahrnimmt.

Spektrum Daran arbeiten wir ja. Aber noch einmal zur Frage der Wahlfreiheit. Warum soll der freie Wille eine Illusion sein?

Roth Wir treten in der Hirnforschung gerade in eine Phase ein, wo wir uns mit den Gefühlen, mit dem Unbewussten befassen – experimentell, mit Bildgebung usw. Ich denke, wenn klar ist, was die Menschen antreibt, auch unbewusst, dann weiß man auch ungefähr, warum sie tun, was sie tun. Ich glaube, spätestens in zehn Jahren hat sich die Einsicht durchgesetzt, dass es Freiheit etwa im Sinne einer subjektiven Schuldfähigkeit nicht gibt.

Spektrum Wären wir dann plötzlich alle unschuldig? Könnten Menschen überhaupt noch bestraft werden?

Vollmer Es gibt insgesamt vier verschiedene Funktionen von Strafe. Erstens die Spezialprävention: Strafe, damit die konkrete Person eine begangene Tat nicht wiederholt; zweitens die Generalprävention, also die allgemeine Abschreckung. Drittens gibt es den Schutz der Gesellschaft: Man sperrt einen Täter so lange ein, bis er – hoffentlich – geläutert ist, notfalls „lebenslänglich". Diese drei Funktionen von Strafe werden durch eine deterministische Strafauffassung nicht hinfällig. Die vierte Funktion aber, die man früher als wesentlich erachtet hat, nämlich das Sühnen einer Schuld, wird entfallen, weil der Mensch nicht mehr im herkömmlichen Sinne „schuldig" sein kann.

Spektrum Aber Freude, Liebe, Glück, das alles wird es weiter geben?

Roth Natürlich: Dass ich den Aufbau einer Bach-Fuge bis ins kleinste Detail hinein analysieren kann, beeinträchtigt ja auch nicht im Geringsten meinen Hörgenuss. Die Entthronung des Menschen als freies denkendes Wesen – das ist der Endpunkt, den wir erreichen. Nach Kopernikus, Darwin und Freud erleben wir hier den letzten großen Angriff auf unser traditionelles Bild vom Menschen.

1 Limbisches System: Randgebiet zwischen Großhirn und Gehirnstamm, das die hormonale Steuerung und das vegetative Nervensystem beeinflusst und von dem gefühlsmäßige Reaktionen auf Umweltreize ausgehen.
2 Kognitionswissenschaften: Pädagogik, Psychologie

- *Überlegen Sie, warum nach Meinung der beiden Wissenschaftler die Erforschung des menschlichen Gehirns dazu führt, die Willensfreiheit als Illusion zu erkennen.*
- *Warum bedeutet die Erkenntnis, dass die Willensfreiheit eine Illusion ist, die „letzte ‚Kränkung'" (Z. 36) des Menschen?*
- *Was sagt diese Sichtweise über die Bedeutung der Willensfreiheit für den Menschen aus? Begründen Sie Ihre Meinung.*
- *Wie beurteilen Sie persönlich die Überzeugungen der Wissenschaftler? Diskutieren Sie darüber und begründen Sie Ihre Meinungen.*
- *Zur Frage der Spezialprävention und Generalprävention können Sie nachlesen in: Recht, Gerechtigkeit, Menschenrechte, Cornelsen, Berlin 2001, S. 76/77.*

Kant: Willensfreiheit in der Vernunft

Der Fußsteig der Freiheit ist der Einzige, auf welchem es möglich ist, von seiner Vernunft bei unserem Tun und Lassen Gebrauch zu machen.

Immanuel Kant, 1724–1804, deutscher Philosoph

- *Welche Verbindung zieht Kant in diesem Zitat zwischen der Freiheit und der Vernunft?*
- *Diskutieren Sie im Plenum die Frage: Ist der Gebrauch der Vernunft auch ohne Freiheit möglich? Denken Sie dabei beispielsweise an ein von seinem Instinkt geleitetes Tier.*

René Magritte, Der Therapeut, 1937

- *Beschreiben Sie die verschiedenen Elemente des Bildes. Welche Assoziationen zur Freiheit lösen sie bei Ihnen aus?*
- *Ziehen Sie eine Verbindung zwischen dem Zitat von Kant und dem Bild von Magritte.*

Der Gebrauch der Vernunft als Beweis der Freiheit

Der Philosoph Immanuel Kant löst die Frage, ob der Mensch einen freien Willen hat oder sein Wille von äußerer Notwendigkeit bestimmt ist, indem er eine Unterscheidung von Sinnen- und Verstandeswelt vornimmt. Der Mensch ist ein Wesen, das mit Vernunft ausgestattet ist, aber trotzdem zeigt ihm die Erfahrung, dass er auch der sinnlichen Welt unterworfen ist. Kant zufolge ist es die Freiheit, d. h. die Unabhängigkeit von den bestimmenden Ursachen der Sinnenwelt, die dem Menschen erst die Möglichkeit verschafft, seine Vernunft zu gebrauchen. Somit ist die Tatsache, dass der Mensch durch die Vernunft seinen Willen bestimmen kann, der indirekte Beweis der Freiheit.

Alle Menschen denken sich dem Willen nach als frei. Daher kommen alle Urteile über Handlungen als solche, die hätten *geschehen sollen*, ob sie gleich *nicht geschehen* sind. Gleichwohl ist diese Freiheit kein Erfahrungsbegriff und kann es auch nicht sein, weil er immer bleibt, obgleich die Erfahrung das Gegenteil von denjenigen Forderungen zeigt, die unter Voraussetzung derselben als notwendig vorgestellt werden. Auf der anderen Seite ist es ebenso notwendig, dass alles, was geschieht, nach Naturgesetzen unausbleiblich bestimmt sei, und diese Naturnotwendigkeit ist auch kein Erfahrungsbegriff, ebendarum, weil er den Begriff der Notwendigkeit, mithin einer Erkenntnis, *a priori*[1] bei sich führt. Aber dieser Begriff von einer Natur wird durch Erfahrung bestätigt und muss selbst unvermeidlich vorausgesetzt werden, wenn Erfahrung, das ist nach allgemeinen Gesetzen die zusammenhängende Erkenntnis der Gegenstände der Sinne, möglich sein soll. Daher ist Freiheit nur eine *Idee* der Vernunft, deren objektive Realität an sich zweifelhaft ist, Natur aber ein *Verstandesbegriff*, der seine Realität an Beispielen der Erfahrung beweist und notwendig beweisen muss.

Ob nun gleich hieraus eine Dialektik der Vernunft entspringt, da in Ansehung des Willens die ihm beigelegte Freiheit mit der Naturnotwendigkeit im Widerspruch zu stehen scheint, und bei dieser Wegescheidung die Vernunft in spekulativer Absicht den Weg der Naturnotwendigkeit viel gebahnter und brauchbarer findet als den der Freiheit: So ist doch in *praktischer Absicht* der Fußsteig der Freiheit der Einzige, auf welchem es möglich ist, von seiner Vernunft bei unserem Tun und Lassen Gebrauch zu machen; daher wird es der subtilsten[2] Philosophie ebenso unmöglich wie der gemeinsten Menschenvernunft, die Freiheit wegzuvernünfteln.

1 a priori: 1. Von der Erfahrung oder Wahrnehmung unabhängig, aus der Vernunft durch logisches Schließen gewonnen. 2. grundsätzlich, von vornherein

2 subtil: 1. Mit viel Feingefühl, mit großer Behutsamkeit, Sorgfalt, Genauigkeit vorgehend oder ausgeführt; in die Details, Feinheiten gehend. 2. fein strukturiert, schwierig, kompliziert

Immanuel Kant, 1724–1804, deutscher Philosoph

- *Erläutern Sie den Begriff „Naturnotwendigkeit" (Z. 23), indem Sie Beispiele aus Ihrer Erfahrung einbringen.*
- *Wieso steht er im Widerspruch zu dem Begriff der Freiheit?*
- *Erklären Sie, mit welchen Argumenten Kant die Existenz der Freiheit zu beweisen versucht.*
- *Interpretieren Sie Kants Aussage: „Daher ist Freiheit nur eine* Idee *der Vernunft, deren objektive Realität an sich zweifelhaft ist" (Z. 16–18).*

Immanuel Kant

Der Philosoph Immanuel Kant lebte von seiner Geburt im Jahre 1724 bis zu seinem Tod im Jahre 1804 in Königsberg. Er stammte aus einer Handwerksfamilie und studierte in Königsberg Mathematik, Naturwissenschaften und Philosophie. Ab 1756 war Kant als Privatdozent tätig, 1770 wurde er ordentlicher Professor der Logik und Metaphysik an der Universität Königsberg. Zu seinem pedantischen und pünktlich vollzogenen Tagesablauf gehörten neben Vorlesungen, Schreibtätigkeiten und Spaziergängen auch die in der Gelehrtenwelt bekannten mittäglichen Zusammenkünfte zu geistreichen Gesprächen in seinem Haus.

Kants Philosophie bedeutet eine Wende des philosophischen Denkens, besonders hinsichtlich der Stellung des Subjekts. So soll die Erkenntnis sich nicht nach dem Gegenstand richten, sondern das Subjekt wird zum Grund der Erkenntnis. Somit rückt der Mensch als handelndes Wesen in den Mittelpunkt. Kants kategorischer Imperativ als Sittengesetz prägt bis heute die ethisch-philosophische Diskussion.

Freiheit als Bedingung der Sittlichkeit

Kant sieht eine enge Verbindung zwischen der Freiheit des Menschen und seiner Möglichkeit, sich sittlich, d. h. moralisch zu verhalten. Er formulierte in seiner ethischen Schrift „Grundlegung zur Metaphysik der Sitten" den kategorischen Imperativ als Formel des Sittengesetzes, das allgemein gültig und situationsunabhängig sein soll.

> Handle nur nach derjenigen Maxime, durch die du zugleich wollen kannst, dass sie ein allgemeines Gesetz werde.
>
> *Immanuel Kant, 1724–1804, deutscher Philosoph*

Um dieses Gebot zu verstehen, ist es nötig, die einzelnen Begriffe richtig zu deuten. Die Strukturskizze veranschaulicht die Bedeutung der Begriffe und ihre Zusammenhänge.

Vernunft

Theoretische Vernunft
Versucht die Prinzipien des Objekts zu erkennen und beschäftigt sich mit dem, was ist.

Praktische Vernunft
Geht der Frage nach, wie ich handeln soll, d. h., wie ich meinen Willen bestimmen kann.

Maximen
Praktische Grundsätze, die sich jemand individuell situationsunabhängig setzt, die aber nur subjektiv gültig sind.

Imperative
Praktische Grundsätze, die situationsunabhängig sind und objektiv gültig für jedermann.

Hypothetische Imperative
Imperative, die bedingt allgemein gültig sind, da sie noch nach der angestrebten Wirkung fragen.

Kategorische Imperative
Imperative, die unbedingt allgemein gültig sind, d. h. unabhängig von ihrer Wirkung. Sie sind zugleich Gesetze.

→ Der Grund, diese Gesetze für mich erlassen zu können, liegt in der Möglichkeit, meinen Willen zu bestimmen.

→ Diese Möglichkeit ist abhängig von der Freiheit.

- *Verdeutlichen Sie anhand von Beispielen den Unterschied zwischen Maximen und Imperativen.*
- *Finden Sie moralische Grundsätze in unserer Gesellschaft und untersuchen Sie sie im Hinblick auf ihre Gültigkeit als kategorische Imperative.*
- *Überlegen Sie gemeinsam im Plenum, ob Kants Sittengesetz im Hinblick auf aktuelle ethische Probleme wie Sterbehilfe und Gentechnologie noch Gültigkeit besitzt. Zur Gentechnologie können Sie nachlesen in: Technikphilosophie und Wirtschaftsethik, Cornelsen, Berlin 2001, S. 28–43.
  Über Sterbehilfe können Sie sich informieren beim Institut für Trauerarbeit, Esplanade 15, 20354 Hamburg, Tel. 0 40/35 50 56 34, Fax 0 40/35 50 56 16, E-Mail:* ***Kontakt@VEID.de****, Internet:* ***http://veid.de/index.html***

Willensfreiheit ist die Möglichkeit, sich selbst ein Gesetz zu sein

Der *Wille* ist eine Art von Kausalität[1] lebender Wesen, sofern sie vernünftig sind, und *Freiheit* würde diejenige Eigenschaft dieser Kausalität sein, da sie unabhängig von fremden, sie *bestimmenden* Ursachen wirkend sein kann; so wie *Naturnotwendigkeit* die Eigenschaft der Kausalität aller vernunftlosen Wesen, durch den Einfluss fremder Ursachen zur Tätigkeit bestimmt zu werden.

Die angeführte Erklärung der Freiheit ist *negativ* und daher, um ihr Wesen einzusehen, unfruchtbar; allein es fließt aus ihr ein *positiver* Begriff derselben, der desto reichhaltiger und fruchtbarer ist. Da der Begriff einer Kausalität den von *Gesetzen* bei sich führt, nach welchen durch etwas, was wir Ursache nennen, etwas anderes, nämlich die Folge, gesetzt werden muss: So ist die Freiheit, ob sie zwar nicht eine Eigenschaft des Willens nach Naturgesetzen ist, darum doch nicht gar gesetzlos, sondern muss vielmehr eine Kausalität nach unwandelbaren Gesetzen, aber von besonderer Art sein; denn sonst wäre ein freier Wille ein Unding. Die Naturnotwendigkeit war eine Heteronomie[2] der wirkenden Ursachen; denn jede Wirkung war nur nach dem Gesetz möglich, dass etwas anderes die wirkende Ursache zur Kausalität bestimmte; was kann denn wohl die Freiheit des Willens sonst sein als Autonomie, das ist die Eigenschaft des Willens, sich selbst ein Gesetz zu sein? Der Satz aber: Der Wille ist in allen Handlungen sich selbst ein Gesetz, bezeichnet nur das Prinzip, nach keiner anderen Maxime zu handeln, als die sich selbst auch als ein allgemeines Gesetz zum Gegenstand haben kann. Dies ist aber gerade die Formel des kategorischen Imperativs und das Prinzip der Sittlichkeit; also ist ein freier Wille und ein Wille unter sittlichen Gesetzen einerlei. [...]

Das vernünftige Wesen zählt sich als Intelligenz zur Verstandeswelt, und bloß als eine zu dieser gehörige wirkende Ursache nennt es eine Kausalität einen *Willen*. Von der anderen Seite ist es sich seiner doch auch als eines Stücks der Sinnenwelt bewusst, in welcher seine Handlungen als bloße Erscheinungen jener Kausalität angetroffen werden, deren Möglichkeit aber aus dieser, die wir nicht kennen, nicht eingesehen werden kann, sondern an deren Statt jene Handlungen als bestimmt durch andere Erscheinungen, nämlich Begierden und Neigungen, als zur Sinnenwelt gehörig eingesehen werden müssen. Als bloßen Gliedes der Verstandeswelt würden also alle meine Handlungen dem Prinzip der Autonomie des reinen Willens vollkommen gemäß sein; als bloßen Stücks der Sinnenwelt würden sie gänzlich dem Naturgesetz der Begierden und Neigungen, mithin der Heteronomie der Natur gemäß genommen werden müssen. (Die Ersteren würden auf dem obersten Prinzip der Sittlichkeit, die Zweiten auf der Glückseligkeit beruhen.) *Weil aber die Verstandeswelt den Grund der Sinnenwelt, mithin auch der Gesetze derselben enthält,* also in Ansehung meines Willens (der ganz zur Verstandeswelt gehört) unmittelbar gesetzgebend ist und also auch als solche gedacht werden muss, so werde ich mich als Intelligenz, obgleich andererseits wie ein zur Sinnenwelt gehöriges Wesen, dennoch dem Gesetz der ersteren, das ist der Vernunft, die in der Idee der Freiheit das Gesetz derselben enthält, und also der Autonomie des Willens unterworfen erkennen, folglich die Gesetze der Verstandeswelt für mich als Imperativen und die diesem Prinzip gemäßen Handlungen als Pflichten ansehen müssen.

Und so sind kategorische Imperativen möglich, dadurch, dass die Idee der Freiheit mich zu einem Glied einer intelligibelen[3] Welt macht, wodurch, wenn ich solches allein wäre, alle meine Handlungen der Autonomie des Willens jederzeit gemäß sein würden, da ich mich aber zugleich als Glied der Sinnenwelt anschaue, gemäß sein *sollen*, welches *kategorische* Sollen einen synthetischen[4] Satz *a priori* vorstellt, dadurch, dass über meinen durch sinnliche Begierden affizierten[5] Willen noch die Idee eben desselben, aber zur Verstandeswelt gehörigen reinen, für sich selbst praktischen Willens hinzukommt, welcher die oberste Bedingung des Ersteren nach der Vernunft enthält.

1 Kausalität: Zusammenhang von Ursache und Wirkung
2 Heteronomie: Fremdgesetzlichkeit, von außen her bezogene Gesetzgebung
3 intelligibel: Nur durch den Intellekt im Gegensatz zur sinnlichen Wahrnehmung, Erfahrung erkennbar. Intelligibler Charakter: Der freie Wille des Menschen als Ding an sich; der Charakter als Kausalität aus Freiheit (Kant).
4 synthetisch: 1. zusamensetzend, 2. Sprachen, die die Beziehung der Wörter im Satz durch Endungen ausdrücken.
5 affizieren: reizen, krankhaft verändern

Immanuel Kant, 1724–1804, deutscher Philosoph

- *Gliedern Sie den Text in verschiedene Sinnabschnitte und geben Sie diesen jeweils eine Überschrift.*
- *Erläutern Sie die Unterscheidung von negativer und positiver Bestimmung der Freiheit. Nennen Sie Beispiele aus Ihrem Alltagsleben.*
- *Worin sieht Kant die Verbindung von freiem Willen und der Möglichkeit, sittlich zu handeln?*
- *Welche Auswirkungen hat die Idee der Freiheit auf die Verantwortlichkeit und Schuldhaftigkeit eines Menschen? Formulieren Sie Ihre Gedanken in einem kurzen Text.*

Schopenhauer: Nichts ist ohne Grund, warum es sei

Der Philosoph Arthur Schopenhauer sieht den Satz vom zureichenden Grunde: „Nichts ist ohne Grund, warum es sei" als Hauptgrundsatz aller Erkenntnis an, als einen a priori feststehenden Satz. Demnach ist alles eine Verkettung von Ursache und Folge, und die Annahme der menschlichen Willensfreiheit wird problematisch. In seiner „Preisschrift über die Freiheit des Willens" skizziert Schopenhauer selbst ein Beispiel:
„Es ist sechs Uhr abends, die Tagesarbeit ist beendigt. Ich kann jetzt einen Spaziergang machen; oder ich kann in den Klub gehen; ich kann auch auf den Turm steigen, die Sonne untergehen zu sehen; ich kann auch ins Theater gehen; ich kann auch diesen oder jenen Freund besuchen; ja, ich kann auch zum Tor hinauslaufen, in die weite Welt, und nie wiederkommen. Das alles steht allein bei mir, ich habe völlige Freiheit dazu; tue jedoch davon jetzt nichts, sondern gehe ebenso freiwillig nach Hause, zu meiner Frau."

- *Finden Sie die Verbindung zwischen dem Beispiel und dem Satz vom zureichenden Grunde heraus.*
- *Verfassen Sie selbst einen Text, indem Sie eine vergleichbare Situation aus Ihrem Leben beschreiben. Welche Gründe haben Ihr Handeln bestimmt?*

Freiheit und Willen sind unvereinbar

Es blieb die Frage: Ist der Wille selbst frei? – Hier war nun also der Begriff der Freiheit, den man bis dahin nur in Bezug auf das *Können* gedacht hatte, in Beziehung auf das *Wollen* gesetzt worden, und das Problem entstanden, ob denn das Wollen selbst *frei* wäre. Aber diese Verbindung mit dem *Wollen* einzugehen, zeigt, bei näherer Betrachtung, der ursprüngliche, rein empirische und daher populäre Begriff von Freiheit sich unfähig. Denn nach diesem bedeutet *„frei" – „dem eigenen Willen gemäß"*: Fragt man nun, ob der Wille selbst frei sei; so fragt man, ob der Wille sich selber gemäß sei: Was sich zwar von selbst versteht, womit aber auch nichts gesagt ist. Dem empirischen Begriff der Freiheit zufolge heißt es: „Frei bin ich, wenn ich *tun* kann, was ich will": Und durch das „was ich will" ist da schon die Freiheit entschieden. Jetzt aber, da wir nach der Freiheit des *Wollens* selbst fragen, würde demgemäß diese Frage sich so stellen: „Kannst du auch *wollen*, was du willst?" – welches herauskommt, als ob das Wollen noch von einem andern, hinter ihm liegenden Wollen abhinge. Und gesetzt, diese Frage würde bejaht; so entstünde alsbald die zweite: „Kannst du auch wollen, was du wollen willst?", und so würde es ins Unendliche höher hinaufgeschoben werden, indem wir immer *ein* Wollen von einem früheren, oder tiefer liegenden, abhängig dächten, und vergeblich strebten, auf diesem Wege zuletzt eines zu erreichen, welches wir als von gar nichts abhängig denken und annehmen müssten. Wollten wir aber ein solches annehmen; so könnten wir ebenso gut das Erste als das beliebig Letzte dazu nehmen, wodurch denn aber die Frage auf die ganz einfache „Kannst du wollen?" zurückgeführt würde. Ob aber die bloße Bejahung dieser Frage die Freiheit des Wollens entscheidet, ist, was man wissen wollte, und bleibt unerledigt.

Freiheit = Abwesenheit von Notwendigkeit

Der ursprüngliche, empirische, vom Tun hergenommene Begriff der Freiheit weigert sich also, eine direkte Verbindung mit dem des Willens einzugehen. Dieserhalb musste man, um dennoch den Begriff der Freiheit auf den Willen anwenden zu können, ihn dadurch modifizieren, dass man ihn abstrakter fasste. Dies geschah, indem man durch den Begriff der *Freiheit* nur im Allgemeinen die Abwesenheit aller *Notwendigkeit* dachte. Hierbei behält der Begriff den *negativen* Charakter, den ich ihm gleich anfangs zuerkannt hatte. Zunächst wäre demnach der Begriff der *Notwendigkeit*, als der jenem *negativen* Bedeutung gebende *positive* Begriff, zu erörtern.
Wir fragen also: was heißt *notwendig*? Die gewöhnliche Erklärung, „Notwendig ist, dessen Gegenteil unmöglich oder was nicht anders sein kann", ist eine bloße Worterklärung, eine Umschreibung des Begriffs, die unsere Einsicht nicht vermehrt. Als die Real-Erklärung aber stelle ich diese auf: *Notwendig* ist, *was aus einem gegebenen zureichenden Grunde folgt*: Welcher Satz, wie jede richtige Definition, sich auch umkehren lässt. Je nachdem nun dieser zureichende Grund ein logischer, oder ein mathematischer, oder ein physischer, genannt Ursache, ist, wird die *Notwendigkeit* eine logische (wie die der Konklusion, wenn die Prämissen gegeben sind), eine mathematische (z. B. die Gleichheit der Seiten des Dreiecks, wenn die Winkel gleich sind) oder eine physische, reale (wie der Eintritt der Wirkung, sobald die Ursache da ist) sein: Immer aber hängt sie, mit gleicher Strenge, der Folge an, wenn der Grund gegeben ist. Nur sofern wir etwas als Folge aus einem gegebenen Grunde begreifen, erkennen wir es als notwendig, und umgekehrt, sobald wir etwas als Folge eines zureichenden Grundes erkennen, sehen wir ein, dass es notwendig ist: Denn alle Gründe sind zwingend. Diese Realerklärung ist so adäquat und erschöpfend, dass Notwendigkeit und Folge aus einem gegebenen zureichenden Grunde geradezu Wechselbegriffe sind, d. h. überall der eine an die Stelle des andern gesetzt werden kann. – Demnach wäre Abwesenheit der Notwendigkeit identisch mit Abwesenheit eines bestimmenden zureichenden Grundes. Als das Gegenteil des *Notwendigen* wird jedoch das *Zufällige* gedacht; was hiemit nicht streitet. Nämlich jedes Zufällige ist nur *relativ* ein solches. Denn in der realen Welt, wo allein das Zufällige anzutreffen, ist jede Begebenheit *notwendig*, in Bezug auf ihre Ursache: Hingegen in Bezug auf alles Übrige, womit sie etwa in Raum und Zeit zusammentrifft, ist sie *zufällig*. Nun müsste aber das Freie, da Abwesenheit der Notwendigkeit sein Merkmal ist, das schlechthin von gar keiner Ursache Abhängige sein, mithin definiert werden als das *absolut* Zufällige: Ein höchst problematischer Begriff, dessen Denkbarkeit ich nicht verbürge, der jedoch sonderbarerweise mit dem der *Freiheit* zusammentrifft. Jedenfalls bleibt das *Freie* das in keiner Beziehung Notwendige, welches heißt, von keinem Grunde Abhängige. Dieser Begriff nur angewandt auf den Willen des Menschen, würde besagen, dass ein individueller Wille in seinen Äußerungen (Willensakte) nicht durch Ursachen oder zureichende Gründe überhaupt bestimmt würde; da außerdem, weil die Folge aus einem gegebenen Grunde (welcher Art dieser auch sei) allemal *notwendig* ist, seine Akte[1] nicht frei, sondern notwendig wäre.
Ein freier Wille also wäre ein solcher, der nicht durch Gründe, – und da jedes ein anderes Bestimmende ein Grund, bei realen Dingen ein Real-Grund, das ist Ursache, sein muss –, ein solcher, der durch gar nichts bestimmt würde; dessen einzelne Äußerungen (Willensakte) also schlechthin und ganz ursprünglich aus ihm selbst hervorgingen, ohne durch vorhergängige Bedingungen notwendig herbeigeführt, also auch ohne durch irgendetwas, einer Regel gemäß, bestimmt zu sein. Bei diesem Begriff geht das deutliche Denken uns deshalb aus, weil der Satz vom Grunde, in allen seinen Bedeutungen,

die wesentliche Form unseres gesamten Erkenntnisvermögens ist, hier aber aufgegeben werden soll.

Relative Freiheit durch die Vernunft

Der Mensch kann nun, mittels seines Denkvermögens, die Motive, deren Einfluss auf seinen Willen er spürt, in beliebiger Ordnung abwechselnd und wiederholt sich vergegenwärtigen, um sie seinem Willen vorzuhalten, welches *überlegen* heißt: Er ist deliberationsfähig[2] und hat, vermöge dieser Fähigkeit, eine weit größere *Wahl*, als dem Tiere möglich ist. Hierdurch ist er allerdings *relativ frei*, nämlich frei vom unmittelbaren Zwange der anschaulich *gegenwärtigen*, auf seinen Willen als Motive wirkenden Objekte, welchem das Tier schlechthin unterworfen ist: Er hingegen bestimmt sich unabhängig von den gegenwärtigen Objekten, nach Gedanken, welche *seine* Motive sind. Diese *relative* Freiheit ist es wohl auch im Grunde, was gebildete, aber nicht tief denkende Leute unter der Willensfreiheit, die der Mensch offenbar vor dem Tier voraushabe, verstehen. Dieselbe ist jedoch eine bloß *relative*, nämlich in Beziehung auf das anschaulich Gegenwärtige, und eine bloß *komparative*, nämlich im Vergleich mit dem *Tier*. Durch sie ist ganz allein *die Art* der Motivation geändert, hingegen die *Notwendigkeit* der Wirkung der Motive im Mindesten nicht aufgehoben, oder auch nur verringert. Das *abstrakte*, in einem bloßen *Gedanken* bestehende Motiv ist eine äußere, den Willen bestimmende Ursache, so gut wie das anschauliche, in einem realen, gegenwärtigen Objekt bestehende: Folglich ist es eine Ursache wie jede andere, ist sogar auch, wie die anderen, stets ein Reales, Materielles, sofern es allemal zuletzt doch auf einem irgendwann und irgendwo erhaltenen Eindruck *von außen* beruht. Es hat bloß die Länge des Leitungsdrahts voraus; wodurch ich bezeichnen will, dass es nicht, wie die bloß *anschaulichen* Motive, an eine gewisse Nähe im Raum und in der Zeit gebunden ist; sondern durch die größte Entfernung, durch die längste Zeit und durch eine Vermittlung von Begriffen und Gedanken in langer Verkettung hindurch wirken kann: welches eine Folge der Beschaffenheit und eminenten[3] Empfänglichkeit des Organs ist, das zunächst seine Einwirkung erfährt und aufnimmt, nämlich des menschlichen Gehirns, oder der *Vernunft*. Dies hebt jedoch seine *Ursächlichkeit* und die mit ihr gesetzte *Notwendigkeit* im Mindesten nicht auf. Daher kann nur eine sehr oberflächliche Ansicht jene relative und komparative[4] Freiheit für eine absolute […] halten. […]
Denn der Mensch ist, wie alle Gegenstände der Erfahrung, eine Erscheinung in Zeit und Raum, und da das Gesetz der Kausalität[5] für diese alle *a priori* und folglich ausnahmslos gilt, muss auch er ihm unterworfen sein.

1 Akte: hier: Handlungen
2 Deliberation: Beratschlagung, Überlegung
3 eminent: außerordentlich, äußerst groß
4 komparativ: auf Vergleich beruhend
5 Kausalität: Zusammenhang von Ursache und Wirkung

Arthur Schopenhauer, 1788–1860, deutscher Philosoph

- *Analysieren Sie die verschiedenen Schritte, die Schopenhauer im ersten Abschnitt vornimmt, um zu beweisen, dass der Wille mit der Freiheit unvereinbar ist.*
- *Wie definiert Schopenhauer die Freiheit im zweiten Abschnitt, und mit welchen Argumenten begründet er seine Ablehnung der Freiheit?*
- *Finden Sie Schopenhauers Argumentation überzeugend? Begründen Sie Ihre Meinung.*

Die alltägliche Erfahrung gibt dem Menschen das Gefühl, nach seinen individuellen Motiven eine freie Wahl treffen zu können.

- *Warum lässt Schopenhauer diese Wahlmöglichkeit des Menschen nur als „relative Freiheit" gelten? Stimmen Sie ihm zu?*
- *Welche Rolle spielt hier die menschliche Vernunft im Vergleich zum zwanghaften Verhalten des Tieres.*

Kant legte die Freiheit in den Bereich der Vernunft und die Notwendigkeit in den Bereich der sinnlichen Welt.

- *Formulieren Sie ein Streitgespräch zwischen Kant und Schopenhauer zu der Frage: Liegt die menschliche Freiheit in der Vernunft oder ist auch die Vernunft dem Gesetz von Ursache und Folge unterworfen?*
- *Notieren Sie dazu die verschiedenen Argumente der beiden Philosophen.*

Arthur Schopenhauer

Arthur Schopenhauer wurde 1788 in Danzig geboren. Er studierte in Göttingen, Berlin und Jena. 1820 nahm er eine Universitätsdozentur in Berlin an. Da er als provokanter Geist seine Vorlesungen zeitgleich mit dem damals bekannteren Philosophen Hegel hielt, war seine Dozententätigkeit zum Scheitern verurteilt. Ab 1832 lebte er als Privatgelehrter in Frankfurt, wo er 1860 verstarb. Er litt zeit seines Lebens an der mangelnden Anerkennung seines Werkes, und als streitbarer, temperamentvoller Charakter sparte er nicht mit drastischer Kritik an seinen Philosophiekollegen und Kritikern. Über Kant hinausgehend, deutet Schopenhauer die gesamte Welt als Vorstellung des Subjekts, die Welt an sich jedoch als Wille, zu interpretieren als sinnfreien Daseinsdrang. Er gilt als Hauptvertreter des philosophischen Pessimismus und wirkte selbst sehr stark auf Richard Wagner und Friedrich Nietzsche*.

Frankfurt: Die Willensfreiheit und der Personenbegriff

Erik Bulatov, Freiheit der Gedanken, 1989

Beschreiben Sie das Bild des russischen Künstlers Erik Bulatov.

Finden Sie Verbindungen zwischen dem Bild und dem Text von Frankfurt. Vergleichen Sie hierzu auch die S. 28/29.

Mensch und Person

Der Personenbegriff spielt in der Ethik eine wichtige Rolle, da allein Personen als moralisch Handelnde auftreten können. Ebenso sind Personen die primären *Adressaten* ethischen Handelns. Tiere und die Natur gelten als Nicht-Personen, und die Frage, ob sie als Objekte moralischer Verpflichtung gelten sollen, wurde kontrovers diskutiert. Dem Personenbegriff wird häufig eine unbedingte Bedeutung oder ein absoluter Wert* zugeschrieben, wie z. B. bei Kant in der Selbstzweckformel des kategorischen Imperativs: Handle so, dass du die Menschheit, sowohl in deiner Person als in der Person eines jeden anderen, jederzeit zugleich als Zweck, niemals als Mittel brauchst.
Alltagssprachlich wird der Begriff „Person" oft mit dem Begriff „Mensch" gleichgesetzt. In der Philosophie und Theologie wird jedoch nach Kriterien gesucht, die den Begriff der „Person" vom Begriff „Mensch" als biologischer Einordnung unterscheidet. Dies wird meist anhand der Frage diskutiert, was personale Identität ausmacht. Die beiden traditionellen Lösungen sind einerseits die Annahme einer substanziellen Seele (z. B. Platon, Descartes) als Grundlage der Personalität und andererseits die Annahme, dass eine bloß physische Kontinuität, z. B. des Gehirns, als Bedingung ausreiche. John Locke hat ein psychologisches Kriterium vorgeschlagen, nach dem Personen durch Selbstbewusstsein und Erinnerungsfähigkeit charakterisiert sind. Kant kritisiert die gleichsam gegenständliche Auffassung bei Rationalisten und Empiristen und unterscheidet ein transzendentales Subjekt von einer konkreten Person.
Die Suche nach den zentralen Definitionsmerkmalen des Personenbegriffs erhält dadurch besondere Brisanz, dass sich aus ihnen ein Ausschlusskriterium ergibt. (Sind z. B. befruchtete Eizellen, Föten oder Komatöse Personen?) Die Frage, wer als Person gelten soll, ist dann gleichbedeutend mit der Frage, wem man solche Ansprüche wie das Recht auf Überleben, auf Autonomie oder auf körperliche Unversehrtheit zugestehen soll und wem nicht.
Mögliche Kriterien für das Vorliegen von Personalität sind Vernunft, Bewusstsein, Selbstbewusstsein, Kommunikationsfähigkeit oder sittliches Bewusstsein. Von Bedeutung ist auch das von Harry G. Frankfurt vorgeschlagene Charakteristikum, Personen verfügten über „Volitionen zweiter Ordnung".

*nach **Otfried Höffe**, *1943, deutscher Philosoph*

Wünsche und Volitionen

Ich bin der Ansicht, dass ein wesentlicher Unterschied zwischen Personen und anderen Kreaturen in der Struktur des Willens einer Person zu finden ist. [...] Neben Wünschen und Wählen und Bewegtwerden, dies oder das zu *tun*, können Menschen außerdem wünschen, bestimmte Wünsche oder Motive zu haben (oder nicht zu haben). [...] Viele Tiere scheinen durchaus zu, wie ich sagen will, „Wünschen erster Stufe" fähig zu sein. Kein Tier außer dem Menschen scheint dagegen die Fähigkeit zur reflektierenden Selbstbewertung zu haben, die sich in der Bildung von Wünschen zweiter Stufe ausdrückt. [...] Betrachten wir zuerst Sätze der Form „*A* möchte *X*en", wenn sie Wünsche erster Stufe bezeichnen, also Sätze, in denen sich der Ausdruck „*X*en" auf eine Handlung bezieht. Ein solcher Satz, für sich allein genommen, zeigt, bezogen auf andere Wünsche, nicht an, wie stark *A*'s Wunsch ist zu *X*en. Der Satz macht nicht deutlich, ob der Wunsch überhaupt mit einiger Wahrscheinlichkeit für das, was *A* wirklich tut oder zu tun versucht, eine entscheidende Rolle spielt. [...] Andererseits kann jemand mit dem Satz „*A* möchte *X*en" gerade mitzuteilen meinen, dass es ebendieser Wunsch ist, der *A* veranlasst oder dazu bewegt zu tun, was er tatsächlich tut, oder auch, dass *A* durch genau diesen Wunsch zum Handeln veranlasst werden wird (sofern er sich nicht eines anderen besinnt). [...] Den Willen eines Handelnden zu beschreiben, heißt entweder, den Wunsch oder die Wünsche anzugeben, die ihn zu den Handlungen bewegen, die er tatsächlich ausführt, oder heißt, den Wunsch oder die Wünsche anzuführen, die ihn bewegen werden, wenn er handelt, oder die ihn bewegen würden, falls er handelte. Der Wille eines Handelnden ist also identisch mit einem oder mehreren seiner Wünsche erster Stufe. [...] Jemand hat einen Wunsch zweiter Stufe, wenn er entweder einfach einen bestimmten Wunsch haben möchte, oder wenn er möchte, dass ein bestimmter Wunsch sein Wille sei. Für diesen zweiten Fall will ich die Wünsche der zweiten Stufe „Volitionen[1] zweiter Stufe" nennen. Nun glaube ich, dass es für das Personsein wesentlich ist, Volitionen zweiter Stufe und nicht ganz allgemein Wünsche zweiter Stufe zu haben. [...] Als einen „Triebhaften" (*wanton*) bezeichne ich jemanden, der Wünsche erster Stufe hat, aber deshalb keine Person ist, weil er, gleichgültig, ob er Wünsche der zweiten Stufe besitzt, keine Volitionen zweiter Stufe hat. [...] Der Begriff der Person ist also nicht nur der Begriff eines Wesens, das sowohl Wünsche erster Stufe wie auch Volitionen zweiter Stufe hat, sondern er lässt sich auch als Begriff einer Art von Wesen fassen, für die die Freiheit ihres Willens ein Problem sein kann. [...] Es scheint mir naheliegend und auch nützlich, die Frage, ob jemand einen freien Willen hat, möglichst genau in Analogie zu der Frage zu konstruieren, ob jemand Handlungsfreiheit genießt. Nun ist Handlungsfreiheit [...] die Freiheit zu tun, was man tun möchte. Entsprechend besagt die Behauptung, dass jemand sich eines freien Willens erfreut [...], dass er frei ist zu wollen, was er wollen möchte. [...] Jemand macht also dann von seiner Willensfreiheit Gebrauch, wenn er sicherstellt, dass sein Wille und seine Volitionen zweiter Stufe übereinstimmen.

1 volitional: durch den Willen bestimmt

***Harry G. Frankfurt**, *1929, amerikanischer Philosoph*

- *Definieren Sie im Sinne Frankfurts folgende Begriffe und entwerfen Sie ein Schema dazu: Wünsche erster Stufe, Wünsche zweiter Stufe, Wille, Person, Volitionen zweiter Stufe.*
- *Interpretieren Sie den Ausdruck „reflektierende Selbstbewertung" (Z. 9).*
- *Erläutern Sie Frankfurts Unterscheidung einer Person und eines Triebhaften in Bezug auf die Verbindung der Volitionen zweiter Stufe und der Willensfreiheit.*
- *Diskutieren Sie die Konsequenzen, die sich bezüglich der Menschenwürde und der Menschenrechte ergeben können, wenn man eine Unterscheidung zwischen dem ursprünglichen Menschsein und dem Personsein vornimmt. (Vgl. Recht, Gerechtigkeit, Menschenrechte, Cornelsen, Berlin 2001, Kap. 4.)*

Locke: Freiheit im Handeln, nicht im Wollen

Der englische Philosoph John Locke hat sich nicht nur zur Freiheit im politischen Sinne geäußert (vgl. S. 14/15), sondern auch zur Freiheit des Willens. Zum Verständnis seiner Überlegungen ist es wichtig, seine Definition des Begriffs Kraft zu kennen.

Die Kraft ist eine zweifache, nämlich das Vermögen, eine Veränderung herbeizuführen oder eine solche zu erleiden. Die Sonne hat die Kraft, Wachs zu bleichen, Wachs die Kraft, von der Sonne gebleicht zu werden.

John Locke, 1632–1704, englischer Philosoph

Der Wille ist eine Kraft – die Freiheit eine andere

Die Kraft des Geistes, so [in jedem einzelnen Fall] die Betrachtung einer Idee oder deren Nichtbetrachtung anzuordnen oder die Bewegung eines Körperteils seiner Ruhe vorzuziehen und *umgekehrt*, ist das, was wir den *Willen* nennen. Die tatsächliche Betätigung dieser Kraft durch Anordnen oder Unterlassen einer Einzelhandlung nennen wir *Willensäußerung* oder *Wollen*. Alle Tätigkeiten, von denen wir eine Idee haben, reduzieren sich, wie gesagt, auf die zwei des Denkens und der Bewegung; folglich ist der Mensch insoweit *frei*, als er die Kraft hat, gemäß der Wahl oder Bestimmung des eigenen Geistes zu denken oder nicht zu denken, sich zu bewegen oder nicht zu bewegen. Sobald man Ausführung oder Unterlassung nicht gleichermaßen in seiner Macht hat, sobald das Tun oder Nichttun nicht gleichermaßen auf die bestimmende Entscheidung des Geistes *folgt*, ist man nicht frei, obwohl die Handlung vielleicht willkürlich ist. So ist die Idee der *Freiheit* die Idee einer Macht, denn ein handelndes Wesen hat irgendeine einzelne Handlung zu vollziehen oder zu unterlassen, gemäß der Entscheidung oder dem Gedanken des Geistes, wobei eines dem andern vorgezogen wird; wo das handelnde Wesen nicht die Macht hat, das eine von beiden seiner Willensäußerung gemäß zu bewirken, da fehlt ihm die Freiheit; ein solches Wesen unterliegt der *Notwendigkeit*. Freiheit kann also nicht dort sein, wo es kein Denken, keine Willensäußerung, keinen Willen gibt; wohl aber können Denken, Wille, Willensäußerung da vorhanden sein, wo es keine Freiheit gibt. [...]

Wenn dies richtig ist (und ich glaube, dass dies der Fall ist), so gebe ich zu bedenken, ob es nicht dazu beitragen könnte, eine lange erörterte und meines Erachtens unvernünftige, weil unverständliche Frage aus der Welt zu schaffen, diejenige nämlich, *ob der Wille des Menschen frei sei oder nicht.* Wenn ich mich nicht täusche, folgt aus meinen Darlegungen, dass die Frage als solche vollkommen falsch gestellt ist. Die Frage, ob der *Wille* des Menschen frei sei, ist ebenso sinnlos wie die, ob sein Schlaf geschwind oder seine Tugend* viereckig sei. Denn die Freiheit lässt sich ebenso wenig auf den Willen anwenden wie die Geschwindigkeit einer Bewegung auf den Schlaf oder die Figur eines Vierecks auf die Tugend. Über die Absurdität von Fragen wie die beiden letzten würde jeder lachen, weil es klar zutage liegt, dass die Modifikationen der Bewegung nichts mit dem Schlaf, die der Figur nichts mit der Tugend zu tun haben. Ebenso deutlich wird meiner Meinung nach jeder, der die Sache recht betrachtet, einsehen, dass die Freiheit, die nur eine Kraft ist, lediglich *handelnden* Wesen zukommt und nicht ein Attribut oder eine Modifikation des Willens sein kann, der gleichfalls nur eine Kraft ist. [...]

Es ist somit klar, dass der Wille nichts ist als eine Kraft oder Fähigkeit, die *Freiheit* eine andere Kraft oder Fähigkeit. Fragen, ob dem Willen Freiheit zukomme, heißt also wissen wollen, ob eine Kraft eine andere Kraft, eine Fähigkeit eine andere Fähigkeit besitze, was schon auf den ersten Blick zu absurd ist, als dass man darüber streiten könnte oder eine Antwort darauf zu geben brauchte. Denn wer sähe nicht, dass Kräfte nur handelnden Wesen zukommen und ausschließlich Attribute von Substanzen, nicht aber von andern Kräften sind? Wer die Frage so stellt (nämlich ob der Wille frei sei), fragt mithin in Wirklichkeit, ob der Wille eine Substanz, ein handelndes Wesen sei; oder er setzt dies zumindest voraus, da die Freiheit, genau genommen, nichts anderem zugeschrieben werden kann. Wenn man die Freiheit in korrekter Redeweise überhaupt auf eine Kraft anwenden kann, so lässt sie sich derjenigen Kraft zuschreiben, die ein Mensch in sich hat, um durch Wahl oder Bevorzugung eine Bewegung in einzelnen Teilen seines Körpers zu erzeugen oder die Erzeugung zu unterlassen. Das aber ist gerade, weshalb man den Menschen frei nennt; es ist die Freiheit selbst. Sollte aber jemand fragen, ob die Freiheit frei sei, so würde man von ihm annehmen, dass er seine eigenen Worte nicht verstehe.

John Locke, 1632–1704, englischer Philosoph

Wie begründet Locke, dass die Frage nach der Freiheit des Willens sinnlos ist?

Freiheit bedeutet handeln oder nicht handeln

Um jedoch zu unserer Untersuchung der Freiheit zurückzukehren, so heißt meines Erachtens die richtige Fragestellung nicht: *Ist der Wille frei?*, sondern *ist der Mensch frei?* Hierüber denke ich Folgendes:

Erstens. Der *Mensch* ist so weit frei, als er durch Bestimmung oder Wahl seines Geistes, indem er die Existenz irgendeiner Tätigkeit der Nichtexistenz jener Tätigkeit vorzieht und umgekehrt, *diese Tätigkeit* zu bewirken oder nicht zu bewirken vermag. Denn wenn ich durch einen Gedanken, der [die] Bewegung meines Fingers [bestimmt], den bislang ruhenden Finger zur Bewegung veranlassen kann oder umgekehrt, dann ist es klar, dass ich in dieser Beziehung frei bin; wenn ich durch einen ähnlichen Gedanken meines Geistes, der das eine dem andern vorzieht, Worte erzeugen oder Stillschweigen bewirken kann, so habe ich die Freiheit zu reden oder zu schweigen. So weit nun diese Kraft reicht, zu handeln oder nicht zu handeln, je nachdem, ob die Entscheidung seines Denkens die eine oder die andere Möglichkeit bevorzugt, so weit ist ein Mensch frei. Denn wie könnten wir uns jemand freier denken, als wenn er die Kraft hat zu tun, was er will? So weit nun jemand dadurch, dass er ein Handeln dem Unterlassen, die Ruhe einem Handeln vorzieht, solches Handeln oder solche Ruhe zu bewirken vermag, so weit kann er tun, was er will. Denn in solcher Weise eine Handlung ihrer Unterlassung vorzuziehen heißt, sie zu wollen, und es lässt sich schwerlich angeben, wie wir uns ein Wesen noch freier vorstellen können, als es dann ist, wenn es fähig ist zu tun, was es will. Demnach erscheint also ein Mensch hinsichtlich von Handlungen innerhalb des Bereichs einer solchen Kraft in ihm so frei, wie die Freiheit ihn nur frei machen kann.

Allein der wissbegierige Geist des Menschen, der sich jeden Gedanken an eigene Schuld so weit wie möglich fernhalten will; auch wenn er sich dadurch in eine schlimmere Lage versetzt als in die der fatalistischen Notwendigkeit, gibt sich hiermit nicht zufrieden. Eine Freiheit, die sich nicht weiter erstreckt, genügt ihm nicht; es erscheint ihm als ein stichhaltiger Einwurf, wenn gesagt wird, der Mensch sei überhaupt nicht frei, falls es ihm nicht ebenso *freisteht zu wollen* als *zu tun, was er wolle.* So wirft man denn bezüglich der menschlichen Freiheit noch die weitere Frage auf, *ob der Mensch die Freiheit habe zu wollen.* Das ist wohl auch der Sinn der Streitfrage, ob der Wille frei sei. Meine Ansicht hierüber ist diese:

Zweitens. Da das Wollen oder die Willensäußerung ein Handeln ist und die Freiheit in der Kraft besteht zu handeln oder nicht zu handeln, so kann der Mensch hinsichtlich des Wollens [oder des Aktes der Willensäußerung] nicht frei sein, sobald sich eine in seiner Macht stehende Handlung seinem Denken [als eine sogleich auszuführende] dargestellt hat. Der Grund dafür liegt klar zutage. Es ist unvermeidlich, dass eine von unserm Willen abhängige Handlung entweder geschehe oder nicht geschehe; da das eine wie das andere sich ganz und gar nach der Entscheidung und Bevorzugung unseres Willens richtet, so können wir schlechterdings nicht umhin, eins von beiden zu wollen, d. h. eins dem andern vorzuziehen, weil eins von beiden notwendig eintreten muss und dasjenige, was dann auf die Wahl und Entscheidung unseres Geistes hin erfolgt, d. h. daraufhin, dass wir es wollen; denn wenn wir es nicht wollten, würde es nicht geschehen.

Hinsichtlich des Willensaktes ist der Mensch somit nicht frei. Denn die Freiheit besteht in der Kraft zu handeln oder nicht zu handeln, die der Mensch hinsichtlich der Willensäußerung nicht hat.

John Locke, 1632–1704, englischer Philosoph

- *Erstellen Sie im Sinne Lockes ein Begriffsnetz (Cluster) zu den Begriffen: Freiheit des Handelns, Freiheit des Wollens.*
- *Zeigen Sie die logischen Schritte auf, mit denen Locke die Existenz der Willensfreiheit verneint.*
- *Diskutieren Sie, ob Lockes Argumente überzeugend sind, und begründen Sie Ihre Meinung.*

Planck: Objektiv determiniert – subjektiv frei?

Nicht nur Philosophen haben sich zu dem Problem der Willensfreiheit geäußert, sondern auch bedeutende Naturwissenschaftler wie Max Planck. Ähnlich wie Schopenhauer, der vom Satz des Grundes ausgeht, vollzieht Planck seine Überlegungen über die Willensfreiheit unter der Annahme eines bestehenden Kausalgesetzes. Es besagt, dass jedes Geschehen eine Ursache hat.

Determiniert ist, was voraussagbar ist

Wenn es die Aufgabe der Wissenschaft ist, bei allem Geschehen in der Natur oder im menschlichen Leben nach gesetzlichen Zusammenhängen zu suchen, so ist, wie wohl jeder zugeben muss, eine unerlässliche Voraussetzung dabei, dass ein solcher gesetzlicher Zusammenhang wirklich besteht und dass er sich in deutliche Worte fassen lässt. In diesem Sinn sprechen wir auch von der Gültigkeit eines allgemeinen Kausalgesetzes und von der Determinierung sämtlicher Vorgänge in der natürlichen und in der geistigen Welt durch dieses Gesetz. [...]
Die Frage nach dem Wesen und nach dem Ursprung der Kausalität kann dabei ganz offen bleiben. Es genügt uns hier allein die Feststellung, dass ein Vorgang, welcher mit Sicherheit vorausgesehen werden kann, irgendwie kausal determiniert ist, und umgekehrt, dass, wenn man von kausaler Gebundenheit eines Vorgangs redet, dies immer zugleich auch in sich schließt, dass das Eintreten des Vorgangs vorausgesehen werden kann. [...] Wir nehmen also an, dass auch der menschliche Wille kausal determiniert ist, d. h., dass in jedem Falle, wo jemand in die Lage kommt, entweder spontan oder auch nach längerer Überlegung einen bestimmten Willen zu äußern oder eine bestimmte Entscheidung zu treffen, ein hinreichend scharfsinniger, aber sich vollkommen passiv verhaltender Beobachter imstande ist, das Verhalten des Betreffenden vorauszusehen. Wir können uns das so vorstellen, dass vor dem Auge des erkennenden Beobachters der Wille des Beobachteten zustande kommt durch das Zusammenwirken einer Anzahl von Motiven oder Trieben, die in ihm, sei es bewusst oder unbewusst, mit verschiedener Stärke nach verschiedenen Richtungen sich geltend machen und die sich zu einem bestimmten Ergebnis zusammensetzen, ähnlich wie in der Physik verschiedene Kräfte sich zu einer bestimmten resultierenden Kraft vereinigen. [...] Der wichtigste Fall, zu dem wir jetzt übergehen wollen, ist die Beobachtung der eigenen Willenshandlungen. Inwieweit sind wir imstande, eine eigene Willenshandlung in ihrer kausalen Bedingtheit zu begreifen? Offenbar gibt es dafür keine andere Möglichkeit, als dass wir unser Ich in zwei Teile zu spalten suchen: Das erkennende Ich und das wollende Ich, und dem ersten die Rolle des Beobachters, dem zweiten die des Beobachteten zuweisen. [...] Jede neu gewonnene Erkenntnis [...] löst ein neues Willensmotiv aus, und die Erkenntnis dieses Motivs schafft abermals eine neue Situation, in endloser Folge, und da der Beobachtete, das wollende Ich, dem Beobachter, dem erkennenden Ich, keinen Gehorsam schuldig ist, so wird man niemals mit Sicherheit behaupten können, dass die schließliche Willensentscheidung im Sinne der zuletzt gewonnenen Erkenntnis ausfallen wird, vielmehr werden stets auch unterbewusste Willensmotive dabei mitwirken. Die Selbsterkenntnis hat hier eine prinzipielle Grenze. Während also ein kausales Verständnis für die eigene Vergangenheit [...] wenigstens grundsätzlich wohl möglich ist, bleibt eine vollkommene Einsicht in die eigenen gegenwärtigen Willensmotive und mit ihr ein kausales Verständnis für die eigene Zukunft für immer unerreichbar. [...]

Willensfreiheit als unvollkommenes Erkenntnisvermögen?

[...] Die Willensfreiheit [...] beruht auf dem Umstand, dass der Wille eines Menschen seinem Verstande vorgeht oder, wie man auch sagen kann, dass sein Charakter mehr wiegt als sein Intellekt. Der Wille lässt sich vom Verstand wohl beeinflussen, aber niemals vollständig beherrschen. Wie tief auch die verstandesmäßige Einsicht in das Dunkel der eigenen Willensmotive eindringen mag, bei der Endentscheidung ist der Wille souverän und gibt den Ausschlag unabhängig vom Verstand. [...]
Nach dem Ergebnis unserer Untersuchung ist der Gegensatz zwischen strenger Kausalität und Willensfreiheit nur ein scheinbarer, die Schwierigkeit liegt lediglich in der sinngemäßen Formulierung des Problems. Denn die Antwort auf die Frage, ob der Wille kausal gebunden ist oder nicht, lautet verschieden, je nach dem Standort, der für die Betrachtung gewählt wird. Von außen, objektiv betrachtet, ist der Wille kausal gebunden; von innen, subjektiv betrachtet, ist der Wille frei. Oder anders gefasst: Fremder Wille ist kausal gebunden, jede Willenshandlung eines andern Menschen lässt sich, [...] bei hinreichend genauer Kenntnis der Vorbedingungen, als notwendige Folge aus dem Kausalgesetz verstehen und in allen Einzelheiten vorausbestimmen. Inwieweit das praktisch geschehen kann, ist lediglich eine Frage der Intelligenz des Beobachters. Der eigene Wille dagegen ist nur für vergangene Handlungen kausal verständlich, für zukünftige Handlungen ist er frei, eine eigene zukünftige Willenshandlung lässt sich unmöglich [...] rein verstandesmäßig aus dem gegenwärtigen Zustand und den Einflüssen der Umwelt ableiten.

Max Planck, 1858–1947, deutscher Physiker, Nobelpreis für Physik

- *Fassen Sie mit Überschriften die verschiedenen Argumentationsstufen von Planck zusammen.*
- *Stellen Sie den Unterschied zwischen dem Nachvollzug vergangener Entscheidungen und der sicheren Voraussage zukünftiger Entscheidungen anhand eines konkreten Beispiels dar.*
- *Überlegen Sie in Partnerarbeit, welche Einwände man gegen Plancks Lösung des Problems der Willensfreiheit vorbringen*

Max Planck

Der Physiker Max Planck wurde 1858 in Kiel geboren und ist 1947 in Göttingen gestorben. Er war als Professor an den Universitäten von Kiel und Berlin tätig. Als Begründer der Quantentheorie hat Planck die moderne Physik mitgeprägt. 1918 erhielt er den Nobelpreis für Physik. Max Planck war von 1930–37 und von 1945–46 Präsident der Kaiser-Wilhelm-Gesellschaft zur Förderung der Wissenschaften, die nach dem Zweiten Weltkrieg in Max-Planck-Gesellschaft umbenannt wurde und in deren 50 wissenschaftlich unabhängigen Instituten natur- und geisteswissenschaftliche Grundlagenforschung betrieben wird.

Determination oder Indeterminismus?

Gegen diese Formulierung ist ein Einwand naheliegend, den ich hier einer genaueren Betrachtung unterziehen möchte. Man hat etwa Folgendes geltend gemacht: Nachdem zu Anfang unserer Betrachtungen das Kausalgesetz als Voraussetzung jeder wissenschaftlichen Untersuchung eingeführt und für alle Willenshandlungen als streng gültig befunden worden sei, werde nachträglich doch wieder der Indeterminismus durch eine Hintertür hereingelassen und ihm ein gewisser Platz eingeräumt. Darin liege ein Widerspruch oder zum Mindesten eine Unklarheit. Denn entweder sei der Wille determiniert oder er sei nicht determiniert, ein Drittes gäbe es nicht.
Um diesen Einwand, der nur auf einer unzulässigen Vermengung verschiedener Betrachtungsweisen beruht, zu entkräften, möchte ich zunächst an einen einfachen Fall aus der Physik anknüpfen. Es ist bekannt, dass eine jede quantitative Aussage über ein raumzeitliches Geschehnis nur dann einen bestimmten Sinn hat, wenn das Bezugssystem angegeben ist, für das sie gelten soll. Je nach der Wahl des Bezugssystems, die von vornherein ganz beliebig erfolgen kann, lautet die Aussage verschieden. Nimmt man z. B. ein mit unserer Erde fest verbundenes Bezugssystem, so muss man sagen, dass die Sonne sich am Himmel bewegt; verlegt man dagegen das Bezugssystem auf einen Fixstern, so befindet sich die Sonne in Ruhe. In dem Gegensatz dieser beiden Formulierungen liegt weder ein Widerspruch noch eine Unklarheit, es handelt sich nur um zwei verschiedene Betrachtungsweisen. […]
Die objektive Betrachtungsweise, wie sie die Wissenschaft anwenden muss, entspricht dem Standpunkt des absolut passiv bleibenden Beobachters. Für ihn herrscht das Kausalgesetz in voller Allgemeinheit, der menschliche Wille ist, wie jegliches Geschehen, streng determiniert.
Ganz ebenso berechtigt und sogar unmittelbar gegeben ist der subjektiv-persönliche Standpunkt, der allerdings für jeden von uns ein verschiedener ist und daher für wissenschaftliche Betrachtungen nicht ausreicht. Von ihm, d. h. von uns selbst aus gesehen, ist, wie wir ausdrücklich festgestellt haben, der eigene Wille undeterminierbar, also frei. Dieser Satz steht mit der objektiven Determiniertheit des Willens ebenso wenig in Widerspruch wie die oben besprochene subjektive Bewegung der Sonne mit ihrer objektiven Ruhe. Bei der Selbstbeobachtung handelt es sich ja nicht darum, dass wir frei sind, sondern darum, dass wir uns frei *fühlen*. Mag man diese Art von Freiheit immerhin als eine Illusion bezeichnen. Dann ist aber überhaupt jedes Gefühl eine Illusion. Denn auch die Gefühle lassen sich niemals objektiv-wissenschaftlich erfassen, sie können nur persönlich erlebt werden, und wenn sie erlebt werden, sind sie einfach unmittelbar gegeben und tun ihre Wirkung, einerlei, wie von andern über sie geurteilt wird.

Max Planck, 1858–1947, deutscher Physiker, Nobelpreis für Physik

- *Planck wendet eine Erkenntnis der Physik auf das philosophische Problem der Willensfreiheit an. Erläutern Sie, wie er dadurch dem Einwand der Widersprüchlichkeit begegnet.*
- *Formulieren Sie in einem Essay, ob und wie Plancks Vorstellungen von der menschlichen Willensfreiheit mit Ihren eigenen Überzeugungen und Erfahrungen vereinbar sind. Stellen Sie Gemeinsamkeiten und Unterschiede dar.*
- *Vergleichen Sie die unterschiedlichen Schlussfolgerungen von Planck und Schopenhauer (S. 64/65), die beide von einem bestehenden Kausalgesetz ausgehen.*
- *Welche Folgerung erscheint Ihnen schlüssiger? Begründen Sie Ihre Meinung.*
- *Finden Sie eine Verbindung zwischen Plancks Aufteilung in objektive und subjektive Freiheit und der Darstellung von René Magritte.*

René Magritte, Die Brücke des Heraklit, 1935

Eingeschlossen in einer Gefängniszelle und trotzdem frei – wie ist das möglich? Der Gefangene kann zwar nicht handeln, aber seine Gedanken und sein Wille können trotzdem indeterminiert, d. h. unbestimmt von außen, also frei sein.
Das bedeutet, es muss eine Differenzierung vorgenommen werden zwischen Willensfreiheit und Handlungsfreiheit. Ersteres ist die Möglichkeit zu wollen, was man wollen will, zweiteres ist die Möglichkeit, eine Handlung zu tätigen oder sie zu unterlassen. Der Mensch kann einen freien Willen haben, aber nicht fähig sein, nach seinem Willen zu handeln wie der Gefangene. Umgekehrt können ihm alle Möglichkeiten zu handeln offen stehen, doch sein Wille ist eingeschränkt.

- *Beschreiben Sie schriftlich Situationen, in denen die Handlungs- oder Willensfreiheit eingeschränkt sind.*

- *Besprechen Sie die Beispiele in der Lerngruppe. Überlegen Sie dabei, wie die beiden Formen der Freiheit zusammenhängen.*

Das Leben – ein Schachspiel?

Der englische Philosoph Gilben Ryle beschreibt in seinem Hauptwerk „Der Begriff des Geistes" die Problematik der menschlichen Handlungsfreiheit anhand eines Schachspiels.

Ein wissenschaftlich geschulter Beobachter, der weder Schach noch ein anderes Spiel kennt, darf in den Pausen zwischen den Zügen ein Schachbrett ansehen. Er sieht noch nicht, wie die Spieler die Züge machen. Nach einiger Zeit bemerkt er einige Regelmäßigkeiten. Die von uns als „Bauern" bezeichneten Figuren rücken gewöhnlich jedes Mal nur um ein Feld vor, mit Ausnahme von gewissen Sonderpositionen, in denen sie sich diagonal bewegen. Die von uns als „Läufer" bezeichneten Figuren bewegen sich nur diagonal, aber sie können sich über eine beliebige Anzahl von Feldern bewegen. Springer machen Rösselsprünge. Und so weiter. Nach langer Forschungsarbeit wird dieser Zuschauer alle Schachregeln entdeckt haben, und dann lässt man ihn sehen, dass die Züge von Leuten gemacht werden, die wir „Spieler" nennen. Er spricht ihnen sein Bedauern über ihre Unfreiheit aus. „Jeder Zug, den ihr macht", sagt er, „ist von unentrinnbaren Regeln bestimmt; von dem Augenblick, wo einer von euch mit seiner Hand nach einem Bauern greift, kann der Zug, den er machen wird, in den meisten Fällen mit Genauigkeit vorhergesagt werden. Der Gesamtablauf dessen, was ihr tragischerweise euer ‚Spiel' nennt, ist erbarmungslos im Voraus angeordnet; nichts findet darin statt, das nicht nachweislich von der einen oder anderen dieser ehernen Regeln bestimmt wird. Fühllose Notwendigkeit diktiert das Spiel und lässt keinen Platz darin für Verstand oder Zweck. Ich bin zwar noch nicht imstande, jeden von mir beobachteten Zug mit den von mir bisher entdeckten Regeln zu erklären, aber es wäre unwissenschaftlich anzunehmen, dass es unerklärbare Züge gibt. Es muss daher noch weitere Regeln geben, welche ich noch zu entdecken hoffe und welche die von mir begonnenen Erklärungen zufriedenstellend zu Ende führen werden." Die Spieler lachen natürlich und erklären ihm, dass wohl jeder Zug von Regeln bestimmt, aber nicht angeordnet wird. „Es ist wohl richtig, dass du, wenn ich meinen Läufer zu bewegen beginne, mit Sicherheit vorhersagen kannst, er werde auf einem Feld derselben Farbe landen wie dem, von dem er startete. Das kann aus den Regeln abgeleitet werden. Aber dass oder wie weit ich mit meinem Läufer in diesem oder jenem Stadium des Spiels ziehen werde, das ist nicht in den Regeln enthalten und kann nicht aus ihnen hergeleitet werden. Da ist noch Bewegungsfreiheit genug, um Klugheit oder Dummheit an den Tag zu legen und um zu überlegen und zu wählen. Obwohl nichts geschieht, was gegen die Regeln verstößt, so geschieht doch vieles, was unvorhergesehen, scharfsinnig oder albern ist. Die Regeln sind dieselben für alle Schachspiele, die je gespielt worden sind, und doch hat fast jedes Spiel, das je gespielt worden ist, einen Verlauf genommen, der, soweit sich die Spieler erinnern können, von allen anderen etwas verschieden ist. Die Regeln sind unabänderlich, aber die Spiele verlaufen nicht gleich. Die Regeln schreiben vor, was die Spieler nicht tun dürfen; alles andere ist erlaubt, obgleich viele erlaubte Züge taktisch schlecht wären. Es gibt keine weiteren Spielregeln, die du noch entdecken könntest, und die ‚Erklärungen' für die einzelnen Züge, die wir machen, können natürlich gefunden werden, aber sie sind nicht Erklärungen durch Regeln, sondern Erklärungen durch ganz andere Dinge, wie z. B. durch die Erwägung und Anwendung von taktischen Prinzipien durch die Spieler. Deine Idee einer Erklärung war zu eng. Wenn wir sagen, dass eine Regel einen Zug ‚erklärt', der in Übereinstimmung mit ihr gemacht worden ist, so bedeutet ‚erklärt' hier etwas anderes als wenn wir sagen, dass ein taktisches Prinzip den Zug erklärt, obgleich jeder Zug, der einem taktischen Prinzip gehorcht, auch einer Regel gehorcht. Taktische Prinzipien anwenden zu können, setzt Kenntnis der Spielregeln voraus, d. h. aber nicht, dass diese Prinzipien auf die Spielregeln ‚zurückführbar' sind."

Gilbert Ryle, 1900–1976, englischer Philosoph

- *Versetzen Sie sich in die Person des Beobachters oder die der Schachspieler. Bringen Sie in Form eines Rollenspiels die verschiedenen Betrachtungsweisen des Schachspiels zum Ausdruck.*

- *Erläutern Sie mit eigenen Worten, warum trotz der engen Regeln jedes Schachspiel anders verläuft. Wo liegen die Handlungsfreiräume der Spieler und wodurch werden sie bestimmt?*

- *Übertragen Sie Ryles Bild des Schachspiels auf die reale Welt. Was könnten hier Regeln, Erwägungen und taktische Prinzipien sein? Bilden Sie Arbeitsgruppen und entwickeln Sie Vorschläge.*

- *Beurteilen Sie das Bild des Schachspiels von Ryle. Ist es realitätsnah? Begründen Sie Ihre Entscheidung.*

- *Ist ein Schachcomputer auch frei? Führen Sie ein Streitgespräch im Plenum.*

Frei handelndes oder genetisch vorprogrammiertes Wesen?

Zu den Überlegungen, ob der Mensch ein frei handelndes Wesen ist oder ob er determiniert ist, gehört wesentlich die Frage, wodurch der Mensch zum Handeln bewegt wird, also die Frage nach den Ursachen und Gründen für menschliches Verhalten. Die Antwort der Biologen lautet hier ganz anders als die der Psychologen oder Pädagogen. Durch die ständig weiter fortschreitende Erforschung der menschlichen Gene wird die Diskussion immer wieder entfacht, was den Menschen zum Handeln antreibt. Hier ein Ausschnitt aus einem Gespräch zwischen dem Soziobiologen Eckart Voland und dem Kulturpsychologen Lutz H. Eckensberger.

Eckensberger Was macht den Menschen denn aus? Ich möchte hier nicht pathetisch von unserer Sonderstellung in der Natur sprechen, aber es gibt zwei Dinge, die den Menschen fundamental vom Tier unterscheiden: seine Selbstreflexivität und seine Intentionalität. Einerseits wissen wir, dass wir existieren und dass wir alles, was wir tun, zumindest im Prinzip auch immer anders tun könnten. Andererseits ist menschliches Handeln nicht einfach irgendwie determiniert, sondern gewollt und intendiert. Es hat keine Ursachen, sondern Gründe! Der Mensch kann sich auf Grund seiner potenziellen Selbstreflexivität und Intentionalität im Prinzip auch gegen seine eigene Natur verhalten, wenn er möchte.

Voland Woher wissen Sie das?

Eckensberger Das weiß ich aus der psychologischen Empirie. Der Mensch ist prinzipiell reflexions- und intentionsfähig. Wir wissen doch alle, dass wir hier sitzen, um zu diskutieren, oder? Ich könnte jetzt aber auch aufstehen und den Raum verlassen. Damit würde ich kein Naturgesetz, sondern nur eine kulturelle Konvention brechen. Mit anderen Worten: Es gibt parallel zur Naturgesetzlichkeit – und dazu gehören freilich auch adaptive Strategien der Soziobiologie – so etwas wie kulturelle Regelsysteme, die wesensmäßig ganz anderer Art sind. Die spannende Frage lautet: In welcher Beziehung stehen die beiden Systeme zueinander?

Voland Stopp. Natürlich gibt es Selbstreflexivität, aber ich bezweifle, dass sich daraus irgendetwas ableiten ließe, was den Menschen befähigt, sich gegen seine Natur zu entscheiden. Wie alle kognitiven Leistungen sind Selbstreflexivität und Intentionalität biologisch evolviert. Es muss in irgendwelchen sozialen Szenarien früherer Zeiten einfach vorteilhaft gewesen sein, sich mental in bestimmte Situationen einzuordnen, um darüber zur bestmöglichen Durchsetzung persönlicher Interessen zu gelangen. Und nur deswegen verfügen wir heute über Selbstreflexivität.

Eckensberger Um eines klarzustellen: Ich behaupte keineswegs, dass wirklich jede einzelne Handlung „reflektiert" ist. Viele, vielleicht sogar die Mehrzahl unserer täglichen Handlungen sind hochgradig automatisiert. Aber grundsätzlich sind sie reflektierbar; das ist das Entscheidende. Nehmen Sie das Beispiel Tennis! Da ist jeder Ballwechsel eine Handlung, genauso wie jedes gewonnene Match. Sogar die Karriere des Tennisspielers ist eine Handlung. Und alle diese Handlungen haben verschiedene Bewusstseinsgrade: Der einzelne Ballwechsel hat in der Regel kaum noch eine reflexive, intentionale Struktur; er ist hochgradig automatisiert. Das macht aber noch nicht das ganze Tennisspiel zu einem automatischen, reflexhaften Geschehen!

Voland Was leiten Sie aus Ihrem Beispiel ab?

Eckensberger Selbstreflexivität und Intentionalität sind Eigenschaften, die den Menschen prinzipiell auszeichnen. Ich habe gar kein Problem, beides als entwicklungsgeschichtlich entstanden anzusehen. Sicherlich brachte das alles erhebliche Anpassungsvorteile mit sich. Aber wir nehmen laufend Weltdeutungen vor – das macht den Menschen besonders –, und dadurch wird unser Handeln mitbestimmt. Die Gene reichen dazu nicht aus. Es gibt eine Metaebene[1].

1 Metaebene: vgl. Metaphysik: Lehre, die das hinter der sinnlich erfahrbaren, natürlichen Welt liegende, die letzten Gründe und Zusammenhänge des Seins behandelt.

- *Geben Sie die Überzeugungen und Begründungen der Wissenschaftler mit eigenen Worten wieder.*
- *Definieren Sie die beiden Begriffe Selbstreflexivität und Intentionalität.*
- *Welche Situationen könnten Beispiele für jeweils eine der beiden Positionen sein?*
- *Beurteilen Sie die Überzeugungen der Wissenschaftler und entscheiden Sie sich für eine Seite. Begründen Sie Ihre Meinung.*
- *Bilden Sie Expertengruppen aus Genbiologen und Psychologen. Ziehen Sie Informationen über die Erkenntnisse der einzelnen Wissenschaften ein, besonders über deren Erklärungen zum menschlichen Handlungsantrieb. Sie können dazu Experten an der eigenen Schule befragen oder sich anhand von Lexika, Fachbüchern oder dem Internet informieren.*
- *Führen Sie dann eine Podiumsdiskussion unter der Fragestellung „Ist der Mensch ein frei handelndes Wesen?", bei der die verschiedenen Experten ihre Argumente vorbringen, und versuchen Sie einen Konsens herzustellen.*
- *Denken Sie an Ryles Darstellung des Schachspiels. Könnten die menschlichen Gene mit den Spielregeln des Schachs vergleichbar sein, die zwar die erlaubten Sprünge der Figuren vorgeben, aber trotzdem die Möglichkeit eines individuellen Spielverlaufs offen lassen? Formulieren Sie einen Text, eine Erzählung oder ein Gedicht, in dem Sie zu der Frage Stellung nehmen.*
- *Betrachten Sie das Bild des Künstlers Borofsky auf S. 57. Welche Aussage über die Handlungsfreiheit könnte hier dargestellt sein?*

Aristoteles: Freiwilliges und unfreiwilliges Handeln

Der griechische Philosoph Aristoteles unterschied zwar zwischen Freien und Sklaven, sah jedoch die Freiheit des Menschen im konkreten Handeln (vgl. S. 10/11). In der „Nikomachischen Ethik" setzt er sich mit der Unterscheidung von freiwilligem und unfreiwilligem Handeln auseinander. Ähnlich wie Kant zog Aristoteles eine Verbindung zwischen Tugend und der Möglichkeit, freiwillig zu handeln.*

Freiwillig oder unfreiwillig?

Da nun die Tugend sich auf Leidenschaften und Handlungen bezieht und da Lob und Tadel das Freiwillige treffen, das Unfreiwillige aber Verzeihung erlangt, gelegentlich sogar Mitleid, so muss derjenige, der nach der Tugend forscht, wohl auch das Freiwillige und Unfreiwillige bestimmen. Dies ist auch nützlich für die Gesetzgeber im Hinblick auf Ehrungen und Züchtigungen.

Unfreiwillig scheint zu sein, was durch Gewalt oder Unkenntnis geschieht. Gewaltsam ist, was seinen Ursprung außerhalb hat, und zwar so, dass der Handelnde oder Leidende keinen Einfluss darauf nehmen kann, etwa wenn der Sturm einen irgendwohin führt, oder die Menschen, die über einen herrschen.

Was aber aus Angst vor größerem Übel geschieht oder wegen etwas Edlem, etwa wenn ein Tyrann eine schändliche Tat befiehlt und dabei Eltern und Kinder in seiner Gewalt hat und diese gerettet werden können, wenn man sie tut, dagegen sterben müssen, wenn man sie nicht tut, so besteht hier ein Zweifel, ob man das freiwillig oder unfreiwillig nennen soll. Ähnliches geschieht auch, wenn man im Sturm etwas von sich wirft. Denn im Allgemeinen wirft niemand freiwillig Wertgegenstände weg, dagegen tun es alle Verständigen, wenn ihre eigene Rettung und die anderer auf dem Spiel steht. Solche Handlungen sind also gemischt, gleichen aber eher den freiwilligen. Denn im Augenblick, in dem sie ausgeführt werden, entscheidet man sich für sie. Und das Ziel einer Handlung wird ja durch die Situation bestimmt. Darum muss man von freiwillig und unfreiwillig reden für den Augenblick, in dem es getan wird. Dann handelt man freiwillig. Denn der Ursprung der Bewegung der werkzeughaften Teile bei derartigen Handlungen ist im Handelnden selbst. Bei wem aber der Ursprung des Handelns steht, bei dem steht ebenso das Handeln oder Nichthandeln selbst. Also ist derartiges freiwillig; allgemein gesprochen dagegen vielleicht unfreiwillig. Denn keiner würde eine derartige Handlung als solche wählen.

***Aristoteles**, 384–322 v. Chr., griechischer Philosoph*

- *Erläutern Sie die aristotelischen Begriffe „freiwillig" und „unfreiwillig". Beziehen Sie auch seine Beispiele mit ein und ergänzen Sie diese durch eigene.*

Der Ursprung des Freiwilligen liegt im Handelnden

Wenn nun unfreiwillig ist, was gewaltsam und aus Unwissenheit geschieht, so dürfte das Freiwillige dasjenige sein, dessen Ursprung im Handelnden selbst ist, sofern er alles Einzelne kennt in Bezug auf den Bereich der Handlung. [...]

Jeder hört nämlich auf zu fragen, wie er handeln soll, wenn er den Ursprung des Handelns auf sich selbst zurückgeführt hat und in sich selbst auf das Regierende; denn dieses ist es, was entscheidet. [...]

Oder muss man das oben Gesagte anzweifeln und erklären, der Mensch sei nicht Ursprung und Erzeuger seiner Taten, wie etwa seiner Kinder? Wenn dies aber doch so ist und wir auf keine anderen Ursprünge zurückgehen können als auf diejenigen, die in uns selbst sind und deren Ursprünge auch in uns selbst sind, dann sind auch die Handlungen selbst bei uns und freiwillig. Als Zeugnis dafür können wohl gelten jeder Einzelne für sich und auch die Gesetzgeber. Denn diese züchtigen und strafen diejenigen, die Schlechtes getan haben, soweit es nicht unter Gewalt geschah oder aus einer Unwissenheit, an der sie nicht selbst schuld waren; wer aber das Edle getan hat, den ehren sie, und auf diese Weise ermuntern sie die einen und schrecken die anderen ab.

***Aristoteles**, 384–322 v. Chr., griechischer Philosoph*

- *Charakterisieren Sie mit eigenen Worten, was Aristoteles mit dem „Regierenden" im Menschen selbst meinen kann, das er als Ursprung der Freiwilligkeit sieht.*
- *Vergleichen Sie seine Überlegungen mit denen von Hannah Arendt auf S. 18/19. Welche Unterschiede oder Gemeinsamkeiten stellen Sie fest?*
- *Erklären Sie die Verbindung, die Aristoteles zwischen „freiwillig" und „unfreiwillig" und „Schuld" bzw. „Strafe" entwirft. Stimmen Sie ihm zu? Warum? Warum nicht?*
- *Wie geht unser heutiges Rechtssystem mit diesem Problem um? Sie können zu dieser Frage nachlesen in: Recht, Gerechtigkeit, Menschenrechte, Cornelsen, Berlin 2001, S. 66–69.*

Ainsi va la bulle

- *Formulieren Sie in wenigen Sätzen die Aussage des Comics.*
- *Finden Sie eine passende Überschrift.*
- *Denken Sie sich aus Ihrem Vorwissen über die endlosen Glashauben heraus ein Gespräch mit der letzten Figur im Comic aus. Was würden Sie ihr sagen? Formulieren Sie schriftlich.*
- *Aristoteles sieht die Freiwilligkeit im konkreten Handlungsvollzug. Verbinden Sie seine Überlegungen mit dem Verhalten und Denken der Figuren im Comic.*

Chisholm: Der erste Verursacher

René Magritte, An der Schwelle zur Freiheit, 1937

- *Zeichnen Sie einen Kreis auf ein leeres Blatt. Schreiben Sie in den Kreis, was Sie auf dem Bild von Magritte sehen.*
- *Notieren Sie dann außerhalb des Kreises die Assoziationen, die die Bildinhalte bei Ihnen wecken.*
- *Welche Aussage über „Handlungsfreiheit" kann mit dem Bild verbunden sein?*

Der amerikanische Philosoph Roderick M. Chisholm löst die Frage nach der menschlichen Handlungsfreiheit, indem er dem Menschen die Fähigkeit zuschreibt, ein „nicht verursachter Verursacher" zu sein, d. h. eine Kette von Ereignissen von selbst anzustoßen.

Freiheit und Verantwortlichkeit

Das metaphysische[1] Problem der menschlichen Freiheit könnte folgendermaßen umrissen werden: Der Mensch ist für sein Handeln verantwortlich. Diese Tatsache scheint jedoch mit einer deterministischen Betrachtungsweise des menschlichen Handelns im Widerspruch zu stehen. Jedes bei einem Akt involvierte[2] Ereignis ist durch ein anderes Ereignis verursacht. Einer nicht-deterministischen Betrachtungsweise scheint diese Tatsache jedoch *ebenfalls* zu widersprechen. Der Akt bzw. irgendein für den Akt wesentliches Ereignis ist eben durch gar nichts verursacht.
Um dieses Problem zu lösen, müssen wir meiner Ansicht nach etwas weitergehende Annahmen über das Ich des Handelnden machen – über den Menschen, der die Handlung ausführt. Wir dürfen nicht sagen, dass jedes in einem Akt involvierte Ereignis durch ein anderes Ereignis verursacht ist, und wir dürfen nicht sagen, dass die Handlung etwas ist, was überhaupt nicht verursacht ist. Was bleibt, ist daher folgende Möglichkeit: Wir sollten sagen, dass mindestens eines der in die Handlung involvierten Ereignisse nicht durch irgendwelche Ereignisse, sondern stattdessen durch etwas Anderes verursacht wurde. Und dieses andere kann nur der Handelnde sein – der Mensch.

Transeunte[3] und immanente[4] Verursachung
Ich werde sagen, dass wir, wenn ein Ereignis oder ein Sachverhalt […] ein anderes Ereignis oder einen anderen Sachverhalt verursacht, den Fall einer *transeunten* Verursachung haben. Und ich werde sagen, dass wir, wenn im Gegensatz zu einem Ereignis eine *handelnde Person* ein Ereignis oder einen Sachverhalt verursacht, den Fall einer *immanenten* Verursachung haben. Der Inhalt dessen, was mit dem Ausdruck „immanente Verursachung" gemeint ist, mag anhand des folgenden Satzes aus der *Physik* von Aristoteles* verdeutlicht werden: „So bewegt ein Stock einen Stein, der seinerseits von einer Hand bewegt wird, die wiederum ein Mensch bewegt." (VII 5, 256a, 6–8)
Falls der Mensch verantwortlich war, dann haben wir in diesem Beispiel eine Anzahl von Fällen der Verursachung – die meisten sind transeunt, aber mindestens eine von ihnen ist immanent. Was der Stock mit dem Stein tut, ist ein Beispiel für transeunte Verursachung, und daher können wir es auch als eine Beziehung zwischen Ereignissen beschreiben: „Die Bewegung des Stocks verursacht die Bewegung des Steins." Ähnlich können wir das behandeln, was die Hand mit dem Stock tut: „Die Bewegung der Hand verursacht die Bewegung des Stocks." […] Wir brauchen daher den handelnden Menschen nicht wie Aristoteles schon an dieser Stelle einzuführen – wir *brauchen* nicht, *können* es aber. Wir *können* sagen, dass die Hand durch den Menschen bewegt wird, wir können aber *auch* sagen, dass die Bewegung der Hand durch die Bewegung bestimmter Muskeln verursacht wird; und wir können sagen, dass die Bewegung der Muskeln durch bestimmte Ereignisse verursacht wird, die im Gehirn stattfinden. Aber irgendein Ereignis – und zwar vermutlich eines der Ereignisse, die im Gehirn stattfinden – wird durch den Handelnden verursacht und nicht durch irgendwelche anderen Ereignisse.

Der Mensch als primum movens immotum[5]
Falls wir verantwortlich sind und falls das wahr ist, was ich versucht habe zu sagen, dann haben wir ein Vorrecht, das einige nur Gott zuschreiben würden: Wenn wir handeln, ist jeder von uns ein primum movens immotum. Während wir das tun, was wir eben tun, verursachen wir bestimmte Ereignisse, und nichts – oder niemand – verursacht, dass wir jene Ereignisse verursachen. […]
Das bedeutet, dass es, wenn man die Bedeutung der Ausdrücke sehr genau nimmt, keine vollständige Wissenschaft vom Menschen geben kann. Wenn wir Wissenschaft als eine Angelegenheit verstehen, die herauszufinden hat, welche Gesetzmäßigkeiten nun einmal bestehen, und falls uns ein Gesetz sagt, welche Arten von Ereignissen durch welche anderen Arten von Ereignissen verursacht sind, dann wird es menschliche Handlungen geben, die wir nicht erklären können, indem wir sie unter irgendwelche Gesetze subsumieren. Wir können nicht sagen: „Es ist kausal notwendig, dass ein Handelnder, der bestimmte Wünsche und Überzeugungen hat und bestimmten Reizen ausgesetzt ist, auf bestimmte Weise handelt." Denn zuzeiten kann der Handelnde, wenn er es beschließt, sich über seine Wünsche erheben und anstatt dessen etwas anderes tun.

1 Metaphysik: Lehre, die das hinter der sinnlich erfahrbaren, natürlichen Welt liegende, die die letzten Gründe und Zusammenhänge des Seins behandelt.
2 involviert: 1. einschließen, enthalten (den Sinn eines Ausdrucks), 2. an etwas beteiligen, in etwas verwickeln
3 transeunt: über etwas hinaus, in einen anderen Bereich übergehend
4 immanent: 1. in etwas enthalten sein, 2. die Grenzen möglicher Erfahrung nichtübersteigend, innerhalb dieser Grenzen liegend, bleibend; den Bereich des menschlichen Bewusstseins nicht überschreitend
5 primum movens immotum: erster unbewegter Beweger

*Roderic M. Chisholm, *1916, amerikanischer Philosoph*

- *Wie löst Chisholm im ersten Abschnitt den Widerspruch zwischen der deterministischen und der nicht-deterministischen Betrachtungsweise?*
- *Erläutern Sie anhand eigener Beispiele den Unterschied zwischen transeunter und immanenter Verursachung.*
- *Wie beurteilen Sie Chisholms Annahme, dass der Mensch ein primum movens immotum sein kann, d. h., dass er eine Kette von Ereignissen völlig ohne vorherbestimmende Wünsche oder Ereignisse beginnen kann?*
- *Stellen Sie eine Verbindung her zwischen der Kanone auf dem Bild von Magritte und dem Gedanken von Chisholms „erstem unbewegtem Beweger". Formulieren Sie Ihre Überlegungen schriftlich.*
- *Vergleichen Sie Chisholms Position mit der des Behavioristen Skinner (vgl. S. 79). Welche Position erscheint Ihnen lebensnaher? Begründen Sie Ihre Auffassung schriftlich.*

Skinner: Gefangen in den eigenen Erfahrungen?

Edgar Ende, 1932

- *Betrachten Sie das Bild und notieren Sie Ihre ersten Eindrücke. Formulieren Sie einen Titel.*
- *Vergleichen Sie Ihre Vorstellungen im Plenum.*
- *Stellen Sie gemeinsam eine Liste zusammen mit den Dingen oder Ereignissen, die im Leben ein „Käfig“ sein könnten.*

Behaviorismus

Der Begriff „Behaviorismus“ wird abgeleitet von dem englischen Wort „behaviour“, das mit Verhalten oder Betragen übersetzt werden kann. Der Behaviorismus ist eine Richtung der Psychologie, die streng an den Naturwissenschaften orientiert ist. Die psychologische Analyse menschlichen Verhaltens beschränkt sich hierbei auf das, was empirisch beobachtbar und physikalisch messbar ist, und wird so zu einem Ergebnis von Reiz und Reaktion. Die Hauptvertreter des Behaviorismus sind Watson und Thorndike.

Menschliches Handeln ist eine Folge von Verstärkungen

Der amerikanische Psychologe und Pädagoge Burrhus F. Skinner definiert in seinem Hauptwerk „Jenseits von Freiheit und Würde“ den Menschen als Produkt seiner Umwelteinflüsse. Sein Verhalten wird nicht durch eigene verstandes- oder gefühlsbestimmte Impulse geleitet, sondern durch positive oder negative Verstärker seiner Umwelt konditioniert, d. h. bedingt. Es kann sich somit auch nicht der Mensch ändern, sondern nur die auf ihn wirkenden Kontingenzen (Zufälligkeiten, beliebige Einwirkungen). Der Experimentalpsychologe verfolgt damit einen behavioristischen Ansatz zur Erklärung menschlichen Handelns.

Gutes Handeln durch positive Verstärkung

Die Begriffe „Sollte“ und „Müsste“ werfen schwierige Fragen auf, wenn wir uns den Kontingenzen zuwenden, die jemand veranlassen, sich zum Vorteil anderer zu verhalten. „Du solltest (müsstest) die Wahrheit sagen“ ist insofern ein Werturteil, als diese Feststellung auf verstärkende Folgen verweist. Übersetzen ließe sich diese Äußerung folgendermaßen: „Wenn du verstärkt wirst durch das Lob deiner Mitmenschen, wirst du auch verstärkt werden, wenn du die Wahrheit sagst.“ Der hier implizierte Wert* wohnt den sozialen Folgen inne, die Kontrollzwecken dienen. Diese Feststellung ist insofern ein ethisches oder moralisches Urteil, als „Ethos" und „Moral" auf herkömmliches praktisches Verhalten einer Gruppe verweisen.

Wir haben es hier mit einem Bereich zu tun, in dem man die Koordinationen von Bedingungen und Folgen nur zu leicht aus den Augen verliert. Jemand ist ein guter Autofahrer dank der Kontingenzen der Verstärkung, die sein Verhalten geprägt haben und es nun aufrechterhalten. Dieses Verhalten wird seit alters her damit erklärt, dass er das Wissen oder das Geschick besitze, die nötig sind, um einen Wagen zu fahren; doch müssten dann Wissen und Geschick auf jene früheren Zusammenhänge zurückgeführt werden. Wir sagen nicht, dass ein Autofahrer das tut, „was er tun sollte", weil ihm eine innere Stimme sagt, was richtig ist. Allerdings berufen wir uns gern auf eine solche innere Tugend*, wenn es darum geht, warum sich jemand seinen Mitmenschen gegenüber anständig verhält. Er verhält sich aber anständig, nicht weil er von den Mitmenschen mit Verantwortungs- oder Pflichtgefühl oder mit Loyalität oder Achtung anderen gegenüber ausgestattet worden ist, sondern weil seine Mitmenschen sein Verhalten durch wirksame Kontingenzen prägten. Die Verhaltensweisen, die als gut oder schlecht und als richtig oder falsch eingestuft werden, sind nicht auf Tugendhaftigkeit oder Schlechtigkeit, auf einen guten oder schlechten Charakter oder auf ein Wissen um Gut und Böse zurückzuführen; sie sind zurückzuführen auf Folgewirkungen, zu denen eine Vielzahl von Verstärkern gehört, darunter auch die verallgemeinerten verbalen Verstärker „Gut!", „Schlecht!", „Richtig!" und „Falsch!".

Gesetze und Normen sind durch ihre Folgen bestimmt

Wir wollen einige relevante Tatsachen anführen. Lange Zeit, bevor jemand jene „Norm" („Du sollst nicht stehlen") formuliert hatte, griffen die Menschen jene an, von denen sie bestohlen wurden. Irgendwann begann man Diebstähle als Vergehen zu bezeichnen, und als solche wurden sie nun sogar von jenen bestraft, die nicht bestohlen worden waren. Jemand, der mit diesem Zusammenhang vertraut war, vielleicht weil er ihm selbst bereits ausgesetzt gewesen war, konnte nun einem anderen raten „Stiehl nicht". Wenn dieser Jemand genügend Prestige oder Autorität besaß, brauchte er die Folgen nicht weiter zu beschreiben. Die Formulierung „Du sollst nicht stehlen", der wir in den Zehn Geboten begegnen, lässt auf übernatürliche Sanktionen schließen. Dagegen impliziert ein „Du sollst nicht stehlen" relevante soziale Folgen, die man folgendermaßen übersetzen könnte: „Wenn du Bestrafung vermeiden möchtest, dann vermeide es zu stehlen" oder „Stehlen ist falsch, und falsches Verhalten wird bestraft". Eine solche Feststellung ist nicht normativer als die Feststellung: „Wenn Kaffee dich wach hält und du schlafen möchtest, dann trinke keinen."

Eine Vorschrift oder ein Gesetz schließt Aussagen über vorherrschende Folgewirkungen ein, seien sie nun naturbedingter oder sozialer Art. Man kann eine Vorschrift oder ein Gesetz einfach wegen der Folgen einhalten, auf die sie hinweisen; doch drohen jene, die Vorschriften oder Gesetze formulieren, gewöhnlich mit weiteren, zusätzlichen Folgen. Ein Bauarbeiter befolgt eine Vorschrift, wenn er einen Schutzhelm trägt. Die natürlichen Folgen, zu denen der Schutz vor fallenden Gegenständen gehört, prägen sich nicht stark ein, weshalb die Vorschrift erzwungen werden muss: Leute, die keine Helme tragen, werden entlassen. Es gibt keinen natürlichen Zusammenhang zwischen dem Tragen eines Helms und dem Behalten eines Arbeitsplatzes; der Zusammenhang wird aufrechterhalten, weil der Hinweis auf die natürlichen, aber weniger eindrucksvollen Folgen, zu denen der Schutz vor fallenden Gegenständen gehört, nicht genügt. Eine parallele Argumentation wäre wie jede Vorschrift, die auf soziale Folgen hinweist, möglich. Auf die Dauer gesehen verhalten die Menschen sich wirksamer, wenn ihnen die Wahrheit gesagt worden ist, doch sind die resultierenden Vorteile zu entlegen, um dem, der die Wahrheit sagt, zu nützen, und so ist der Hinweis auf weitere Folgen nötig, um das betreffende Verhalten aufrechtzuerhalten. Daher wird es als „gut" bezeichnet, wenn man die Wahrheit sagt. Es ist richtig, wenn man die Wahrheit sagt, während Lügen schlecht oder falsch ist. Die „Normen" sind ganz einfach Aussagen über Kontingenzen.

Wird der autonome Mensch abgeschafft?

Der experimentellen Analyse zufolge verlagert sich die Determination des Verhaltens vom „autonomen Menschen" auf die Umwelt, die sowohl für die Evolution der Spezies als auch für das Repertoire, das jedes ihrer Mitglieder erworben hat, verantwortlich ist. Die ersten Entwürfe einer Umwelttheorie waren unzulänglich, weil sie nicht erklären konnten, wie die Umwelt funktioniert; so blieb noch vieles dem „autonomen Menschen" überlassen. Heute übernehmen allerdings Umweltkontingenzen Funktionen, die einst dem „autonomen Menschen" zugeschrieben worden sind. So stellen sich bestimmte Fragen. Wird der Mensch „abgeschafft" werden? Er wird gewiss nicht abgeschafft werden als Spezies oder als Einzelperson, die bestimmte Dinge erstrebt und vollbringt. Es ist der autonome innere Mensch, der abgeschafft wird, und das ist ein guter Schritt voran. Aber wird der Mensch dadurch nicht zum Betrüger werden oder zu einem passiven Beobachter dessen, was mit ihm geschieht? Er wird in der Tat von seiner Umwelt kontrolliert, doch dürfen wir nicht vergessen, dass dies eine Umwelt ist, die er großenteils selbst geschaffen hat.

*Burrhus F. Skinner, *1904, amerikanischer Psychologe und Pädagoge*

- *Analysieren Sie die Aussagen von Skinner, indem Sie seine Argumentationsschritte anhand der einzelnen Beispiele nachvollziehen.*

- *Stimmen Sie ihm zu, dass der autonome Mensch abgeschafft wird? Führen Sie ein Streitgespräch im Kurs.*

- *Versuchen Sie Beispiele aus Ihrem Lebensumfeld zu finden, in denen das Verhalten der Menschen ausschließlich von der Umwelt geprägt worden ist. Besprechen Sie in der Gruppe die Beispiele.*

- *Beziehen Sie die Argumente von Skinner auf das Gespräch des Soziobiologen Eckart Voland und des Psychologen Lutz H. Eckensberger (S. 73). Führen Sie ein fiktives Gespräch zwischen den beiden Wissenschaftlern und Skinner und führen Sie dieses als Rollenspiel auf. Finden Sie dazu noch eigene Beispiele.*

Der folgende Zeitungsausschnitt berichtet von einem Fall aus England, wo zwei neunjährige Kinder einen Mord an einem Kind verübt haben. Der Autor berichtet nicht nur von der Tat, sondern auch von dem sozialen und familiären Hintergrund der beiden Täter. Das Verbrechen und die Form der Bestrafung der minderjährigen Täter wirft die Frage auf, inwieweit der Mensch für seine Handlungen verantwortlich ist. Handelten die jungen Straftäter aus Freiheit heraus oder waren sie durch ihre Umwelt vorbestimmt?

Mord in Liverpool

Die Tat

Das Bild zeigt eine Alltagsszene, scheinbar belanglos: Ein Junge führt ein Kind an der Hand. Zwei Meter weiter vorne geht ein zweiter Junge. Eine Frau mit Einkaufstasche kommt den dreien entgegen. Grobkörnig, verschwommen ist das Bild aus einer Überwachungskamera des Strand Shopping Centre in Bootle bei Liverpool, doch hat es sich tief ins Langzeitgedächtnis der Briten geätzt. Denn es zeigt Jon Venables und Robert Thompson, beide neun Jahre alt, die den nicht einmal dreijährigen James Bulger entführen. Aus dem Einkaufszentrum werden sie ihn an einen abgelegenen Ort bei den Gleisen bringen, dreieinhalb Kilometer entfernt. Sie werden den Kleinen steinigen, mit einer Eisenstange zu Tode schlagen und auf die Schienen werfen, um ihre Tat als Unfall zu tarnen. Das nach Einschätzung vieler Kommentatoren „schrecklichste Verbrechen des Vereinigten Königreichs" geschah vor acht Jahren, am 12. Februar 1993. James' Eltern durften die Leiche nicht sehen, [...] denn der kleine Körper wurde von einem Güterzug überrollt.

Die Bestrafung

Schon nach wenigen Tagen hatten 200 Beamte der Liverpooler Polizei die minderjährigen Täter gestellt. Neun Monate später wurden sie wegen Mordes vom königlichen Gerichtshof in Preston verurteilt zu „detention at Her Majesty's pleasure"; Verwahrung auf unbestimmte Zeit. „Großbritanniens jüngste Mörder seit 250 Jahren dürften mindestens 20 Jahre eingesperrt bleiben", mutmaßte damals der *Guardian*. Doch Ende vergangenen Jahres empfahl Lord Woolf, der oberste Richter, die 18-Jährigen zu entlassen nach Verbüßung ihrer Mindeststrafen von acht Jahren – und löste einen Sturm der Entrüstung aus. Inzwischen bereuten die beiden ihr Verbrechen aufrichtig, meint Lord Woolf und sieht kaum eine Rückfallgefahr. [...] Der oberste Richter betont, dass deren Bestrafung mit der Entlassung keineswegs zu Ende sei: Für immer müssten sie mit der Schuld leben, die sie als Zehnjährige auf sich geladen hätten. Sollten sie erneut straffällig werden, würden sie für den Rest ihres Lebens weggesperrt. [...]

Die Reaktion der Gesellschaft

Wie nach der Tat vor acht Jahren prangern im ideologischen Schlagabtausch die Konservativen unangebrachte Milde im Umgang mit Schulschwänzern und ganz pauschal die Lage allein erziehender Mütter als Ursachen für Kinderverbrechen an; der Philosoph Roger Scruton etwa, auch der Führer der Konservativen William Hague begründen die Verrohung von Knaben mit dem Fehlen eines positiven männlichen Rollenmodells in der Einkindfamilie. Während die Linken erneut soziale Entbehrung, Arbeitslosigkeit, die Misere in heruntergekommenen Siedlungen beklagen. [...]

Der biografische Hintergrund der Täter

Robert Thompson und Jon Venables wuchsen im Viertel Walton in Liverpool auf; im Stadtplaner-Jargon eine „innerstädtische Gegend mit Handlungsbedarf". Die Straßen sind von Reihenhäuschen aus roten Backsteinen gesäumt; einige gepflegt, manche ziemlich schäbig. [...] Robert war ein Sorgenkind. Die Polizei nannte ihn einen „professionellen Schulschwänzer". Mit zehn konnte der klein gewachsene, kräftig gebaute Junge, dessen arbeitsloser Vater abgehauen war und die Erziehung seiner sechs Söhne der trinkenden Mutter überließ, kaum lesen und schreiben.

Jon, ein hoch aufgeschossenes, dünnes Kind, lebte verglichen damit in einer funktionierenden Familie: Er hatte bloß zwei Geschwister, verbrachte eine Wochenhälfte bei seiner Mutter und die andere beim arbeitslosen Vater. Seine Lehrer hielten ihn für intelligent. Er neigte aber zu Wutausbrüchen, griff andere Kinder an oder schlug seinen eigenen Kopf gegen die Wand des Klassenzimmers. [...]

Tatsächlich kommen Robert und Jon also aus brisanten sozialen Verhältnissen, wie sie sich in vielen englischen Städten in den neunziger Jahren noch zugespitzt haben. Doch zu Mördern wurden sie wohl auf Grund einer verhängnisvollen Konstellation, die nicht verallgemeinerbar ist: Roberts Vorleben war eine für einen Zehnjährigen ungewöhnliche Zumutung aus Verwahrlosung und Gewalt. Und Jon, der hyperaktive Einzelgänger, schaffte es nicht, sich von seinem Freund abzugrenzen, den er endlich gefunden hatte.

DIE ZEIT, 8. 2. 2001

- *Diskutieren Sie, inwiefern ein Zusammenhang zwischen dem sozialen und familiären Umfeld der Täter und der Tat bestehen könnte. Berücksichtigen Sie dabei das Problem der Handlungsfreiheit.*

- *Simulieren Sie in kleinen Gruppen eine Sitzung des Bewährungsrates, der über das weitere Vorgehen berät.*

- *Überlegen Sie in Kleingruppen, inwieweit man die Begriffe „Verantwortung" und „Schuld" auf das obige Beispiel anwenden kann, und stellen Sie die Ergebnisse im Plenum vor.*

- *Beurteilen Sie das Verhalten der Kinder aus Sicht des Psychologen Skinner und des Philosophen Sartre (vgl. S. 78/79 und S. 32/33).*

- *Verfassen Sie fiktive Stellungnahmen der genannten Personen zu dem oben beschriebenen Fall.*

Verantwortung und Schuld in der Rechtsprechung

Begriffe wie „Verantwortung" und „Schuld" sind von erheblicher Bedeutung, wenn es um die Frage der Bestrafung von Verbrechen und Unrecht geht. Auch in der Rechtsprechung wird diese Problematik angesprochen.

Entscheidung des Bundesgerichtshofes

Strafe setzt Schuld voraus. Schuld ist Vorwerfbarkeit. Mit dem Unwerturteil der Schuld wird dem Täter vorgeworfen, dass er sich nicht rechtmäßig verhalten, dass er sich für das Unrecht entschieden hat, obwohl er sich rechtmäßig verhalten, sich für das Recht hätte entscheiden können. Der innere Grund des Schuldvorwurfs liegt darin, dass der Mensch auf freie, verantwortliche, sittliche Selbstbestimmung angelegt und deshalb befähigt ist, sich für das Recht und gegen das Unrecht zu entscheiden, sein Verhalten nach den Normen des rechtlichen Sollens auszurichten.

BGHSt. 2, 194

- *Analysieren Sie anhand der hier aufgezeigten Entscheidungen, wie die deutsche Rechtsprechung die Frage nach der menschlichen Handlungsfreiheit und der daraus resultierenden Verantwortlichkeit und Schuldfähigkeit behandelt.*

- *Überlegen Sie, welche Konsequenzen sich für das Strafrecht aus der Annahme der Determination menschlichen Handelns ergeben würde. Formulieren Sie Ihre Gedanken schriftlich.*

§ Strafgesetzbuch

§ 46 Abs. 1
Die Schuld des Täters ist die Grundlage für die Zumessung der Strafe.

Entscheidung des Bundesverfassungsgerichts

Die strafrechtliche Ahndung einer Tat ohne Schuld des Täters ist rechtsstaatswidrig und verletzt den Betroffenen in seinen Grundrechten aus Art. 2 Abs. 1 Grundgesetz.

BVerfGE, Bd. 20, 331

§ Grundgesetz (1949)

Art. 2
(1) Jeder hat das Recht auf die freie Entfaltung seiner Persönlichkeit, soweit er nicht die Rechte anderer verletzt und nicht gegen die verfassungsmäßige Ordnung oder das Sittengesetz verstößt.

Danner: Psychologische Determiniertheit des Wollens

Der österreichische Mediziner Manfred Danner hat sich in seinen psychologischen Studien über die Willens- und Handlungsfreiheit mit der Frage von Schuld und Strafe beschäftigt. Im folgenden Text setzt er sich zunächst grundsätzlich mit der Frage der Willensfreiheit auseinander.

Willensfreiheit und Freiheitsbewusstsein

Warum es keinen freien Willen gibt

1. Das Wollen ist auf einen subjektiv empfundenen, absoluten oder relativen Wert* gerichtet. Es ist dabei gleichgültig, ob es sich um einen Lebenswert oder um einen Bedeutungs- oder Sinnwert oder um einen Sozialwert handelt.
2. Was ein (subjektiver) Wert ist, bestimmen die Gefühle, oder anders ausgedrückt: Ein Wert ist nur dann ein (subjektiver) Wert, wenn er als solcher emotional erfasst wurde. Ein gleichgültiger Erlebnis- oder Bewusstseinsinhalt kann kein subjektiver Wert sein. Auch die so genannten objektiven (besser „überindividuellen") Werte müssen subjektiv erfasst werden, sonst sind sie dem Betreffenden kein Wert, bleiben ihm gleichgültig und lösen kein Wollen aus. Der Mensch ist – um es vorwegzunehmen – nicht nur determiniert, sondern auch determinierbar. Die determinierenden Kausalfaktoren setzen sich zusammen: a) aus der endogenen Veranlagung und b) aus den Umweltfaktoren. Zusammengefasst gilt: Das Wollen ist auf einen subjektiven Wert gerichtet; was ein subjektiver Wert ist, bestimmen die Gefühle.
3. Also bestimmen die Gefühle unser Wollen. Das Wollen wird nicht vom Motivinhalt bestimmt, sondern von dem Gefühl, welches diesen begleitet, oder wie wir sagen, von seiner emotionalen Besetzung.
4. Die Gefühle sind unserer freien Bestimmbarkeit entzogen, sie „entstehen autogen". Ob wir etwas als angenehm oder wertvoll empfinden und wie stark, das bestimmen nicht wir, es ist uns gegeben. „Der Vorgang ist aber ein Hinnehmen und nicht ein Tun."
5. Da das Wollen von den Gefühlen bestimmt wird und da die Gefühle unserer freien Bestimmbarkeit entzogen sind, ist das Wollen determiniert.

Warum das Bewusstsein der Freiheit nicht identisch ist mit Freiheit

1. Der Mensch kann zu jedem Wollen die gegenteilige Möglichkeit denken.
2. Jede der beiden gegensätzlichen Wollensmöglichkeiten (Wollen oder Nichtwollen) ist von Gefühlen begleitet. […] Der Mensch kann also zu jedem Wollen die gegenteilige Möglichkeit denken und diese bei hinreichender emotionaler Besetzung auch wollen. Da es seine Emotionen sind, die ihn zum Wollen bewegen, und da er sich mit seinen Emotionen und mit seinem Wollen identifiziert und dies nicht für unabänderlich hält, gibt ihm das Bewusstsein der Ichhaftigkeit und des Eigenen im Wollen ein so starkes Gefühl der Freiheit, dass er sagt: „Ich kann auch anders, wenn ich will", und dabei merkt er nicht, dass er nur dann anders will, wenn er ein neues Motiv, d. h. einen neuen hinreichend emotional besetzten Bewusstseinsinhalt dafür hat.
3. Da es seine Gefühle sind, die ihn bestimmen, und da der Mensch sich mit seinen Gefühlen identifiziert, glaubt er selbst frei zu bestimmen, und da er zwei denkbare Möglichkeiten hat zu wollen, vermeint er frei zu wählen, während in Wirklichkeit seine Gefühle „wählen" und diese auch nicht eigentlich wählen, sondern auf Grund ihres stärkeren emotionalen Akzents zum Zuge kommen.
4. Dass es keine dritte freie Kraft gibt, welche zwischen dem emotional besetzten Wollen und dem emotional besetzten Nichtwollen frei entscheidet, geht aus folgender Überlegung hervor:
   a) Eine dritte Kraft müsste ohne Motiv und ohne emotionale Besetzung wählen und entscheiden können. Eine solche Vorstellung ist undenkbar, denn jede Entscheidung und jede Wahl muss, auch wenn sie von einem freien Willen vollzogen wird, motiviert sein. Da aber Motiv und emotionale Besetzung untrennbar zusammengehören, muss auch ein freier Wille emotional besetzt sein, womit er nicht mehr frei ist (weil, wie gezeigt wurde, die Emotionen unserer freien, zwingenden Bestimmbarkeit entzogen sind).
   b) Dass ein Seiendes (Ding oder Ereignis) mehr sein kann als Gegenstand des Wollens oder Nichtwollens, ist unvorstellbar. Da der Mensch also nicht anders kann, als wollen oder/und nicht wollen, muss sich die so genannte dritte Kraft (des freien Wollens) in eine dieser beiden Kategorien einordnen und ist damit keine dritte Kraft mehr.
5. Zusammenfassend lässt sich also sagen:
   Die Emotionen sind es, die unser bewusstes Wollen bestimmen; da es aber unsere Emotionen sind und da wir uns mit unseren Emotionen und mit unserem Wollen identifizieren, haben wir das Gefühl und das Bewusstsein, selbst zu bestimmen, und fühlen uns frei; insofern es aber die Emotionen sind, die unser Wollen bestimmen, bestimmen wir (zwar selbst, aber) nicht frei.

Manfred Danner, österreichischer Arzt

- *Untersuchen Sie, wie Danner die Determination des freien Willens begründet.*
- *Formulieren Sie schriftlich Einwände gegen Danners Thesen und tragen Sie diese im Plenum vor.*

Verantwortlichkeit und Strafe

In seinem Hauptwerk „Gibt es einen freien Willen?" nimmt Danner auch Stellung zu den unterschiedlichen Auffassungen von Verantwortlichkeit und Strafe in der indeterministischen und der deterministischen Sichtweise des menschlichen Handelns.

Die Bedingung dafür, dass wir den Täter verantwortlich machen können, liegt in seiner Zurechnungsfähigkeit. Während aber die Indeterministen die Zurechnungsfähigkeit aus der Wahlfreiheit ableiten, ist für den Deterministen „Zurechnungsfähigkeit" wiederum nichts anderes als normale Motivierbarkeit. Infolgedessen trägt die unterschiedliche Deutung der Zurechnungsfähigkeit des Täters mit dazu bei, dass die strafrechtlichen Konsequenzen im Determinismus und im Indeterminismus einen beinahe gegensätzlichen Charakter erhalten. Für die Indeterministen ist die Tat ein Übel, das mit einem möglichst adäquaten Übel vergolten werden muss. Für den Deterministen ist die Tat selbstverständlich auch ein Übel, weil aber der Täter nicht freiwillig, sondern nur determiniert gehandelt hat, müssen dem Deterministen Vergeltung und auferlegte Sühne[1] als völlig unbegründet erscheinen, und noch sinnloser wäre die Deutung der Strafe als „Negation einer Negation". Im Determinismus bildet die Tat nur noch den Anlass für unser Einschreiten, die allgemeine Blickrichtung ist aber nach vorne gerichtet, nicht Vergeltung und Sühne, sondern Erziehung und Behandlung, nicht Rache für Vergangenes, sondern Selbstschutz und Hilfe für Zukünftiges sind die maßnahmenrechtlichen Intentionen im Determinismus. Weil der Determinist weiß, dass dem Täter die hinreichende Motivation gefehlt hat, die Tat zu unterlassen, weil er weiß, dass der Mensch nur in dem Maße an sich arbeiten und seinen Willen einsetzen kann, in dem er durch Anlage und Umweltfaktoren dazu motiviert ist, und weil er sich bewusst ist, dass die Umweltfaktoren, die den Täter nicht hinreichend zu motivieren vermochten, wir selbst sind, hat er eine, verglichen mit dem Indeterministen, beinahe entgegengesetzte innere Einstellung zum Täter. Ihn bewegen nicht unverbindliche und modische, pseudo-humanitäre Einstellungen zum Täter, die oft genug nichts anderes darstellen als ein frommes Mittel, die dahinterliegenden indeterministischen „Gerechtigkeitsvorstellungen" von Vergeltung oder gar Rache zu verbergen. Der Determinist hütet sich vor überheblichen, verächtlichen und aggressiven Untertönen oder Handlungen im Umgang mit dem Täter. Er zieht ihn zur Verantwortung, nicht weil er die Tat begangen hat, sondern damit er diese oder eine ähnliche Straftat in Zukunft unterlässt.

1 Sühne: Sühne erstrebt die Wiederherstellung eines Zustandes zwischen Göttern und Menschen, wie er vor dem bewussten oder unbewussten Begehen einer menschlichen Verfehlung bestanden hatte.

Manfred Danner, österreichischer Arzt

- *Wo liegen die Hauptunterschiede zwischen den beiden Sichtweisen? Entwerfen Sie dazu ein Schema im Kurs.*
- *Finden Sie in der Presse ein aktuell begangenes Verbrechen und simulieren Sie im Kurs je eine Gerichtsverhandlung:*
  1. aus indeterministischer Sicht des Strafvollzugs,
  2. aus deterministischer Sicht.
- *Diskutieren Sie in der Lerngruppe die Ergebnisse der beiden Verhandlungen und ihre Konsequenzen für den Täter.*
- *Bilden Sie sich ein Urteil, welche Auffassung Sie als Richterin bzw. als Richter vertreten würden. Begründen Sie Ihre Meinung schriftlich.*

Edgar Ende, Die blinde Märchenerzählerin, 1938

- *Beschreiben Sie dieses Bild und vergleichen Sie es mit den klassischen Darstellungen der Iustitia.*
- *Verbinden Sie die Aussage des Bildes mit den Thesen von Danner.*

Von Gott zu reden ist gefährlich

Die russische Philosophin Tatjana Goritschewa berichtet über ihre Erfahrungen mit der Religionsfreiheit in der Sowjetunion während der siebziger Jahre.

Eine Begegnung mit dem Teufel

Am 14. November um 8 Uhr morgens klingelte es an unserer Wohnungstür. Ich war spät zu Bett gegangen und wachte deshalb erst auf, als der Vater mir zurief: „Tanja, Besuch für dich!" – „Wer?" – „Boris." Ich habe der schriftlichen Vorladung beim Untersuchungsrichter Karmazkij in der Angelegenheit des Moskauer Seminars nicht Folge geleistet. Vor kurzem hat man den wichtigsten Teilnehmer des Seminars, Wladimir Poresch, verhaftet. Noch vor kurzer Zeit hatten wir zusammen mit Wladimir darüber nachgedacht, wie wir unsere Seminare, das Leningrader und das Moskauer, vereinigen könnten. Wir hatten uns Träumen hingegeben und waren sogar auf die Idee einer orthodoxen Untergrundakademie gekommen, einer Akademie, in der Wolodja Kirchengeschichte lehren wollte, Regelson sollte die Dogmatik übernehmen und ich die Philosophie. Sie sind jetzt alle – im Gulag[1]: Sascha Ogorodnikow, Wolodja, Tanja Schtschipkowa, Vitja Popkow, Ljowa Regelson. Und die Verhaftungen und Hausdurchsuchungen dauern immer noch an.
Nachdem ich der Vorladung „In der Angelegenheit Wladimir Poresch" nicht Folge geleistet habe, ist der KGB selbst gekommen. Mein Schlaf verfliegt augenblicklich. Ich komme zu vollem Bewusstsein und gehe zu „Boris" hinaus. „Mit welchem Recht stehen Sie hier?" Er zeigt mir hastig sein rotes Büchlein. „Gehen wir, Tatjana Michajlowna, machen wir die Verhältnisse nicht noch komplizierter. Unten wartet das Auto." All das spricht er flüsternd, damit es die Eltern nicht hören. „Nirgendwohin werde ich mit Ihnen fahren!"
Ich setze mich an meinen Schreibtisch und mache mich daran, im „Grundkurs" von Karl Rahner* zu lesen. Als die Eltern begriffen haben, worum es geht, stürzen sie sich auf mich. Was habe ich nicht alles von ihnen zu hören bekommen!
„Fahr doch, solange man dich im Guten dazu auffordert, sonst wirst du uns vor allen Nachbarn Schande machen. Man hält dich schon für eine Nonne. So viele Jahre hast du studiert – und alles umsonst." Meinen Eltern steckt die Angst im Blut: Angst, die jeden normalen Gedanken und jedes gesunde Gefühl lähmt. Sie sind ja in einer anderen Zeit aufgewachsen und sie wurden erzogen, als man die Leute nicht bloß mit Autos weggebracht hat, sondern sie sofort erschoss, im Keller ihres eigenen Hauses. So vergehen zwei Stunden mit Drohungen und Beleidigungen. Ich schweige und rühre mich nicht vom Platz. Schließlich verliert „Boris" die Geduld. „Kann man von Ihnen aus telefonieren?", fragt er. Der Vater zittert am ganzen Körper, er steht vor einem Nervenzusammenbruch. Es erfolgt der Anruf von der Polizei: Das angeforderte Auto ist unterwegs. Mein Vater begann mir Leid zu tun, und da es ihnen mit Hilfe der bewaffneten Polizei auf jeden Fall gelingen würde, mich mitzunehmen, erhob ich mich und sagte, dass ich einverstanden sei zu fahren. Beim KGB bringt man mich zu Karmazkij, der sich, die Würde in Person, vorstellt und mir ein Papier über die Rechte und Pflichten des Zeugen zum Durchlesen gibt. „Ich lehne es ab, mich an dieser Sache zu beteiligen", sage ich.
„Warum? Geben Sie z. B. eine positive Charakteristik Ihres Freundes Poresch! Wir sind doch keine Unmenschen, wir wollen uns nur objektiv über alles klar werden. Sie verstehen, dass Sie ihm mit Ihrer Weigerung überhaupt nicht helfen werden. Aber sich selbst werden Sie schaden." – „Ich weigere mich, mit Ihnen zu sprechen." Ich bin nicht zum ersten Mal in diesen Wänden. Eine richtige Linie im Verhalten gegenüber dem KGB zu finden, war am Anfang sehr schwer. Die Mehrzahl derer, die dort ausgefragt werden, versucht anfangs zu täuschen, und sie erdichten etwas, denken sich etwas aus. Aber der Teufel ist in Sachen Schlauheit immer klüger als wir. Jeder beliebige Dialog mit ihm verwandelt sich immer in das Spiel: „Ein Tor". Letzten Endes erfahren sie auf dem Weg listiger, seit langem erprobter und sorgfältig ausgearbeiteter Methoden das, was sie brauchen, und der Mensch wird zum Verräter. Ich betete still für mich. Besonders das Jesusgebet half mir: „Herr Jesus Christus, Sohn Gottes, erbarme dich meiner, der Sünderin." Dieses Gebet schuf ein undurchdringliches Feld um mich herum. Dank dieses Gebetes fühlte ich mich völlig geschützt, hinter welchen Wänden ich auch war und in welchen Verhältnissen ich mich auch befand.

1 Gulag: Hauptverwaltung des Straflagersystems in der UDSSR (1930–1955)

*Tatjana Goritschewa, *1947, russische Philosophin*

- *Beschreiben Sie, mit welchen Mitteln in diesem Fall die staatliche Gewalt die Ausübung der Religion verhindern will.*

- *Welche Gründe können den staatlichen Versuchen zugrunde liegen, die Religionsfreiheit zu beschränken? Überlegen Sie in Kleingruppen und besprechen Sie die Ergebnisse im Plenum.*

- *Finden Sie weitere Beispiele aus der Gegenwart und Vergangenheit für Verstöße gegen das Menschenrecht der freien Ausübung der Religion und besprechen Sie diese in der Lerngruppe unter dem Aspekt der jeweiligen Ursachen.*

Tatjana Goritschewa

Tatjana Goritschewa wurde 1947 in Leningrad geboren und studierte Philosophie und Radiotechnik. Mit 26 Jahren wurde sie Christin und setzte sich in den siebziger Jahren gegen staatlichen Widerstand für ihren Glauben ein. Sie gründete mit Leningrader Frauen die erste Frauenbewegung in der damaligen Sowjetunion, organisierte religiöse Seminare und veröffentlichte zwei Zeitschriften im Untergrund. Während dieser Zeit wurde sie vom Komitee für Staatssicherheit (KGB) konrolliert, zu Verhören geladen und mehrmals verhaftet. 1980 wurde sie aus der Sowjetunion ausgewiesen und lebt heute in Paris. In ihrem autobiografischen Werk „Von Gott zu reden ist gefährlich" berichtet sie nicht nur von den Schwierigkeiten und Gefahren, die die aktive Ausübung und Verbreitung einer Religion mit sich brachte, sondern auch von der Sinngebung und Liebe, die sie durch ihre Hinwendung zur Religion erfahren hat.

Russell: Warum ich kein Christ bin

Dem englischen Philosophen Bertrand Russell wurde auf Grund seiner antichristlichen Einstellung die Arbeit an der Universität verweigert (vgl. S. 30/31). Im folgenden Text gibt Russell Auskunft über die Gründe seiner ablehnenden Haltung gegenüber der christlichen Religion.

Russells Kritik an der Religion

Religion und Moral

Wie gesagt, glaube ich nicht, dass der wahre Grund, warum die Menschen einer Religion anhängen, etwas mit Beweisen zu tun hat. Sie sind religiös aus Gründen des Gefühls. Häufig ist zu hören, es sei Unrecht, die Religion anzugreifen, weil sie die Menschen tugendhaft* mache. So sagt man, ich selbst habe nichts davon bemerkt. Sie kennen wohl die Parodie auf dieses Argument in Samuel Butlers Buch „Erewhon Revisited". Wie Sie sich erinnern werden, kommt in „Erewhon" ein gewisser Higgs vor, der in ein fernes Land verschlagen wird und nach einiger Zeit in einem Ballon aus diesem Land flieht. Nach zwanzig Jahren kehrt er zurück und findet dort eine neue Religion vor, in der er unter dem Namen „Sonnenkind" verehrt wird und die behauptete, er sei in den Himmel aufgefahren. Er erfährt, dass das Himmelfahrtsfest unmittelbar bevorstehe, und hört, wie die Professoren Hanky und Panky zueinander sagen, sie hätten den Mann Higgs niemals gesehen und hofften, ihn auch niemals zu Gesicht zu bekommen; sie sind aber die Hohenpriester der Religion des Sonnenkindes. Er ist überaus empört, geht auf sie zu und sagt: „Ich werde diesen ganzen Schwindel entlarven und dem Volk von Erewhon sagen, dass es nur ich war, der Mann Higgs, und dass ich in einem Ballon aufgestiegen bin." Man erwidert ihm jedoch: „Das dürfen Sie nicht tun; die ganze Moral dieses Landes ist an diesen Mythos gebunden. Wenn die Leute erfahren, dass Sie nicht in den Himmel aufgefahren sind, werden sie alle schlecht werden." Und so lässt er sich überzeugen und entfernt sich unauffällig.
Das ist der Grundgedanke: dass wir alle schlecht wären, hielten wir uns nicht an die christliche Religion. Mir scheint es, dass der größte Teil der Menschen, die sich daran gehalten haben, außerordentlich schlecht waren. Es ergibt sich die seltsame Tatsache, dass die Grausamkeit umso größer und die allgemeine Lage umso schlimmer waren, je stärker die Religion einer Zeit und je fester der dogmatische Glaube war. In den so genannten Epochen des Glaubens, als die Menschen an die christliche Religion in ihrer vollen Ganzheit wirklich glaubten, gab es die Inquisition mit ihren Foltern, wurden Millionen unglückseliger Frauen als Hexen verbrannt und im Namen der Religion an unzähligen Menschen alle erdenklichen Grausamkeiten verübt.
Wenn man sich auf der Welt umsieht, so muss man feststellen, dass jedes bisschen Fortschritt im humanen Empfinden, jede Verbesserung der Strafgesetze, jede Maßnahme zur Verminderung der Kriege, jeder Schritt zur besseren Behandlung der farbigen Rassen oder jede Milderung der Sklaverei und jeder moralische Fortschritt auf der Erde durchweg von den organisierten Kirchen der Welt bekämpft wurde. Ich sage mit vollster Überlegung, dass die in ihren Kirchen organisierte christliche Religion der Hauptfeind des moralischen Fortschritts in der Welt war und ist.

Angst als Grundlage der Religion

Die Religion stützt sich vor allem und hauptsächlich auf die Angst. Teils ist es die Angst vor dem Unbekannten und teils, wie ich schon sagte, der Wunsch zu fühlen, dass man eine Art großen Bruder hat, der einem in allen Schwierigkeiten und Kämpfen beisteht. Angst ist die Grundlage des Ganzen – Angst vor dem Geheimnisvollen, Angst vor Niederlagen, Angst vor dem Tod. Die Angst ist die Mutter der Grausamkeit, und es ist deshalb kein Wunder, dass Grausamkeit und Religion Hand in Hand gehen, weil beide aus der Angst entspringen. Wir beginnen nun langsam die Welt zu verstehen und sie zu meistern, mit Hilfe einer Wissenschaft, die sich gewaltsam Schritt für Schritt ihren Weg gegen die christliche Religion, gegen die Kirchen und im Widerspruch zu den überlieferten Geboten erkämpft hat. Die Wissenschaft kann uns helfen, die feige Furcht zu überwinden, in der die Menschheit seit so vielen Generationen lebt. Die Wissenschaft, und ich glaube, auch unser eigenes Herz, kann uns lehren, nicht mehr nach eingebildeter Hilfe zu suchen und Verbündete im Himmel zu ersinnen, sondern vielmehr hier unten unsere eigenen Anstrengungen darauf zu richten, die Welt zu einem Ort zu machen, der Wert* ist, darin zu leben, und nicht zu dem, was die Kirchen in all den Jahrhunderten daraus gemacht haben.

***Sir Bertrand Russell**, 1872–1970, englischer Philosoph, Nobelpreis für Literatur*

- *Erklären Sie mit eigenen Worten, wie sich die von Russell geschilderte Parodie Butlers auf die christliche Religion übertragen lässt.*
- *Formulieren Sie schriftlich Ihre persönliche Meinung zu Russells Religionskritik.*
- *Beschreiben Sie die Angst des Menschen, die Russell als Grundlage der Religion sieht. Entwerfen Sie als Vorbereitung ein Begriffsnetz (Cluster) zu dem Begriff „Angst".*
- *Welche Rolle weist Russell der Wissenschaft zu?*
- *Diskutieren Sie im Hinblick auf aktuelle ethische Problemstellungen in unserer Gesellschaft (Sterbehilfe, Gentechnik usw.) die Frage, inwieweit die Wissenschaft dazu verhilft, die „feige Furcht" (Z. 65) der Menschen zu überwinden.*

Was wir tun müssen

Wir wollen auf unsern eigenen Beinen stehen und die Welt offen und ehrlich anblicken – ihre guten und schlechten Seiten, ihre Schönheit und ihre Hässlichkeit; wir wollen die Welt so sehen, wie sie ist, und uns nicht davor fürchten. Wir wollen die Welt mit unserer Intelligenz erobern und uns nicht nur sklavisch von dem Schrecken, der von ihr ausgeht, unterdrücken lassen. Die ganze Vorstellung von Gott stammt von den alten orientalischen Gewaltherrschaften. Es ist eine Vorstellung, die freier Menschen unwürdig ist. Wenn man hört, wie sich die Menschen in der Kirche erniedrigen und sich als elende Sünder usw. bezeichnen, so erscheint das verächtlich und eines Menschen mit Selbstachtung nicht würdig. Wir sollten uns erheben und der Welt frei ins Antlitz blicken. Wir sollten aus der Welt das Bestmögliche machen, und wenn sie nicht so gut ist, wie wir wünschen, so wird sie schließlich immer noch besser sein als das, was die andern in all den Zeitaltern aus ihr gemacht haben. Eine gute Welt braucht Wissen, Güte und Mut; sie braucht keine schmerzliche Sehnsucht nach der Vergangenheit, keine Fesselung der freien Intelligenz durch Worte, die vor langer Zeit von unwissenden Männern gesprochen wurden. Sie braucht einen furchtlosen Ausblick auf die Zukunft und eine freie Intelligenz. Sie braucht Zukunftshoffnung, kein ständiges Zurückblicken auf eine tote Vergangenheit, von der wir überzeugt sind, dass sie von der Zukunft, die unsere Intelligenz schaffen kann, bei weitem übertroffen wird.

***Sir Bertrand Russell**, 1872–1970, englischer Philosoph, Nobelpreis für Literatur*

- *Analysieren Sie, wie der freie Mensch im Vergleich zu dem religiös Gebundenen skizziert wird.*

- *Russell schrieb diesen Text im Jahre 1957. Verfassen Sie einen Brief an den Philosophen, in dem Sie zu seinen Forderungen aus heutiger Sicht Stellung nehmen.*

Bernhard Heisig, Christus verweigert den Gehorsam, 1986

- *Beschreiben Sie, wie das Bild von Bernhard Heisig auf Sie wirkt.*

- *Benennen Sie einzelne Bildelemente und erläutern Sie den Zusammenhang zwischen ihnen.*

- *Finden Sie Parallelen in den Vorstellungen des Philosophen Russell und der Intention des Künstlers Heisig.*

Ein anderer Christus

Ich wollte einen anderen Christus erfinden, keine Erlöserfigur, einen, der sich nicht fügt, den Kelch nicht nimmt und die Dornenkrone abreißt. „Genug gekreuzigt" … Der Arzt, dem der Tod die Operationsmaske umbindet (oben links), ist die Darstellung eines sinnlosen Kreislaufes. Im Krieg muss er Verwundete zusammenflicken, damit sie wieder verwundet oder getötet werden können.

*Bernhard Heisig, *1925, deutscher Maler*

Cuius regio, eius religio?

„Wes das Land, des die Religion", so lautet die Übersetzung der Befugnis des Augsburger Religionsfriedens von 1555, in dem den Landesherren die Bestimmung der Religion ihrer Untertanen zugesprochen wurde. Der Augsburger Religionsfriede war ein Versuch, die durch die Reformation aufgekommenen Unruhen in Europa beizulegen. Wer sich weigerte, die Religion des Landesherren anzunehmen, durfte nach Verkauf seines Besitzes auswandern. Die Religionsfreiheit und das damit verbundene Recht, eine Religion frei zu wählen und auszuüben, ist heute durch Artikel 9 der Europäischen Menschenrechtskonvention (S. 83) in den Verfassungen der europäischen Länder als Grundrecht verankert. Der folgende Bericht über den Abriss einer Moschee in der österreichischen Stadt Traun wirft die Frage auf, ob das Recht auf Religionsfreiheit in der Gegenwart überall verwirklicht ist.

Am 18. März 2001 führt der Nahostexperte Bayati der österreichischen Menschenrechtsorganisation FOREF (Forum Religionsfreiheit) ein Interview mit dem Moscheesprecher Günther A. Rusznak und mit Peter Zöhrer von der ICRF-Austria (International Coalition for Religious Freedom).

Bayati Herr Rusznak, als Moscheesprecher waren Sie in der Auseinandersetzung zwischen den Moslems und der Behörde von Anfang an aktiv mit dabei. Was ist Ihr Resümee?

Rusznak […] Natürlich musste [der Abriss] einer Moschee in ein rechtliches Mäntelchen verpackt werden. Ich zitiere Ihnen nun nur eine typische Stelle aus den Ablehnungsbescheiden: „Die errichtete Waschgelegenheit (drei Kaltwasserhähne, die ordnungsgemäß an das öffentliche Leitungsnetz und an den öffentlichen Kanal angeschlossen wurden) kann die sanitären und hygienischen Verhältnisse im Ort verändern." Eine wichtige Aussage ist zu unserer Suche nach einem neuen Standort zu machen. Wir haben uns bemüht. Wirklich bemüht. Aber stets wurden wir mit zwei Hindernissen konfrontiert: a.) Wenn etwas zu mieten oder zu kaufen war, dann ist man spätestens bei der Erwähnung von „Moschee" oder „Türkischer Verein" auf Ablehnung gestoßen. b.) Ist das nicht eingetreten, dann hat stets die Stadtgemeinde Traun abgelehnt. […] Und diese Bescheide wurden durch übergeordnete Instanzen bestätigt. Einwände, Einsprüche wurden geschlossen abgelehnt. Und irgendwann ist man dann am Ende des Instanzenweges; es bleibt nur mehr der Weg zum Höchstgericht, und das kostet […] so viel, dass wir uns das nicht leisten konnten. [Es muss] dem Trauner Bürgermeister klar sein, dass es rechtlich einwandfrei ist, wenn im so genannten Kerngebiet[1] eine Moschee angesiedelt ist oder wird. Als Resümee kann daher gelten: In das Kerngebiet darf nur, wer von SPÖ und FPÖ geduldet wird. Eine Moschee gehört da sicher nicht dazu, daher wird die bekämpft. Glauben Sie mir, in dieser Auseinandersetzung geht es nicht um baurechtliche Versäumnisse einer kleinen Gruppe von Moslems. Es geht hier vielmehr um ein Politikum und Wählerquoten. Dass dazu die Moslemgemeinde herhalten muss, stört anscheinend kaum jemanden. […]

Bayati Herr Zöhrer, wie beurteilen Sie diesen Konflikt aus der Sicht der Menschenrechte, [besonders im Hinblick auf die] Religionsfreiheit?

Die drei gefährlichsten Wasserhähne der Nation

18. Mai 1998

Bescheid der Baubehörde

Untersagung der Benützung des Gebetsraumes (wichtigster Teil der Moschee). Begründung: Feuergefahr, mögliche Störungen der öffentlichen Ordnung durch das Zusammenkommen von mehreren Personen, Gefährdung der hygienischen Verhältnisse durch die Installation von drei Kaltwasserhähnen für die rituellen Waschungen.

Zöhrer […] Religionsfreiheit ist ein zentrales Menschenrecht, und das ist in unserer Verfassung verankert. In der Realität wird es oft von den Behörden ignoriert, wie es auch die jüngsten Beispiele in Scharding und Dornbirn zeigen. Die Trauner Moschee ist ein weiteres trauriges Kapitel der Ausgrenzung von Ausländern und der Verletzung der Religionsfreiheit. […] Als Österreicher bin ich schockiert, mitzuerleben, wie Ausgrenzung Andersgläubiger praktisch funktioniert.

1 Kerngebiet: hier: Fußgängerzone

Abbruch der Moschee aus Sicht eines Augenzeugen

28. März 2001

Ich bin vor Ort. So muss der Krieg aussehen. Uniformierte, so weit das Auge reicht. Helme, Schlagstöcke, Sperrgitter, Hunde. Und mittendrin zerfetzt ein Bagger unseren Gebetsraum. Ein Anblick, wie er erschütternder nicht sein kann. Die Staatsmacht hat zugeschlagen. Wie ich später erfahre, sind ab 4 Uhr früh die Einsatzkräfte angerückt, haben das Gebäude aufgebrochen. Haben nach „ihrem" Islamverständnis Gegenstände aus dem Gebetsraum entfernt und acht- und respektlos in das Vereinslokal geworfen. Wir finden später im Bauschutt Koranfragmente und andere Buchfragmente. Vieles bleibt aber unseren Augen sicher gnädig verborgen.

- *Welches sind die vorgetragenen Gründe, die zum Abriss der Moschee beigetragen haben? Worin sieht Rusznak die Gründe verankert? Wie wird vom Vertreter des ICRF, Herrn Zöhrer, die Angelegenheit beurteilt?*

- *Besprechen Sie im Plenum die Ereignisse um die Trauner Moschee. Wären die Geschehnisse auch in Ihr Umfeld übertragbar?*

- *Informieren Sie sich über die religiöse Vielfalt in Ihrer Umgebung: Wie viele verschiedene Glaubensgemeinschaften gibt es in Ihrer Stadt? Wo und in welcher Weise werden die Religionen ausgeübt? Gibt es Einschränkungen hinsichtlich der freien Ausübung der Glaubenspraxis?*

John Locke: Ein Brief über Toleranz

Der englische Philosoph John Locke (vgl. S. 14–15; 68–69) hat sich auch mit der Frage der religiösen Toleranz beschäftigt. In der politisch-theologischen Schrift „Ein Brief über die Toleranz" von 1685 betont er, dass die Befugnisse des Staates nicht auf den Inhalt und die Form der Gottesverehrung ausgedehnt werden sollen. Er verteidigt die Glaubenspraxis als individuelle Privatsache, was für das 17. Jahrhundert sehr ungewöhnlich war.

Die staatliche Obrigkeit darf nicht auf das Heil der Seelen ausgeweitet werden

Bürgerliche Interessen nenne ich Leben, Freiheit, Gesundheit, Schmerzlosigkeit des Körpers und den Besitz äußerer Dinge wie Geld, Ländereien, Häuser, Einrichtungsgegenstände und dergleichen. Es ist die Pflicht der staatlichen Obrigkeit, durch die unparteiische Ausführung von Gesetzen, die für alle gleich sind, allgemein dem ganzen Volke und jedem ihrer Untertanen im Besonderen den gerechten Besitz dieser Dinge, die zu seinem Leben gehören, zu sichern. Dass nun die ganze Rechtsgewalt der Obrigkeit sich nur auf diese bürgerlichen Anliegen erstreckt und dass sie in keiner Weise auf das Heil der Seelen ausgedehnt werden weder kann noch darf – das scheinen mir die folgenden Betrachtungen im Überfluss zu beweisen.
Erstens, weil die Sorge für die Seelen um nichts mehr der staatlichen Obrigkeit als andern Menschen übertragen ist. Ich meine, sie ist ihr nicht übertragen von Gott, weil es nicht den Anschein hat, als hätte Gott jemals einem Menschen eine derartige Autorität über einen andern gegeben wie die, irgendjemanden zu seiner Religion zu zwingen. Auch kann eine solche Macht nicht auf die Obrigkeit durch Zustimmung des Volkes übertragen werden, weil kein Mensch die Sorge für sein eignes Heim so weit aufgeben kann, dass er es blindlings der Wahl eines anderen, sei es Fürst oder Untertan, überließe, ihm vorzuschreiben, welchen Glauben oder Gottesdienst er annehmen solle. Denn niemand kann, selbst wenn er wollte, seinen Glauben dem Diktate anderer anpassen. Alles Leben und alle Macht wahrer Religion besteht in der inneren und vollkommenen Gewissheit des Urteils, und kein Glaube ist Glaube ohne Fürwahrhalten. Was immer wir für ein Bekenntnis ablegen, welchem äußeren Gottesdienste wir uns anschließen, wenn wir nicht in unserm eignen Urteil völlig darüber beruhigt sind, dass jenes wahr ist und dieser Gott wohlgefällig, so sind solches Bekenntnis und solches Tun, weit entfernt uns zu fördern, in Wahrheit große Hindernisse für unsere Seligkeit. Denn indem wir auf diese Weise, anstatt andere Sünden durch die Ausübung der Religion zu sühnen – ich meine, indem wir dem allmächtigen Gott auf diese Weise eine Verehrung darbringen, die wir als ihm missfällig erachten, so fügen wir zur Zahl unserer andern Sünden noch die der Heuchelei und der Verachtung seiner göttlichen Majestät hinzu.

Wechselseitige Duldung unter Privatpersonen

Zweitens hat keine Privatperson in irgendeiner Weise das Recht, eine andere Person im Genuss ihrer bürgerlichen Rechte zu benachteiligen, weil diese zu einer anderen Kirche oder Religion gehört. Alle Rechte und Freiheiten, die ihm als Menschen oder Bürger zustehen, müssen ihm unverletzlich erhalten bleiben. Diese gehören nicht zu den Angelegenheiten der Religion. Keine Gewalt, kein Unrecht darf ihm angetan werden, er sei Christ oder Heide. Ja wahrhaftig, wir dürfen uns nicht mit den engen Maßen bloßer Gerechtigkeit begnügen: Barmherzigkeit, Güte und Freigebigkeit müssen hinzukommen. Das schärft uns das Evangelium ein, befiehlt uns die Vernunft und fordert eine natürliche Brüderlichkeit von uns, in die wir hineingeboren sind. Wenn einer vom rechten Wege abirrt, so ist das sein eignes Unglück, kein Unrecht gegen dich; daher ist es auch nicht deine Sache, ihn an den Dingen dieses Lebens zu strafen, weil du annimmst, er wird im Zukünftigen elend sein.
Was ich über die wechselseitige Duldung von Privatpersonen sage, die voneinander in der Religion abweichen, versteht sich auch für einzelne Kirchen, die in vergleichsweise demselben Verhältnis zueinander stehen wie Privatpersonen; auch hat keine von ihnen irgendeine Art von Gerichtsbarkeit über eine andere; nein, selbst dann nicht, wenn die staatliche Obrigkeit, wie es bisweilen der Fall ist, zu ihrer oder der anderen Gemeinschaft gehört. Denn die Staatsgewalt kann der Kirche kein neues Recht geben, noch die Kirche der Staatsgewalt. Sodass, ob nun die Obrigkeit zu einer Kirche gehört oder von ihr getrennt ist, die Kirche immer das bleibt, was sie vorher war – eine freie und freiwillige Gesellschaft. […]

Keine Duldung von Atheisten

Letztlich sind diejenigen ganz und gar nicht zu dulden, die die Existenz Gottes leugnen. Versprechen, Verträge und Eide, die das Band der menschlichen Gesellschaft sind, können keine Geltung für einen Atheisten[1] haben. Gott auch nur in Gedanken wegnehmen, heißt alles dieses auflösen. Auch abgesehen davon können die, die durch ihren Atheismus die Religion untergraben und zerstören, sich nicht auf eine Religion berufen, auf die hin sie das Vorrecht der Toleranz fordern könnten. Was andere praktische Meinungen, auch wenn sie nicht gänzlich von allem Irrtum frei sind, angeht, so kann es keinen Grund geben, sie nicht zu dulden, wenn sie nicht dahin zielen, eine Herrschaft über andere oder bürgerliche Straflosigkeit für die Kirche, in der sie gelehrt werden, einzuführen.

1 Atheismus: Gottesleugnung, Verneinung der Existenz Gottes oder seiner Erkennbarkeit

John Locke, 1632–1704, englischer Philosoph

- *Analysieren Sie den Textauszug von Locke unter folgenden Fragestellungen: Worin sieht Locke die Pflichten der staatliche Obrigkeit? Weshalb gehört nach Locke die „Sorge um die Seele" nicht dazu? Wie beurteilt Locke das Verhältnis der Privatpersonen hinsichtlich der Glaubenspraxis untereinander?*
- *Was sagt Locke zur Duldung der Atheisten?*
- *Diskutieren Sie, wie aktuell die Forderungen Lockes in unserer heutigen Welt sind. Begründen Sie Ihre Meinung.*
- *Versuchen Sie anhand von überregionalen Menschenrechtsorganisationen wie amnesty international* ***(http://www.amnesty-international.de)*** *Informationen über die Religionsfreiheit in unserer heutigen Welt zu bekommen und tragen Sie in Kurzreferaten die Ergebnisse Ihrer Recherchen vor.*

Luther: Von der Freiheit eines Christenmenschen

Sagt der Mensch „ich will", so verlässt er sich auf die Macht seines eigenen Willens und glaubt nur durch sich selbst bestimmt zu sein. Die christliche Lehre ist jedoch eine Lehre von der Abwendung des eigenen Ichs und der Hinwendung zum Glauben an Gott und an die Erlösung durch Jesus Christus. Somit ist die christliche Freiheit eine Freiheit zum Glauben, und der menschliche Wille wird auf das gerichtet, was Gottes Wille ist. Der deutsche Theologe Martin Luther verfasste 1520 die Schrift „Von der Freiheit eines Christenmenschen". Hier beschreibt Luther, wie der christliche Mensch, der der Alleinwirksamkeit Gottes unterworfen ist, durch seinen Glauben frei wird, befreit zum Dienst am Nächsten.

Freier Herr und dienstbarer Knecht?

Der Widerspruch von Freiheit und Dienstbarkeit

Damit wir gründlich können erkennen, was ein Christenmensch sei und was es sei um die Freiheit, die ihm Christus erworben und gegeben hat, davon Sankt Paulus[1] viel schreibt, will ich diese zwei Sätze aufstellen:
Ein Christenmensch ist ein freier Herr über alle Ding und niemand untertan.
Ein Christenmensch ist ein dienstbarer Knecht aller Ding und jedermann untertan. [...]
Um diese zwei einander widersprechenden Sätze von der Freiheit und der Dienstbarkeit zu verstehen, sollen wir bedenken, dass ein jeglicher Christenmensch ist von zweierlei Natur, geistlicher und leiblicher. Nach der Seele wird er ein geistlicher, neuer, innerer Mensch genannt, nach dem Fleisch und Blut wird er ein leiblicher, alter und äußerer Mensch genannt. Und um dieses Unterschiedes willen wird von der Schrift einander Widersprechendes gesagt, wie ich jetzt gesagt habe, von der Freiheit und Dienstbarkeit.
Nun sind diese und alle Worte Gottes heilig, wahrhaftig, gerecht, friedsam, frei und aller Güte voll; darum – wer ihnen mit einem rechten Glauben anhangt, des Seele wird mit ihm vereinigt so ganz und gar, dass alle Eigenschaften des Wortes auch zu Eigen werden der Seelen und also durch den Glauben die Seele von dem Wort Gottes heilig, gerecht, wahrhaftig, friedsam, frei und aller Güte voll, ein wahrhaftiges Kind Gottes wird wie Johannes 1, 12 sagt: „Er hat ihnen gegeben, dass sie können Gottes Kinder werden, alle, die in seinem Namen glauben."

Die christliche Freiheit

Hieraus ist leichtlich zu merken, warum der Glaube so viel vermag und dass keine guten Werke ihm gleich sein können, denn kein gutes Werk banget an dem göttlichen Wort wie der Glaube, kann auch nicht in der Seele sein, sondern allein das Wort und der Glaube regieren in der Seele. Wie das Wort ist, so wird auch die Seele durch ihn; gleichwie das Eisen wird glutrot wie das Feuer aus der Vereinigung mit dem Feuer. So sehen wir, dass an dem Glauben ein Christenmensch genug hat, bedarf keines Werks, damit er fromm sei; bedarf er denn keines Werks mehr, so ist er gewisslich entbunden von allen Geboten und Gesetzen; ist er entbunden, so ist er gewisslich frei. Das ist die christliche Freiheit, der bloße Glaube, der da macht, nicht dass wir müßig gehen oder übel tun können, sondern, dass wir keines Werks bedürfen, um Frommsein und Seligkeit zu erlangen. Davon wir mehr hernach sagen wollen.
Nicht, dass wir aller Ding leiblich mächtig wären, sie zu besitzen oder zu brauchen wie die Menschen auf Erden; denn wir müssen sterben leiblich und kann niemand dem Tod entfliehen; ebenso müssen wir auch vielen anderen Dingen unterliegen, wie wir in Christo und seinen Heiligen sehen. Denn dies ist eine geistliche Herrschaft, die da regiert in der leiblichen Unterdrückung, das ist: Ich kann mich ohn' alle Dinge bessern nach der Seele, so dass auch der Tod und Leiden müssen mir dienen und nützlich sein zur Seligkeit. Das ist eine gar hohe, ehrenvolle Würdigkeit und eine wirklich allmächtige Herrschaft, ein geistliches Königreich, da kein Ding ist so gut, so böse, es muss mir dienen zugut, wenn ich glaube, und bedarf sein doch nicht, sondern mein Glaube ist mir genugsam. Siehe, wie ist das eine köstliche Freiheit und Gewalt der Christen.
Aber gleichwie der Glaube fromm macht, so macht er auch gute Werke. So denn die Werke niemand fromm machen und der Mensch zuvor muss fromm sein, ehe er wirkt, so ist's offenbar, dass allein der Glaube aus lauter Gnaden durch Christus und sein Wort die Person genugsam fromm und selig machet und dass kein Werk, kein Gebot einem Christen nötig sei zur Seligkeit, sondern er frei ist von allen Geboten und aus lauterer Freiheit umsonst tut, alles was er tut, nichts an Nutzen oder Seligkeit damit suchend, da er schon satt und selig ist durch seinen Glauben und Gottes Gnaden, sondern nur Gott darin zu gefallen.

Freiheit zur Dienstbarkeit

So soll ein Christenmensch wie Christus sein Haupt sich voll und satt genügen lassen an seinem Glauben, denselben immer mehren, welcher sein Leben, Frommsein und Seligkeit ist, der ihm gibt alles, was Christus und Gott hat, wie droben gesagt ist. Und Sankt Paulus[1] Galater 2, 20 spricht: „Was ich noch in dem Körper lebe, das lebe ich in dem Glauben an Christus, Gottes Sohn." Und obgleich er nun ganz frei ist, soll er sich wiederum williglich zu einem Diener machen, seinem Nächsten zu helfen, mit ihm verfahren und handeln, wie Gott mit ihm durch Christus gehandelt hat, und das alles umsonst, nichts darin suchen denn göttliches Wohlgefallen und so denken: Wohlan, mein Gott hat mir unwürdigem, verdammtem Menschen ohn' alle Verdienste rein umsonst und aus eitel Barmherzigkeit gegeben durch und in Christo vollen Reichtum allen Frommseins und Seligkeit, sodass ich hinfort nichts mehr bedarf denn glauben, es sei also.

1 Sankt Paulus: Apostel Paulus, der einen Großteil der Schriften (Briefe an Gemeinden) des Neuen Testaments geschrieben hat, aus denen Luther zitiert.

***Martin Luther**, 1483–1546, deutscher Theologe*

- *Beschreiben Sie mit eigenen Worten, wie Luther die christliche Freiheit interpretiert.*

- *Worin liegt der Unterschied zwischen dem allgemein gültigen Verständnis von der menschlichen Freiheit und der christlichen Freiheit im Sinne Luthers?*

- *Fächerübergreifende Zusammenarbeit: Informieren Sie sich in Zusammenarbeit mit dem evangelischen Religionsunterricht über das Leben von Luther. Stellen Sie in einem Referat dar, welcher Zusammenhang zwischen Gewissensfreiheit und Glaubensfreiheit in Luthers Leben bestand. Sie können zur Vorbereitung auch in einer Biografie lesen, z. B. in: Arnulf Zitelmann, Widerrufen kann ich nicht. Die Lebensgeschichte des Martin Luther, Beltz & Gelberg, Weinheim 1999.*

Salvador Dalí, La Gare de Perpignan, 1965

- *Zeichnen Sie in die Mitte eines leeren Blattes einen Kreis und notieren Sie darin alles, was Sie auf dem Bild von Dalí entdecken können.*
- *Verbinden Sie anschließend die Bildinhalte, die Sie im Kreis notiert haben, mit den Assoziationen, die die verschiedenen Inhalte bei Ihnen ausgelöst haben, und notieren Sie sie außerhalb des Kreises.*
- *Im Plenum können dann auf der Tafel oder auf einem Overheadprojektor alle Bildbeschreibungen zusammengefasst und gemeinsam besprochen werden.*
- *Welche Aussage über die Verbindung zwischen dem Menschen, seiner Umwelt und der Christusfigur wird hier im Bild ausgedrückt?*
- *Vergleichen Sie Ihre Bildinterpretation mit dem Textauszug von Luther über die christliche Freiheit. Welche Gemeinsamkeiten und welche Unterschiede gibt es?*

Augustinus und Calvin: Prädestination

Der römische Theologe Augustinus schrieb über die Lehre von der Prädestination: Der Mensch ist zur Seligkeit oder zur Verdammnis von Gott vorherbestimmt. Diese Lehre tritt in Konflikt mit der Idee vom freien Willen des Menschen. In folgendem Textauszug schildert Augustinus das Verhältnis von weltlicher und christlicher Freiheit.*

Wo der Geist des Herrn ist, da ist Freiheit

Wie wagen es doch jämmerliche Menschen, hochmütig vom freien Willen zu reden, ehe sie überhaupt frei gemacht sind, oder von ihren Kräften, ehe sie zur Freiheit gelangt sind? Sie beachten gar nicht, dass schon in dem Wort „freier Wille" die „Freiheit" besonders hervorklingt. Wo aber der Geist des Herrn ist, da ist Freiheit! Wenn sie also Knechte der Sünde sind, was rühmen sie sich des freien Willens? Denn man ist doch dem, der einen gefangen hält, als Knecht unterworfen! Sind sie aber befreit – was rühmen sie sich dann, als hätten sie selbst etwas dabei getan? Oder sind sie so frei, dass sie nicht auch Knechte dessen sein wollten, der da sagt: Ohne mich könntet ihr nichts tun?

***Aurelius Augustinus**, 354–430, römischer Theologe in Karthago, Thagaste, Rom und Mailand*

- *Worin sieht Augustinus die einzige Möglichkeit zur menschlichen Freiheit und wie beurteilt er das Verständnis des Menschen von seinem freien Willen?*

Prädestination

Im theologischen Sinne bedeutet Prädestination eine Vorherbestimmung des Menschen durch Gottes unerforschlichen Willen. Die schon von Augustinus und auch von Luther* vertretene Lehre der Prädestination wird durch Calvin weitergeführt. Im Gegensatz zu seinen Vordenkern war Calvin überzeugt, dass nicht nur die Gnadenwahl zur Seligkeit vorherbestimmt war, sondern auch die Verwerfung des sündigen Menschens. Der Glaube an die absolute göttliche Prädestination führte bei den Menschen jedoch nicht zur Passivität, da ja alles vorbestimmt ist, sondern zu der Bemühung um ein gesteigertes gottesfürchtiges Verhalten und ein erfolgreiches Leben, das als Zeichen der Erwählung gedeutet wurde.

- *Überlegen Sie, was in unserer heutigen Welt die „Knechtschaft der Sünde" bedeuten könnte.*

- *Beschreiben Sie, was für ein Menschenbild die „augustinische Freiheit" impliziert. Verfassen Sie einen kurzen Text dazu.*

Der freie Wille, die Vorsehung und die Erwählung

Der französisch-schweizerische Theologe Johannes Calvin beschreibt in seinem Hauptwerk „Institutio Christianae Religionis" (Unterricht in der christlichen Religion) den Weg des Menschen vom ursprünglich freien Willen zur Knechtschaft unter der Sünde, das Wesen der göttlichen Vorsehung und den Glauben an die Erwählung.

Vom freien Willen

So hat also Gott die Menschenseele mit dem Verstande ausgerüstet, durch den der Mensch Gut und Böse, Recht und Unrecht voneinander unterscheiden und im Voraufleuchten des Lichts der Vernunft sehen soll, wem er nachjagen und vor was er fliehen muss. Deshalb haben die Philosophen dieses Vermögen auch „führend" [...] genannt. Dazu hat er den Willen gefügt, dem die Entscheidung obliegt. Mit diesen herrlichen Gaben war der ursprüngliche Zustand [...] des Menschen geschmückt, sodass ihm Vernunft, Verstand, Klugheit und Urteilskraft [...] nicht nur zur Führung des irdischen Lebens hinreichten, sondern ihn auch zu Gott und der ewigen Seligkeit emporhoben. Dazu kam dann die Wählkraft [...], die die Begehrungen lenkte und alle sinnlichen Regungen beherrschte, sodass also der Wille in voller Übereinstimmung mit der Leitung des Verstandes war.
In dieser ursprünglichen Reinheit war der Mensch im Besitz des freien Willens, sodass er das ewige Leben erlangen konnte, wenn er wollte. An dieser Stelle die Frage nach der verborgenen Prädestination Gottes zu stellen, wäre voreilig; denn es handelt sich hier nicht darum, was geschehen konnte und was nicht, sondern wie die Natur des Menschen tatsächlich beschaffen war. Adam konnte also in seiner ursprünglichen Unschuld bestehen, wenn er wollte; denn er fiel ja nur durch seinen eigenen Willen. Da allerdings sein Wille in jeder Richtung sich neigen konnte und ihm die Beständigkeit zur Beharrung nicht gegeben war, deshalb fiel er so leicht. Trotzdem, seine Entscheidung über Gut und Böse war frei, und nicht nur dies: In Verstand und Willen herrschte vollkommene Rechtschaffenheit, und alle sinnlichen Fähigkeiten waren fein zum Dienst eingerichtet – bis er sich selber verdarb und darüber seine Vorzüge verlor.
Der Mensch besaß eben das Können, wenn er wollte, aber nicht das Wollen, um zu können – denn solchem Wollen wäre die Beharrlichkeit gefolgt.

Die göttliche Vorsehung

Gott zu einem Schöpfer für den Augenblick zu machen, der sein Werk ein für alle Mal hinter sich gebracht hätte, wäre eine kalte und unfruchtbare Sache; und wir sollen uns gerade darin von den Weltmenschen unterscheiden, dass uns die Gegenwart der Kraft Gottes im fortdauernden Bestehen der Welt ebenso hell entgegenleuchtet wie in ihrem Ursprung. Gewiss zwingt der Anblick von Himmel und Erde auch die Gottlosen, ihre Seele zum Schöpfer zu erheben.
Der Glaube dagegen muss höher dringen; denn er soll wissen: Der, den er als den Schöpfer aller Dinge kennen gelernt hat, der ist auch ihr ständiger Lenker und Erhalter, und zwar geschieht diese Erhaltung nicht dadurch, dass er das ganze Weltgebäude wie auch seine einzelnen Teile bloß allgemein in Bewegung erhält; nein, er trägt, nährt und umsorgt in beson-

derer Vorsehung jedes Einzelne, das er geschaffen hat, bis zum geringsten Sperling.
Aber wir wissen, dass die Welt vornehmlich um des Menschengeschlechts willen geschaffen worden ist: Diesen Zweck müssen wir auch im Auge behalten, wenn wir über die Weltregierung nachdenken. Der Prophet Jeremia ruft aus: „Ich weiß, Herr, dass des Menschen Tun steht nicht in seiner Gewalt, und stehen in niemandes Macht, wie er … seinen Gang richte …" (Jeremia 10, 23). Und Salomo sagt: „Jedermanns Gänge kommen von dem Herrn; welcher Mensch versteht seinen Weg?" (Sprüche 20, 24). Nun soll man hingehen und sagen, der Mensch werde zwar von Gott bewegt gemäß der Neigung seiner Natur, aber er lenke diese Bewegung, wohin er selbst wolle! Wäre das recht geredet, so stände dem Menschen die Entscheidung und Bestimmung bei, und deshalb hilft jener Einwand nichts. Auch noch an anderer Stelle straft Salomo feinsinnig diese Vermessenheit des Menschen, der sich ohne Rücksicht auf Gott ein Ziel vorsetzt, als ob er nicht von seiner Hand geführt würde: „Der Mensch setzt sich's wohl vor im Herzen, aber vom Herrn kommt, was die Zunge reden soll" (Sprüche 16, 1). Es ist gewiss eine lächerliche Torheit, wenn elende Menschen ohne Gott handeln wollen, die doch nicht einmal reden können ohne seinen Willen!

Gottes Erwählung zum Heil oder Verderben

Liegt es nicht im Vermögen unseres Willens, sich für Gut oder Böse zu entscheiden, so müssen entweder alle Menschen als Teilhaber an der gleichen natürlichen Art böse oder aber alle gut sein (23. Predigt über die Genesis). Von dieser Anschauung ist auch der Verfasser der Schrift „Von der Berufung der Heiden", die unter dem Namen des Ambrosius umgeht, nicht weit ab. Er folgert so: Es würde doch noch nie ein Mensch vom Glauben abgekommen sein, wenn uns nicht Gottes Gnade wandelbar gelassen hätte. Dabei ist doch verwunderlich, dass sich solche Männer so vergessen konnten! Warum ist dem Chrysostomus nicht der Gedanke gekommen, es sei eben Gottes Erwählung, die den Unterschied zwischen den Menschen herstelle (den er vermisste)? Wir wollen jedenfalls ohne Ängstlichkeit zugeben, was Paulus in so hartem Streit bewährte, nämlich dass wir allzumal Sünder sind und der Bosheit unterworfen. Aber wir fügen auch mit ihm hinzu: es sei das Werk der Barmherzigkeit Gottes, dass nicht alle in der Verderbnis bleiben! Wir leiden also von Natur alle an dem gleichen Gebrechen, und so kommen nur die bis zur Gesundung, denen der Herr nach seinem Wohlgefallen seine heilende Hand reicht. Die anderen, an denen er in gerechtem Gericht vorübergegangen ist, quälen sich in ihrer Krankheit, bis es zu Ende geht. Dass einige bis ans Ende beharren, andere dagegen den Lauf beginnen und dann doch stürzen, kommt aus der gleichen Ursache. Denn die Beharrung ist ja selber ein Geschenk Gottes, das er nicht allen in gleicher Weise gewährt, sondern zuteilt, wem er will. Sucht man also den Grund für diesen Unterschied, fragt man also, warum die einen beständig ausharren, die andern in Unbeständigkeit wanken, so bleibt nur das eine: Die einen stärkt der Herr mit seiner Kraft und verleiht ihnen so die Beständigkeit, dass sie nicht umkommen; die anderen sollen Beispiele der Unbeständigkeit sein, und darum verleiht ihnen der Herr nicht die gleiche Kraft.

Jean Calvin, 1509–1564, französisch-schweizerischer Jurist und Theologe

- *Wie beschreibt Calvin den Urzustand des Menschen?*
- *Informieren Sie sich über die Bedeutung des Begriffs „Erbsünde" in der christlichen Theologie. Sie können z. B. einen Religionslehrer oder eine Pfarrerin fragen oder Sie lesen in folgendem Lexikon: Die Religion in Geschichte und Gegenwart, J. C. B. Mohr Verlag, Tübingen 1986, Stichwort: Sünde V. VI.*
- *Erläutern Sie im Sinne Calvins den Begriff „göttliche Vorsehung".*
- *Wie erklärt Calvin die Tatsache, dass es „gute" und „böse" Menschen gibt?*
- *Stellen Sie sich eine Person vor, der ein großes Unglück in ihrem Leben widerfahren ist. Skizzieren Sie Ihre Gedanken und Gefühle a.) aus dem Glauben an den freien Willen, b.) aus dem Glauben an die göttliche Vorsehung und Erwählung. Formulieren Sie Ihre Überlegungen schriftlich.*
- *Beziehen Sie persönlich Stellung zur Lehre der Prädestination. Formulieren Sie schriftlich Ihre Argumente und diskutieren Sie sie im Plenum.*

Jean Calvin

Jean Calvin wurde 1509 in Lyon geboren und starb 1564 in Genf. Nach dem Studium der Rechte bekannte er sich zur Reformation und musste daher 1534 von Paris nach Basel flüchten. Seit 1536 wirkte er als evangelischer Prediger in Genf, wurde jedoch 1538 wegen übergroßer Sittenstrenge ausgewiesen. Als er 1541 von Straßburg zurückberufen wurde, führte er in Genf eine strenge Kirchenzucht ein. Das Genfer Gemeinwesen orientierte sich streng an der göttlichen Offenbarung. Der Calvinismus verbot jede Form von Vergnügen oder Lasterhaftigkeit. Calvin hat an der Verbreitung des reformierten Protestantismus in ganz Europa mitgewirkt. Seine Lehre der Prädestination und das damit verbundene Streben nach einem erfolgreichen Leben, das als Zeichen der Erwählung gedeutet wurde, kann als Vorstufe des modernen Kapitalismus gedeutet werden und beeinflusste die wirtschaftliche und politische Entwicklung in Westeuropa und Nordamerika.

Jaspers: Freiheit als Gewissheit Gottes

Maurits Cornelis Escher, Hand mit spiegelnder Kugel (Selbstporträt im Konvexspiegel), 1935

- *Versetzen Sie sich in die Lage des Menschen in der Kugel. Worin ist er frei? Worin ist er unfrei? Formulieren Sie einen Text.*

- *Wie kann die Hand gedeutet werden?*

Transzendenz, Selbstsein und Existenzerhellung

Jaspers philosophischer Deutung zufolge gerät der Mensch in seiner wissenschaftlichen Erforschung der Welt immer wieder an Grenzen. Er erfährt, dass alles objektive Sein auf der Welt nicht das ganze Sein ist, weil ihm der Ursprung seines Seins verborgen bleibt. Dies gelingt ihm, indem er auf dem Wege der Existenzerhellung im Denken, Entscheiden und Handeln sein objektives Sein übersteigt und sich seines Selbstseins bewusst wird und dies in seiner Existenz verwirklicht. Die Transzendenz bezeichnet hier das alles übergreifende Sein, das Ursprung allen Seins ist und hinter den objektiv erfahrbaren Grenzen liegt. Sie ist zugleich die Quelle der Freiheit, auf die die Existenz gegründet ist.

Freiheit und Gott sind untrennbar

Es zeigt sich immer wieder: Gott ist kein Gegenstand des Wissens, er ist nicht zwingend erschließbar. Gott ist auch kein Gegenstand der sinnlichen Erfahrung. Er ist unsichtbar, kann nicht geschaut, sondern nur geglaubt werden.
Woher aber dieser Glaube? Er kommt nicht ursprünglich aus den Grenzen der Welterfahrung, sondern aus der Freiheit des Menschen. Der Mensch, der sich wirklich seiner Freiheit bewusst wird, wird sich zugleich Gottes gewiss. Freiheit und Gott sind untrennbar. Warum?
Ich bin mir gewiss: in meiner Freiheit bin ich nicht durch mich selbst, sondern werde mir in ihr geschenkt, denn ich kann mir ausbleiben und mein Freisein nicht erzwingen. Wo ich eigentlich ich selbst bin, bin ich gewiss, dass ich es nicht durch mich selbst bin. Die höchste Freiheit weiß sich in der Freiheit von der Welt zugleich als tiefste Gebundenheit an Transzendenz.
Das Freisein des Menschen nennen wir auch seine Existenz. Gott ist für mich gewiss mit der Entschiedenheit, in der ich existiere. Er ist gewiss nicht als Wissensinhalt, sondern als Gegenwärtigkeit für die Existenz.
Wenn die Gewissheit der Freiheit die Gewissheit vom Sein Gottes in sich schließt, so ist ein Zusammenhang zwischen Leugnung der Freiheit und Gottesleugnung. Erfahre ich nicht das Wunder des Selbstseins, so brauche ich keine Beziehung auf Gott, sondern bin zufrieden mit dem Dasein der Natur, vieler Götter, der Dämonen.
Und es besteht andererseits ein Zusammenhang zwischen der Behauptung einer Freiheit ohne Gott und der Vergötterung des Menschen. Es ist die Scheinfreiheit der Willkür, die sich als vermeintliche absolute Selbstständigkeit des „ich will" versteht. Ich verlasse mich auf die eigene Kraft des „ich will nun einmal so" und auf das trotzige Sterbenkönnen. Aber diese Täuschung vor mir selbst, dass ich selbst durch mich allein sei, lässt die Freiheit umschlagen in die Ratlosigkeit des Leerseins. Die Wildheit des Sichdurchsetzenwollens schlägt um in die Verzweiflung, in der eins wird, was Kierkegaard nennt: Verzweifelt man selbst sein Wollen und verzweifelt nicht man selbst sein Wollen.
Gott ist für mich in dem Maße, als ich in Freiheit wirklich ich selbst werde. Er ist gerade nicht als Wissensinhalt, sondern nur als Offenbarwerden für die Existenz.
Durch die Erhellung unserer Existenz als Freiheit wird nun aber wiederum nicht Gottes Dasein bewiesen, sondern nur gleichsam der Ort gezeigt, an dem seine Gewissheit möglich ist.
In keinem Gottesbeweis kann der Gedanke, wenn er zwingende Gewissheit bringen soll, sein Ziel erreichen. Aber das Scheitern des Gedankens hinterlässt nicht nichts. Es weist hin auf das, was in dem unerschöpflichen, ständig in Frage stellenden umgreifenden Gottesbewusstsein aufgeht.
Dass Gott keine Greifbarkeit in der Welt wird, das bedeutet zugleich, dass der Mensch seiner Freiheit sich nicht entäußern soll zugunsten der in der Welt vorkommenden Fasslichkeiten, Autoritäten, Gewalten, dass er vielmehr die Verantwortung hat für sich selbst, der er nicht entlaufen darf, indem er vermeintlich aus Freiheit auf Freiheit verzichtet. Er soll sich selber verdanken, wie er sich entscheidet und den Weg findet.

Frei sein als Gewissheit Gottes

Unserer Freiheit sind wir uns bewusst, wenn wir Ansprüche an uns erkennen. Es liegt an uns, ob wir sie erfüllen oder ihnen ausweichen. Wir können im Ernste nicht bestreiten, dass wir etwas entscheiden und damit über uns selbst entscheiden, und dass wir verantwortlich sind.
Sind wir unserer Freiheit gewiss, so wird alsbald ein zweiter Schritt zu unserer Selbsterfassung getan: Der Mensch ist das gottbezogene Wesen. Was heißt das?
Wir haben uns nicht selbst geschaffen. Jeder kann von sich denken, es sei möglich gewesen, dass er nicht sei. Dies ist uns mit den Tieren gemeinsam. Aber dazu sind wir in unserer Freiheit, wo wir durch uns entscheiden und nicht einem Naturgesetz automatisch unterliegen, nicht durch uns selbst, sondern wir werden uns in unserer Freiheit geschenkt. Wir können, wenn wir nicht lieben, nicht wissen, was wir sollen, unsere Freiheit nicht erzwingen. Wenn wir frei entscheiden und erfüllt vom Sinn unser Leben ergreifen, sind wir uns bewusst, uns nicht uns selbst zu verdanken. Auf der Höhe der Freiheit, auf der uns unser Tun notwendig erscheint, nicht durch äußeren Zwang des nach Naturgesetzen unausweichlichen Geschehens, sondern als inneres Einverständnis eines gar nicht anders Wollenden, dann sind wir in unserer Freiheit als nur von der Transzendenz gegeben bewusst. Je mehr der Mensch eigentlich frei ist, desto gewisser ist ihm Gott. Wo ich eigentlich frei bin, bin ich gewiss, dass ich es nicht durch mich selbst bin.

***Karl Jaspers**, 1883–1969, deutscher Philosoph*

- *Erklären Sie mit eigenen Worten Jaspers Aussage: „Je mehr der Mensch eigentlich frei ist, desto gewisser ist ihm Gott" (Z. 80/81).*
- *Stimmen Sie Jaspers zu? Begründen Sie Ihre Meinung.*
- *Sowohl Jaspers als auch Sartre (S. 32/33) sind Existenzphilosophen. Beide definieren den Menschen als freies Wesen. Vergleichen Sie die verschiedenen Auffassungen von Freiheit und die sich daraus ergebenen Konsequenzen für den Menschen.*
- *Für Jaspers ist die Freiheit nur durch die Transzendenz gegeben. Übertragen Sie diese Vorstellung auf das Bild von M. C. Escher.*

Gesellschaftliche Perspektiven der Freiheit

Freiheit wird begrenzt durch:

- biologische Faktoren wie Instinkte, Triebe und Begabungen
- institutionelle Faktoren
- Naturgesetze
- technische Entwicklungen
- kulturelle Bindungen
- ?

Freiheit wird gefördert durch:

- eine funktionierende Demokratie, z. B. durch den Grundsatz der Gewaltenteilung
- die Entwicklung des Freiheitsgedankens in der philosophischen Tradition
- nationale Verfassungen, wie z. B. das Grundgesetz
- internationale Menschenrechtserklärungen, wie z. B. die EU-Grundrechtscharta, die die Rechte des Einzelnen festlegen
- ?

Begründen Sie, worin die Chancen und Risiken der Freiheit bestehen, und ergänzen Sie Ihre Argumentation nach dem Ende der Unterrichtseinheit.

Notieren Sie einige Stichpunkte über den Zusammenhang zwischen Globalisierung und Freiheit. Diskutieren Sie anschließend im Kurs darüber.

Beherrschen wir den Globus oder beherrscht der Globus uns?

Schockwerbung und Menschenwürde

Berlin – Schocken ist erlaubt. Auch mit ölverschmierten Enten, Dritte-Welt-Kindern, die Schwerstarbeit leisten müssen, und einem menschlichen Gesäß, das den Aufdruck „H. I. V. positive" zeigt. Das Bundesverfassungsgericht hat gestern umstrittene Werbemotive der Textilfirma Benetton für zulässig erklärt und damit anderslautende Urteile des Bundesgerichtshofs vom Juli 1995 aufgehoben.

Das Urteil des Ersten Senats setzt den Schlusspunkt hinter eine seit Anfang der neunziger Jahre währende juristische Auseinandersetzung um die „Schockwerbung" des italienischen Unternehmens. Die nicht weniger erbitterte moralische Debatte dürfte dadurch nicht beendet sein. Begonnen hatte der Streit 1992, als die drastischen Motive unter dem Signum „United Colors of Benetton" Kritiker auf den Plan riefen, die Ethik und Moral verletzt sahen. Die Zentrale zur Bekämpfung unlauteren Wettbewerbs reichte Klage ein. Im März 1994 machte sich das Oberlandesgericht Frankfurt am Main die Bedenken zu Eigen, bezeichnete das „H. I. V."–Motiv als „schockierend und sittenwidrig" und untersagte der Hamburger Illustrierten „Stern" die Weiterverbreitung der Anzeige.

Modefabrikant Luciano Benetton blieb unbeeindruckt: Auch öffentliche Boykottaufrufe, Umsatzeinbrüche und (letztlich gescheiterte) Klagen der Vertragsgeschäfte in Deutschland, die Benetton für Verluste auf Grund des Imageschadens haftbar machen wollten, änderten nichts an der PR-Linie. Weiterhin setzte das Unternehmen im Buhlen um öffentliche Aufmerksamkeit auf das Gegenteil von heiler Welt: Ein Soldatenfriedhof, ein Aidskranker auf dem Sterbelager, herausgestreckte Kinderzungen, ein Priester und eine Nonne, die sich küssten, blutverschmierte T-Shirts und Uniformhosen eines Erschossenen aus dem Bosnienkrieg oder die Porträts von Todeskandidaten in amerikanischen Gefängnissen ließen einerseits den Empörungspegel wachsen und riefen in verschiedenen Ländern Richter und Zensur auf den Plan. Und andererseits wurde Benettons langjähriger, in die Provokation verliebter Werbefotograf Oliviero Toscani (von ihm trennte sich das Unternehmen erst im Mai 2000) für diese Motive wiederholt ausgezeichnet. In den USA führte 1994 vor allem ein retuschiertes Foto von Ronald Reagan, mit Aidsmalen im Benetton-Magazin veröffentlicht, zu massiven Protesten. Die Begründung für das Motiv: Der Ex-Präsident habe in seiner Amtszeit die Aidsgefahr heruntergespielt.

Am 6. Juli 1995 untersagte auch der Bundesgerichtshof in zwei Urteilen (I ZR 180/94 und I ZR 110/93) dem „Stern" die Veröffentlichung der Benetton-Motive „H. I. V." „Ente im Öl" und „Kinderarbeit". Begründung: Die Anzeigen nutzten auf unlautere Weise die Gefühle der Menschen aus. Die Anzeigen gingen über die reine Darstellung von Elend nicht hinaus und trugen somit nichts Wesentliches zur öffentlichen Auseinandersetzung bei. Das Blatt aus dem Haus „Gruner + Jahr" legte dagegen jene Verfassungsbeschwerde ein, der das Verfassungsgericht mit seinem gestrigen Urteil (Az. 1 BvR 1782/95 und 1 BvR 1787/95) stattgab.

In der Begründung heißt es, einem Presseorgan dürfe der Abdruck von Werbeanzeigen nicht verboten werden, „für die der Werbende selbst den Schutz der Meinungsfreiheit genießt". Unangenehme oder mitleiderregende Fotos belästigten den Betrachter zudem nicht so stark, dass ihre Publikation deshalb verboten werden dürfe. Ein „vom Elend der Welt unbeschwertes Gemüt des Bürgers" sei kein Grund, die Pressefreiheit einzuschränken, heißt es im Karlsruher Urteil weiter.

Die Verfassungsrichter interpretierten speziell die H. I. V.-Anzeige völlig anders als der BGH, der darin eine Verletzung der Menschenwürde Aidskranker gesehen hatte.

Die Welt, 13. 12. 2000

Wie beurteilen Sie die Entscheidung des Bundesverfassungsgerichtes? Begründen Sie ihre Auffassung.

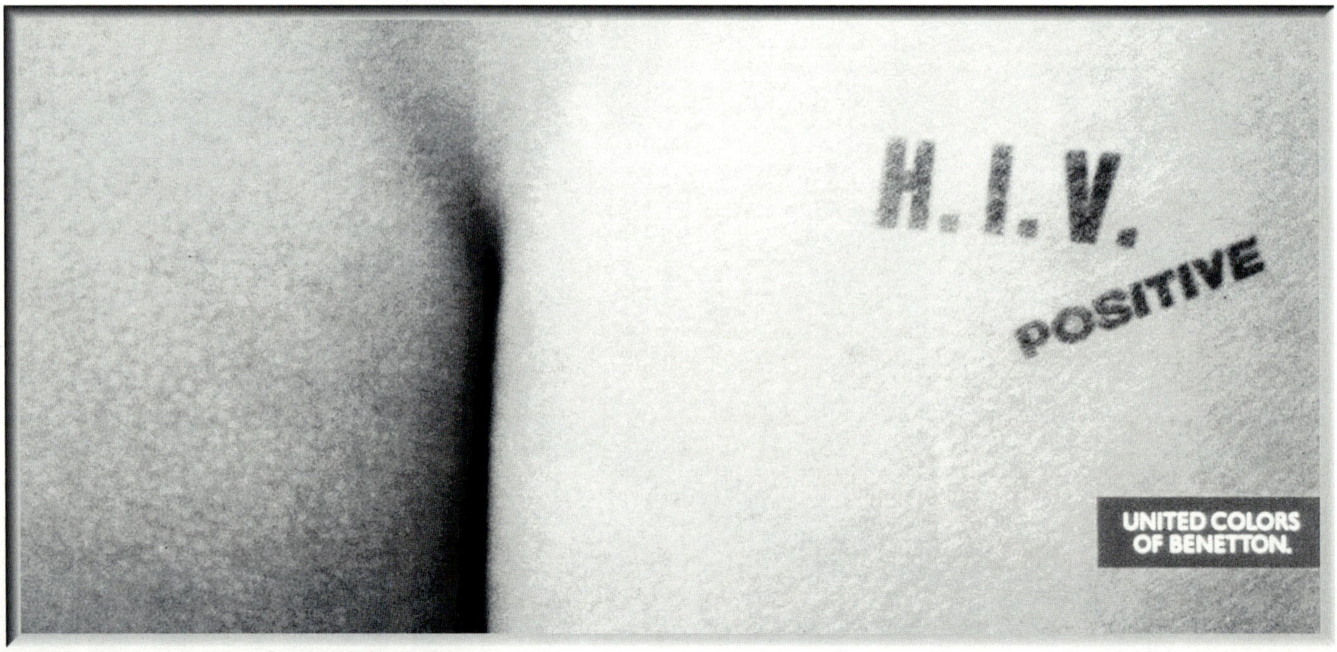

Fotograf: Oliviero Toscani, Werbekampagne 1993

Freiheit im Grundgesetz

Ernst Benda, ehemaliger Präsident des Bundesverfassungsgerichts, nennt drei Zusammenhänge, in denen die Freiheit durch das Grundgesetz geschützt werden soll.

Das Grundgesetz verwendet den Begriff der Freiheit an vielen Stellen. Bereits seine Präambel enthält die Aufforderung, in freier Selbstbestimmung die Einheit und Freiheit Deutschlands zu vollenden. Der Grundrechtsteil enthält in vielfach abgestufter Weise Freiheitsrechte, die oft in einer allerdings nicht unproblematischen Frontstellung den Gleichheitsrechten gegenübergestellt werden. Mehrfach wird in der Verfassung von der freiheitlichen demokratischen Grundordnung gesprochen.
Aus diesen Aussagen des Grundgesetzes ergeben sich drei Ebenen des Freiheitsbegriffs, die [...] miteinander verschränkt und verbunden sind: Es geht zunächst um die Ebene der Freiheit des Einzelnen als eines eigenständigen, selbstverantwortlichen Individuums. Daneben steht die Dimension der Freiheit der gesellschaftlichen Gruppen, also das Prinzip des Gruppenpluralismus der Gesellschaftsordnung. Ein dritter und eigener Bereich ist der der Freiheitlichkeit der Staatsorganisation.

Die Freiheit des Einzelnen

Dass die Freiheit des Einzelnen zu den zentralen Prinzipien unserer Verfassung gehört. braucht nicht besonders betont zu werden. Zusammen mit dem Bekenntnis zur Würde des Menschen, die das Grundgesetz an die Spitze des Grundrechtskatalogs stellt, und mit dem Gleichheitssatz des Art. 3 GG bildet die in Art. 2 Abs. 1 GG garantierte Handlungsfreiheit den Kern grundgesetzlicher Ordnung. Art. 2 Abs. 1 GG ist das Hauptfreiheitsrecht der Verfassung. Schon der Wortlaut der Bestimmung deutet darauf hin: „Jeder hat das Recht auf die freie Entfaltung seiner Persönlichkeit, soweit er nicht die Rechte anderer verletzt und nicht gegen die verfassungsmäßige Ordnung oder das Sittengesetz verstößt." [...]
Jede beliebige Betätigung ist somit verfassungsrechtlich geschützt, sofern sie sich im Rahmen der Rechtsordnung hält. Diese Einschränkung ist aber wichtig. Sie darf nicht übersehen werden, und sie entspricht der Realität des von zahllosen Vorschriften geregelten, begrenzten und oft auch gegängelten Lebens des Einzelnen in einer Massengesellschaft, die ohne solche Ordnung nicht auskommt. In dem engen Raum, in dem wir miteinander leben, kann es keine hemmungslose Freiheit geben. [...] Indem das Recht Freiheit gewährleistet, aber zugleich begrenzt, schützt es die Freiheit aller, auch der Schwachen, und ermöglicht so ein geordnetes und friedliches Zusammenleben auf engem Raum. [...]

Soll der Staat sozialen Ausgleich schaffen?

Ursprünglich verstand man die Grundrechte, die Freiheit gewährleisten, ganz überwiegend als reine Abwehrrechte des Einzelnen gegenüber dem Staat. [...] Diese Freiheitssicht erscheint heute nicht mehr als ausreichend. Freiheit nutzt nur demjenigen, der über die Mittel verfügt, sie auszuüben. Nur wer Eigentum hat, ist in den Schutz des Freiheitsrechts aus Art. 14 GG einbezogen; die nach Art. 12 GG garantierte Freiheit, seinen Beruf zu wählen, nutzt nur demjenigen, der eine Möglichkeit erhält, sich die hierfür erforderliche Qualifikation anzueignen. Der Staat nimmt in immer stärkerem Maße Aufgaben der sozialen Sicherung und der kulturellen Förderung der Bürger wahr. Angesichts dieser Aktivitäten bedeutet die Freiheit nicht nur die grundrechtliche Freiheitssicherung als Abwehrrecht gegenüber dem Staat, sondern auch die Verbürgung jedenfalls einer Chance der Teilhabe an staatlichen Leistungen (BVerfGE: 33, 330 f.).
Damit rückt ein anderer Freiheitsbegriff in den Vordergrund, der dem früheren liberalen Verständnis nicht mehr voll entspricht. Die freiheitliche Existenz des Einzelnen ist nicht mehr dort am stärksten gesichert, wo man vom Staat am wenigsten spürt [...]. In der Wirklichkeit hängt die Existenz jedes Bürgers in einer modernen Gesellschaft von dem Vorhandensein staatlicher Bildungseinrichtungen, von seinem Rechtsschutzsystem, von so elementaren Einrichtungen wie einer funktionierenden Wasserversorgung, Abfallbeseitigung, dem Netz des öffentlichen Verkehrs und einem ausreichenden Angebot von Verkehrswegen für den individuellen Verkehr und vielem anderen ab. Solche heute selbstverständlichen staatlichen Vorsorgeleistungen schaffen erst die tatsächlichen Voraussetzungen für den Gebrauch der Freiheitsrechte, ohne die sie wertlos wären. Grundsätzlich ist daher vom Bundesverfassungsgericht anerkannt worden, dass die Grundrechte der Verfassung auch als Teilhaberechte verstanden werden können, also als Anspruch des Einzelnen an den Staat, für die Mindestbedingungen der Inanspruchnahme von Freiheitsrechten zu sorgen (BVerfGE: 33, 330 ff.). Damit hat sich der Freiheitsbegriff in einem wesentlichen Punkte gewandelt: Es geht nicht mehr um die Freiheit vor dem Staat – die aber weiter Aufgabe der Grundrechte bleibt –, sondern zugleich und sogar verstärkt um die Freiheit zu etwas, die dabei der Hilfe des Staates bedarf. [...]

Förderung des Gemeinwesens

Der Freiheitsgehalt der Grundrechte soll nicht nur dem Einzelnen zugute kommen, sondern zugleich auch den Charakter des Gemeinwesens bestimmen. Die Freiheitsrechte haben einen demokratiebegründenden Gehalt. Sie dienen der freiheitlich-demokratischen Gestaltung des Gemeinwesens und sie dienen der politischen öffentlichen Auseinandersetzung. Ganz deutlich ist dies bei den Freiheitsrechten der Meinungsbildung und Meinungsäußerung, der Pressefreiheit oder der Versammlungsfreiheit. [...] Dabei ist das Freiheitsrecht des Einzelnen solcher politisch-demokratischen Zielsetzung aber nicht untergeordnet; nicht nur derjenige, der eine politische [...] Meinung äußert, wird geschützt, sondern auch derjenige, der solche Ziele überhaupt nicht verfolgt, sondern etwa nur unterhalten will.

***Ernst Benda**, *1925, deutscher Jurist, 1968–1969 Innenminister, 1971–1983 Präsident des Bundesverfassungsgerichts*

- *Fassen Sie mit eigenen Worten die verschiedenen Freiheitsaspekte des Grundgesetzes zusammen.*
- *Bilden Sie Arbeitsgruppen und überprüfen Sie die Überlegungen Bendas an den Paragrafen 1–19 im Grundgesetz.*
- *Untersuchen Sie, ob die Ausführungen Bendas hinsichtlich des Gemeinwesens im Widerspruch zum Richterspruch des Bundesverfassungsgerichts in Bezug auf die Schockwerbung stehen. Begründen Sie Ihre Entscheidung.*

Maier: Das Gemeinwohl und die Einzelinteressen

Nachdenken über das Verhältnis von Bürger und Staat

Am Ende der sechziger Jahre fanden in Europa und in den USA zahlreiche Studentenproteste statt. Sie verfolgten das Ziel, dem Einzelnen mehr Freiheitsrechte einzuräumen. Vor allem politische Gruppen an den Universitäten und Hochschulen stritten für mehr politische Mitwirkungsrechte in den akademischen Gremien. Auf dem Höhepunkt dieser Protestbewegungen entdeckte die amerikanische Philosophie ein traditionelles Thema wieder: Das Verhältnis des Bürgers und der Bürgerin zum Staat, das insbesondere von den Philosophen des 17. und 18. Jahrhunderts Thomas Hobbes*, John Locke und Jean-Jacques Rousseau reflektiert wurde.
Mitte der achtziger Jahre griff der Bergedorfer Gesprächskreis* aus Hamburg, dem verschiedene Personen aus Politik, Kultur und Wirtschaft angehören, das Thema auf und diskutierte über das Verhältnis von Bürger, Freiheit und Politik. Seitdem ist die Debatte über die Frage, wie viel Staat und wie viel Freiheit Bürgerinnen und Bürger brauchen, nicht abgerissen.
In der Philosophie und Soziologie formierten sich zwei wichtige Richtungen: der Liberalismus, der seit Thomas Hobbes die Freiheitsrechte des Einzelnen in den Mittelpunkt stellt, und der Kommunitarismus, der die Bindungen des Individuums an die Gemeinschaft und ihre Werte* hervorhebt.

Informieren Sie sich in Zusammenarbeit mit dem Geschichts- und Gemeinschaftskundeunterricht über die internationalen Studentenbewegungen der sechziger Jahre und ihre politischen Ziele.

Vorschlag für ein Referat: Wofür kämpften die Studentinnen und Studenten 1968? Sie können dazu in folgenden Büchern lesen: Peter Mosler, Was wir wollten, was wir wurden. Studentenrevolte – zehn Jahre danach. Rowohlt, Reinbek 1980 (Schwerpunkt: Deutschland). Robert Merle, Hinter Glas, Aufbau-Verlag, Berlin 1994 (Schwerpunkt Frankreich). Beim Asta (Allgemeiner Studenten-Ausschuss) einer Universität können Sie sich über die Mitspracherechte der Studentinnen und Studenten an den Universitäten und Hochschulen informieren.

Bürger-Sein ist nichts mehr wert

Der Bergedorfer Gesprächskreis führte 1986 ein erstes Diskussionsforum zum Verhältnis zwischen Staat und Bürger durch. Den Hauptvortrag hielt der frühere bayerische Kultusminister Hans Maier.

Bürger, *res publica,* Verantwortung – das sind Begriffe mit unscharfen Rändern. Gleichwohl ist ihr innerer Zusammenhang erkennbar. Der Begriff des Bürgers – ein gemeineuropäischer Begriff – kommt vom antiken Stadtstaat her. Der Bürger, das ist einer, der Verantwortung für die bürgerlichen, die öffentlichen Angelegenheiten übernimmt, der bereit ist, für etwas Allgemeines zu handeln, für etwas, das man Bürgergemeinde, Bürgerschaft nennt.
Gefüge öffentlicher Verantwortung haben sich historisch aus drei Traditionen gebildet: einer griechisch-römischen, einer christlichen, einer neuzeitlichen. Thesenhaft gesprochen: Die Antike entwickelte den Gedanken bürgerlicher Hingabe an den Staat. Das Christentum machte politisches Handeln rechenschaftspflichtig vor Gott und dem Gewissen. Die Moderne zergliederte die Macht und schuf kontrollierbare Verantwortungsbereiche. Alle heutigen Verantwortungssysteme, alle Formen von *responsible government* sind komplexe Verbindungen dieser Traditionselemente.
Was heißt also Bürger-Sein? Nun, in erster Linie Teilnahme am Regieren, Hingabe an den Staat, Identifikation mit der Polis[1]. Solche Identifikation kann der Bürger mit seiner Polis in ewigem Ruhm verbinden; sie kann ihn ebenso ins Vergessen, in den Untergang schleudern. Der *bios politikos*, das bürgerliche Leben, wie es hier verstanden wird, zieht ein Pathos[2] aus der radikalen Ent-Individualisierung: Nicht zufällig ist der Widerpart des *polites* der *idiotes*, der in die *idia*, das Private, Lokale, Partikuläre, Stammesmäßige, verfangen ist.
Ist Bürger im antiken Sinne also einer, der die Sache des Staates bedingungslos zu seiner eigenen macht (und dafür im günstigen Fall Ruhm gewinnt und in der Bürgerschaft fortlebt), so kehrt das Christentum die Akzente um: Es entrückt das Bürgerrecht in den Himmel, es macht die Menschen zu Fremdlingen, Pilgern auf Erden und begründet damit den bis heute vorherrschenden Dualismus[3] von christlicher und bürgerlicher Existenz. Jetzt werden die einfachen Formen politischer Identifikation brüchig: Am Beispiel des Ruhmes enthüllt Augustin* die Selbstbezogenheit, die latente Verantwortungs-Unfähigkeit der antiken politischen Kultur.
Verantwortung wird jetzt neu und strenger gefasst: Wie der Mensch über sein ganzes Leben Rechenschaft ablegen muss vor dem ewigen Richter, so wird jetzt auch der politische Bereich zum Raum persönlicher Verantwortung; jeder Schritt muss bedacht, jede Handlung überlegt und abgewogen werden. [...]
Aber den entscheidenden Schritt zur Organisation von Verantwortlichkeit tut erst der moderne Verfassungsstaat. Er macht deutlich, wer sich zu verantworten hat, in welchen zeitlichen Abständen, vor welchen Instanzen, mit welchen Verfahren der Bestätigung oder Verwerfung. Vor allem: Er zerlegt die Machtausübung und macht sie dadurch der Übersicht und Kontrolle zugänglich. Die Verantwortlichkeiten dehnen sich in der modernen Demokratie auf die ganze Breite des Staatslebens aus; *responsible government* heißt, dass die Herrschenden insgesamt den Beherrschten verantwortlich sind.
Wie steht es mit den heutigen Erscheinungsformen bürgerlicher Verantwortung? Korrespondieren sie noch mit den skizzierten Traditionen? Haben sich neue Formen entwickelt? Das Thema ist fast uferlos; ich beschränke mich auch hier auf wenige Thesen.

Erstens: Deutlich ist wohl eine Schwächung der Natur-Antriebe des Politischen in der modernen Welt. Ehrgeiz, Ruhmbedürfnis, Sich-Auszeichnen-Wollen, Weiterleben im Staat – solche Motive dürften heute eine weit geringere Rolle spielen als noch im 19. Jahrhundert, von früheren Zeiten nicht zu reden. In jedem Fall werden sie klug verborgen. Sie sind nicht mehr öffentlichkeitswirksam, ja kaum noch öffentlichkeitsfähig. Politik und Politiker sind umstellt vom organisierten Misstrauen. So will es der Rechtsstaat, die gewaltenteilende Demokratie. Parlamentarische Kontrolle, so vermerkt der Schweizer Staatsrechtslehrer Kurt Eichenbergen, „ist von einer negativ-kritischen Haltung. Sie fragt nicht nach dem, was gut ist – das Zulänglich-Richtige ist selbstverständlich –, sondern nach dem, was nicht ‚klappt'. Sie prangert an, und bestenfalls entlässt sie mit dem Befund, es sei zurzeit (noch) nichts Nachteiliges zu entdecken. Ihr Ziel ist die Ermittlung dessen, was nicht ‚in Ordnung' ist, und daran mag sich die kühle Reinigung der Unreinen anschließen."

1 Polis: griechischer Stadtstaat in der Antike (z. B. Athen), hier: der Staat als Gemeinschaft der politisch verantwortlichen Bürger
2 Pathos: leidenschaftlich-bewegter Ausdruck, hier: übertriebene (Gefühls-)äußerung
3 Dualismus: hier: Rivalität zwischen zwei Parteien

*Hans Maier, *1931, deutscher Professor für Politische Wissenschaft, 1970–1986 Bayerischer Staatsminister für Unterricht und Kultus, 1988–1999 Lehrstuhl für Christliche Weltanschauung, Religions- und Kulturtheorie*

Wie charakterisiert Hans Maier das Verhältnis von Bürger und Staat in der Tradition der Antike, des Christentums und der Moderne (Neuzeit/Aufklärung)? Stellen Sie die wichtigsten Merkmale in einer Übersicht zusammen.

Was versteht Maier unter der Schwächung des Politischen und der Abkehr vom Allgemeinen? Nehmen Sie kritisch dazu Stellung.

Mehr Eigenständigkeit und Autonomie des Bürgers

Ausschnitte aus der Diskussion des Bergedorfer Gesprächskreises zu Hans Maiers Thesen

Rüdiger Altmann Herr Maier sprach von der Verantwortung und, im Zusammenhang damit, von der Eigenständigkeit des Bürgers. Was wir uns von einem Politiker wünschen, ist, dass er als Mitbürger diese Eigenständigkeit des Bürgers vorlebt, dass er ein Beispiel gibt. Der große Erfolg des gegenwärtigen Bundespräsidenten[1] ist sicherlich auch darauf zurückzuführen, dass er versteht, in dieser Position aufzutreten.
Diese Tugend* der Eigenständigkeit muss der Politiker heute gegen all die mächtigen Tendenzen, die dem entgegenstehen, durchkämpfen. Das ist vor allem deshalb notwendig, weil die Parteien als Organisation zur Repräsentation zu schwach geworden sind. Vorherrschend ist der Karriere-Funktionär, der noch, wie früher die Herolde, in den Farben der jeweiligen Machthaber daherkommt, es sei denn, er vertritt spezielle Verbandsinteressen. Das ist freilich nicht nur ein Parteienproblem. In unserer außerordentlich dicht organisierten Gesellschaft mit ihren vielfältigen Gruppen und Organisationen sind kaum noch Führer zu sehen, die diese persönliche Repräsentationsfähigkeit – und d. h. auch: Integrationskraft – besitzen.
Aus diesem Zusammenhang von persönlicher Autonomie und Repräsentationskraft ergibt sich ein doch einigermaßen kritischer Aspekt von Öffentlichkeit. Ist Öffentlichkeit im modernen Sinn, als unverbindliche Teilnahme eines jeden an allem, noch das Gleiche wie *res publica*? Im Sinne einer *res publica* bestimmt Öffentlichkeit auch das Maß der Verantwortung. Von Verantwortung wird heute viel gesprochen. Für viele heißt Verantwortung, passiv ausgedrückt, Betroffenheit. Wer sich als betroffen erklärt, leitet daraus ein Recht auf Störung ab. Das ist, wie wir allenthalben erfahren, wesentlich mehr als das klassische Recht auf Demonstration, nämlich ein Widerstandsrecht. Aber Öffentlichkeit heißt auch Haftung. Eben von dieser Haftung ist heute viel die Rede. Tatsächlich ist der Staat jedoch heute die einzige Instanz, an die dieser Haftungsanspruch gerichtet wird. Man könnte mit einer gewissen Übertreibung sagen, dass die Haftung die wesentliche Funktion des Staates geworden ist. Unsere Kultur hat ihren verbindlichen und repräsentativen Charakter nahezu verloren; sie ist zu einer kritischen Kultur geworden. Die Medien sind ein Beispiel dafür. Die Kirchen verlieren ihren früheren Haftungscharakter immer mehr. Auch die Familie ist in dieser Hinsicht stark geschwächt; die Kleinfamilie ist großenteils nicht mehr in der Lage, eine Haftung zu übernehmen. So wird der Staat unser aller Anspruchsgegner.

1 Das Interview fand 1986 statt. Zu dieser Zeit war Richard von Weizsäcker Bundespräsident.

Rüdiger Altmann, deutscher Publizist

Luigi Ferraris Ich möchte ein wenig provokatorisch sagen, dass ich im Grunde nicht so recht weiß, was Verantwortung für den Bürger eigentlich bedeuten soll. Als Schüler Machiavellis spreche ich lieber von Machtpolitik.
Was heißt Gemeinwohl? Ein für mich kaum verständliches Wort. Herr Sommer sprach zu Recht von der Summe von Einzelinteressen. Wer entscheidet, was Gemeinwohl ist? Die Parteien definieren diesen Begriff stets so, dass ihre Entscheidungen dem Gemeinwohl dienen, wie sie behaupten. Für mich ist das ein Begriff der Machtpolitik.

Luigi Ferraris, ehemaliger Botschafter Italiens in Deutschland

Untersuchen Sie, welche Bedeutung Rüdiger Altmann und Luigi Ferraris den Begriffen „Haftung" und „Gemeinwohl" beimessen.

Schreiben Sie einen eigenen Beitrag zu dieser Diskussion. Wie beurteilen Sie das Verhältnis zwischen Staat und Bürger?

Die vollständige Diskussion können Sie nachlesen in: Die Zeit, Nr. 49, 28. 11. 1986.

Vorschlag für ein Referat: Informieren Sie sich über die Staatsauffassung des italienischen Philosophen Niccolò Machiavelli. Sie können dazu in folgendem Buch lesen: Bertrand Russell, Philosophie des Abendlandes, GLB Parkland, Köln 1999, S. 512–520.*

Liberalismus und Kommunitarismus

Bertrand Russell (vgl. S. 30/31, 86) charakterisierte in seinem Buch „Philosophie des Abendlandes" den Liberalismus des 17. und 18. Jahrhunderts als eine antifeudale Denkrichtung, welche die staatliche Bevormundung des Einzelnen und die Beschränkung seiner Freiheitsrechte durch absolutistische Herrscher ablehnte.

Gegen Könige und Aristokraten

Der frühe Liberalismus war ein englisch-holländisches Produkt und wies bestimmte, klare Charakteristika auf. Er setzte sich für religiöse Toleranz ein, er war protestantisch, wenn auch eher freidenkerisch als fanatisch, und hielt Religionskriege für töricht. Er schätzte Handel und Industrie und sympathisierte mehr mit dem aufstrebenden Mittelstand als mit Monarchie und Adel; vor den Eigentumsrechten zeigte er gewaltige Hochachtung, zumal wenn das Eigentum von seinem Besitzer erarbeitet war. Das Prinzip der Erblichkeit wurde zwar nicht aufgegeben, sein Geltungsbereich aber stärker eingeengt als je zuvor, besonders die göttlichen Rechte der Könige wurden zugunsten der Ansicht verworfen, dass jeder Staat – zumindest anfänglich – das Recht habe, sich seine Regierungsform selbst zu wählen. Selbstverständlich wurde die demokratische Tendenz des frühen Liberalismus durch die Anerkennung der Eigentumsrechte abgeschwächt. Man glaubte – was zunächst noch unausgesprochen blieb –, dass alle Menschen von Geburt gleich seien und dass ihre spätere Ungleichheit durch die Verhältnisse bedingt wäre. Die Folge war, dass der Erziehung im Vergleich zur angeborenen Veranlagung größere Bedeutung beigemessen wurde. Auch machte sich eine gewisse regierungsfeindliche Einstellung bemerkbar, da die Regierung fast allenthalben in Händen von Königen oder Aristokraten lag, die selten Verständnis oder Respekt gegenüber den Wünschen der Geschäftswelt bewiesen; diese Tendenz wurde jedoch in Schranken gehalten durch die Hoffnung, dass das nötige Verständnis und der erforderliche Respekt nicht mehr lange auf sich warten lassen würden. […]

Die erste umfassende Darstellung der liberalistischen Philosophie finden wir bei Locke, dem einflussreichsten, wenn auch keineswegs tiefsten modernen Philosophen. In England stimmten seine Anschauungen so vollkommen mit den Ansichten der meisten intelligenten Menschen überein, dass ihr Einfluss sich schwer feststellen und eigentlich nur in der theoretischen Philosophie verfolgen lässt; in Frankreich hingegen, wo sie praktisch zur Opposition gegen das bestehende Regime und theoretisch zur Vorherrschaft des Kartesianismus* führten, hatten sie natürlich eine beachtliche Einwirkung auf den Verlauf der Dinge. Das ist beispielhaft für ein allgemeines Prinzip: Eine in einem politisch wie wirtschaftlich fortgeschrittenen Lande entwickelte Philosophie, die dort, wo sie entstanden ist, kaum mehr als eine Klärung und Systematisierung der vorherrschenden Überzeugung bedeutet, kann anderwärts zum Ursprung revolutionären Eifers und schließlich einer wirklichen Revolution werden. Die Grundsätze, welche die Politik fortschrittlicher Länder bestimmten, werden in weniger fortgeschrittenen Ländern hauptsächlich durch Theoretiker bekannt. In jenen inspiriert die Praxis die Theorie, in diesen die Theorie die Praxis. Das ist ein Unterschied, und aus diesem Grunde erweisen sich verpflanzte Ideen selten als so erfolgreich, wie sie es in ihrem Geburtslande waren.

***Sir Bertrand Russell**, 1872–1970, englischer Philosoph*

- *Warum führt Bertrand Russell John Locke als wesentlichen Vertreter der liberalistischen Philosophie an? Vgl. S. 14–15, 104–105.*
- *Diskutieren Sie die drei Aspekte von Gemeinschaften und prüfen Sie diese anhand von Gemeinschaften an, die Sie kennen.*
- *Wie beurteilen Sie den Vorrang von Werten* gegenüber verbindlichen Rechten? Berücksichtigen Sie auch den Fall des irischen Mädchens im Text auf S. 103.*
- *Ergänzen Sie unsere Zusammenstellung liberalistischer und kommunitaristischer Philosophen durch Ihnen bekannte andere Philosophinnen und Philosophen.*

Liberalismus Freiheit von der Gesellschaft		Kommunitarismus Freiheit in der Gesellschaft
	Antike	**Aristoteles***: Der Mensch ist ein gemeinschaftsbildendes Wesen. **Stoa***: Der Mensch ist ein göttliches Wesen, die Entwicklung erfolgt nur in der Gemeinschaft.
Hobbes*: Der Mensch hat eine natürliche Freiheit, der Staat muss den Schutz des Einzelnen garantieren. **Locke**: Der Staat muss die Freiheit und das Eigentum des Einzelnen garantieren. **Smith***: Der Staat muss die unternehmerische Freiheit garantieren. **Mill**: Der Staat muss die Grundfreiheiten des Bürgers sichern.	**Aufklärung**	**Rousseau**: Der Gemeinwille steht über dem Einzelwillen, der Mensch ist in erster Linie Staatsbürger.
Hayek: Der Staat darf den Markt nicht regulieren. **Rawls***: Der Staat muss dem Einzelnen die größtmögliche Freiheit sichern (Garantie der Grundrechte).	**Gegenwart**	**MacIntyre**: Gemeinschaften haben eine wertbildende Funktion. **Walzer**: Die wirtschaftliche Mobilität isoliert das Individuum. **Bujo**: Die afrikanische Gemeinschaft bindet den Einzelnen. **Bellah***: Der Markt übt durch Konsumterror Zwang aus. **Etzioni***: Der Staat muss sozialen Ausgleich schaffen.

Sinnorientierung durch Gemeinschaft und Werte

Der Kommunitarismus entwickelte sich am Ende des 20. Jahrhunderts als Reaktion auf die zunehmende Vereinzelung und Bindungslosigkeit des Individuums. Im folgenden Text stellt die deutsche Philosophin Beate Rössler einige Besonderheiten dieser philosophisch-politischen Theorie dar.

Die politische Theorie des Kommunitarismus versteht sich sowohl als Kritik an der liberalen Gesellschaft wie auch an der liberalen Theorie. Dabei fokussiert diese Kritik das Verhältnis zwischen Individuum und Gesellschaft: Sie diagnostiziert und beklagt den scheinbar unhintergehbaren Verlust von Verbindlichkeit und Sinnorientierung moderner Individuen, ihre Haltlosigkeit in der durch die Moderne zerrissenen Gesellschaft, ein Verlust, der die Folge von Liberalisierung und der mit dieser einhergehenden Fragilität und Beliebigkeit menschlicher Beziehungen darstellt. Die Therapie zu dieser Diagnose ist der Rekurs auf die Idee sinnstiftender Gemeinschaften. [...]
Orientiert man sich an der weitestgehenden Fassung kommunitaristischer Theorie, also etwa an den Konzeptionen von MacIntyre und Sandel, dann lässt sich deren Bild der Gesellschaft folgendermaßen beschreiben und in drei Aspekte differenzieren: Zum Ersten sind die gemeinsamen Werte, die die Gemeinschaft teilt und durch deren Beschreibung sie von anderen Gemeinschaften unterschieden wird, wichtiger als die Rechte, die die Mitglieder gegenüber der Gemeinschaft haben. Wäre dem nicht so, dann wäre die Gemeinschaft eben keine mehr im emphatischen[1] Sinne, weil vorgängige Rechte die konstruktive Qualität der Werte in Frage stellen würden und damit die Identitätsbildung der Subjekte selbst. Zum Zweiten zeichnet sich die Gemeinschaft durch die Einheitlichkeit der geteilten Wertvorstellungen und Ziele gegenüber einer möglichen Pluralität aus: Denn nur durch eine solche Einheit ist die starke affektive Gebundenheit der Individuen an ihre Gemeinschaft gewährleistet, jede Pluralisierung der Werte und Ziele würde diese Identifikation mit der Gemeinschaft in Frage stellen. Und schließlich lässt sich als ein dritter Aspekt dieser Gemeinschaftsidee die der Verbindlichkeit der Beziehungen der Mitglieder zueinander und zur Gemeinschaft gegenüber der möglichen Freiheit von der Gemeinschaft nennen: Denn nur die affektiv besetzten Beziehungen der Mitglieder zueinander und zu den geteilten Wertvorstellungen, deren Kraft stärker sein muss als die zentrifugale Kraft individueller Freiheit, kann garantieren, dass die sich durch die Gemeinschaft konstituierende individuelle Identität überhaupt gebildet werden kann.

Zunächst zum ersten Aspekt, der These, dass gemeinsame Werte gegenüber individuellen Rechten vorrangig seien. Diese Idee lässt sich in einem starken Sinne interpretieren (wie etwa von Autoren wie MacIntyre und Sandel nahe gelegt wird), sodass gemeinschaftskonstituierende Wertbindungen an die Stelle von Rechtsbeziehungen treten. [...]
Im letzten Februar ging ein Fall durch die Zeitungen, der viele Gemüter erhitzte: der Fall eines vierzehnjährigen irischen Mädchens, das durch eine Vergewaltigung schwanger geworden war. In Irland ist Abtreibung bekanntlich per Verfassung verboten. Der Fall kam vor die Behörden. In erster richterlicher Instanz wurde dem Mädchen nicht nur die Abtreibung verboten, sondern ihm und ihren Eltern auch die Ausreise – für die kommenden neun Monate – nach England, da absehbar war, dass dort eine Abtreibung vorgenommen werden würde. Dieses Ausreiseverbot wurde dann jedoch wegen der Gefahr des Selbstmords des Mädchens von der nächsten Instanz aufgehoben.
Nun wurde dieser Fall bei uns in erster Linie als weiterer Anlass dafür genommen, über die moralische Problematik des Schwangerschaftsabbruchs zu diskutieren. Man kann ihn aber auch aus einer anderen Perspektive in den Blick nehmen: Hier bringt sich in paradigmatischer[2] Weise zum Ausdruck, mit welcher Sorte Schwierigkeiten ein Staat konfrontiert ist, der den Vorrang des „Guten" vor dem „Rechten" sieht und damit gemeinsame Wertvorstellungen vor individuelle Rechte setzt. Individuelles Recht – in diesem Fall das individuelle Recht auf körperliche Selbstbestimmung – wird gegenüber einer substanziellen Idee des Guten – in diesem Fall die religiös begründete Auffassung vom Beginn menschlichen Lebens und der Rolle der Frau in der Gesellschaft – als sekundär angesehen. Man kann dann vereinfachend sagen, dass der irische Staat in diesem Sinne kommunitaristisch argumentiert hat. Er hat sich nicht als „neutraler Staat" erwiesen, sondern als ein solcher, der eine substanzielle Konzeption von Werten und ein dementsprechendes Leben für jedes seiner Mitglieder favorisiert.

1 emphatisch: mit Nachdruck, stark, eindringlich
2 paradigmatisch: beispielhaft

*Beate Rössler, *1949, deutsche Philosophin*

Rawls: Die Freiheit des Einzelnen hat Vorrang

Die Rangordnung der Freiheitsrechte

Der amerikanische Philosoph John Rawls veröffentlichte 1971 sein viel diskutiertes Buch „Eine Theorie der Gerechtigkeit". Dieses Buch war der Ausgangspunkt für die philosophische Diskussion zwischen dem Liberalismus und dem Kommunitarismus.
Für Rawls muss eine gerechte Gesellschaft unabhängig von ihrer Regierungsform vor allem zwei Prinzipien genügen: 1. gleiche Freiheitsrechte für alle Bürgerinnen und Bürger und 2. eine Verteilung materieller Güter nach dem Maßstab, dass von sozialen Ungerechtigkeiten auch die Schwächsten der Gesellschaft profitieren (vgl. Recht, Gerechtigkeit, Menschenrechte, Cornelsen, Berlin 2001, S. 46/47). Das Prinzip der Freiheit hat für Rawls Vorrang vor dem Prinzip der Verteilung, d. h., der Einzelne soll das größtmögliche Maß an Freiheit erhalten, um seine Konzeption eines guten Lebens für sich zu verwirklichen. In der Verfassung eines Staates sollte nach Rawls die folgende Rangfolge von Grundfreiheiten gewährleistet werden.

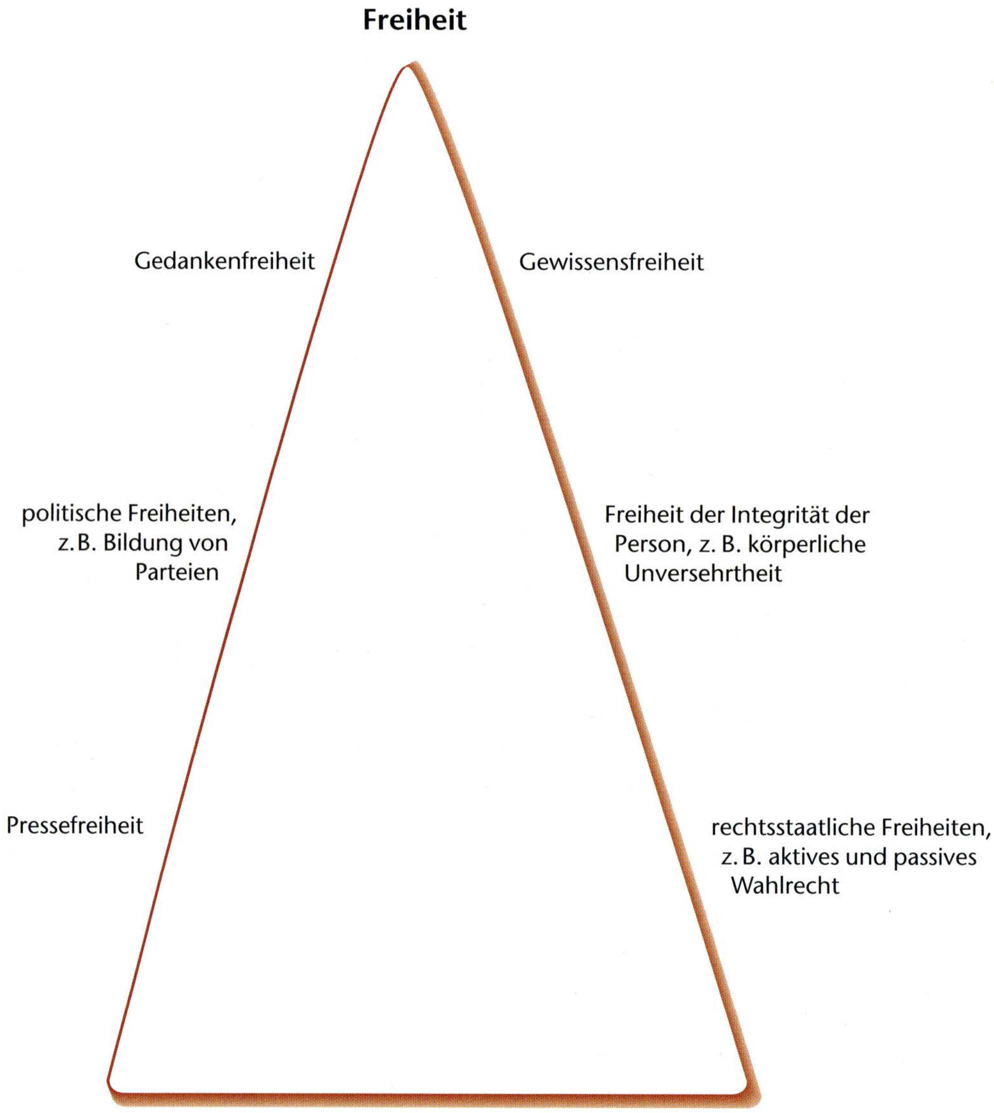

- *Warum setzt Rawls die Gewissens- und Gedankenfreiheit an die Spitze der Grundfreiheiten? Vgl. S. 28/29.*
- *Wie beurteilen Sie die Rangfolge der Grundfreiheiten? Würden Sie andere Prioritäten setzen? Entwerfen Sie Ihre eigene Freiheitspyramide und diskutieren Sie darüber im Kurs.*
- *In dieser Pyramide fehlen soziale Grundfreiheiten, wie z. B. das Recht auf Arbeit oder Gesundheitsfürsorge. Würden Sie diese Grundfreiheiten in eine Verfassung aufnehmen wollen? Begründen Sie Ihre Entscheidung.*

Der Wert* der Freiheit

Die allgemeine Bestimmung einer Freiheit hat also folgende Norm: Dieser oder jener Mensch (oder Menschen) ist frei (oder nicht frei) von dieser oder jener Einschränkung (oder Einschränkungen) und kann das und das tun (oder lassen). Es können natürliche Personen wie auch Vereinigungen frei oder unfrei sein, und die Einschränkungen können von gesetzlichen Pflichten und Verboten bis zum Druck der öffentlichen Meinung und sonstigen sozialen Einflüssen reichen. [...]
Menschen sind also zu etwas frei, wenn sie frei sind von bestimmten Zwängen, es zu tun oder zu lassen, und wenn ihr Tun oder Lassen vor Eingriffen anderer geschützt ist. Nehmen wir etwa die gesetzlich festgelegte Gewissensfreiheit, so besteht sie darin, dass die Menschen ihren moralischen, philosophischen oder religiösen Interessen nachgehen können, ohne gesetzlich verpflichtet zu sein, an bestimmten religiösen oder anderen Handlungen teilzunehmen, und dass die anderen Menschen gesetzlich verpflichtet sind, sich nicht einzumischen. Jede einzelne Grundfreiheit ist durch ein recht kompliziertes Gefüge von Rechten und Pflichten gekennzeichnet. Es muss den Einzelnen nicht nur erlaubt sein, etwas zu tun oder zu lassen, sondern die Regierung und die anderen Menschen müssen auch gesetzlich verpflichtet sein, ihnen keine Hindernisse in den Weg zu legen.
Als Beschränkung der Freiheit selbst zählt man manchmal die Unfähigkeit, von Rechten und Möglichkeiten Gebrauch zu machen, etwa wegen Armut, Unwissenheit oder sonstigen Mängeln. Ich möchte mich stattdessen auf den Standpunkt stellen, dass diese Umstände den Wert der Freiheit beeinflussen, den Wert der vom ersten Grundsatz festgelegten Rechte für den Einzelnen. Dann kann man unter der Voraussetzung, dass das Gesamtsystem der Grundfreiheiten die soeben erwähnten Eigenschaften hat, feststellen, dass die zweiteilige Grundstruktur die Versöhnung von Freiheit und Gleichheit ermöglicht. Wir unterscheiden also folgendermaßen zwischen der Freiheit und ihrem Wert:
Die Freiheit besteht in dem gesamten System der gleichen bürgerrechtlichen Freiheiten; der Wert der Freiheit für Einzelne oder Gruppen hängt von deren Fähigkeit ab, innerhalb dieses Rahmens ihre Ziele zu erreichen. Die Freiheit ist als gleiche Freiheit für alle gleich; es entsteht kein Problem des Ausgleichs für geringere Freiheit. Doch der Wert der Freiheit ist nicht für jedermann der Gleiche. Manche haben mehr Macht und Reichtum und daher mehr Möglichkeiten, ihre Ziele zu erreichen. Doch ein geringerer Wert der Freiheit findet einen Ausgleich, denn die weniger begünstigten Mitglieder der Gesellschaft könnten ja ihre Ziele noch weniger erreichen, wenn nicht die dem Unterschiedsprinzip genügenden Ungleichheiten bestünden. Doch der Ausgleich eines geringeren Werts der Freiheit ist etwas anderes als ein Ausgleich für ungleiche Freiheit. Nimmt man die beiden Grundsätze zusammen, so ist die Grundstruktur so zu gestalten, dass der Wert des gesamten Systems der Freiheiten, das für alle da ist, für die am wenigsten Begünstigten möglichst groß wird. Das ist das Ziel der sozialen Gerechtigkeit.

*John Rawls, *1921, amerikanischer Philosoph*

In der liberalistischen Theorie steht der Einzelne mit seinen Freiheitsrechten im Vordergrund. Welche Rolle spielt das Ich auf dem Bild des Künstlers A. R. Penck? Welches Verhältnis von Individuum und Gesellschaft drückt das Kunstwerk aus? Notieren Sie einige Stichworte und diskutieren Sie anschließend im Kurs darüber.

Warum unterscheidet Rawls zwischen Freiheit und dem Wert der Freiheit? Versuchen Sie diese Differenzierung an Beispielen zu erklären.

A. R. Penck, Ein mögliches System, 1965

Nussbaum: Ein gutes Leben durch den Staat?

Der Mensch als Blatt im Wind

Der Künstler Hans Arp gilt als ein Meister der Bildhauerkunst. In seiner Skulptur „Pyrenäen-Torso" gestaltet er den menschlichen Körper nach der Natur der Pflanzen wie ein Blatt im Wind. Für Arps Schaffen ist charakteristisch, dass er in allen seinen Werken eine Verbindung des Menschen mit der Natur gesucht hat, die für ihn die wichtigste Grundlage eines guten Lebens bildet. Arp bevorzugte die künstlerische Form des Torso, weil diese durch Auslassung und Beschränkung die Möglichkeit eröffnet, das Wesentliche einer Idee in den Vordergrund zu stellen.

Hans Arp, Torse de Pyrénées, 1959

- *Welche Auffassung von Freiheit kommt in der Darstellung des Menschen als Blatt im Wind zum Ausdruck? Notieren Sie einige Stichworte zu diesem Torso oder schreiben Sie einen Aphorismus oder ein Gedicht.*
- *Welche der von Martha Nussbaum auf der folgenden Seite angeführten Grundfertigkeiten des Menschen kommen in dieser Skulptur in besonderer Weise zum Ausdruck?*

Die Grundfähigkeiten des Menschen

Die amerikanische Philosophin Martha Nussbaum geht davon aus, dass Menschen nur dann ein gutes Leben führen können, wenn sie die dafür nötigen Grundbedingungen vorfinden. Deshalb sollte der Staat soziale Rahmenbedingungen setzen, die es den Menschen ermöglichen, ihre Grundbedürfnisse, die ihr spezifisches Menschsein bestimmen, zu befriedigen. Der Philosophie fällt dabei die Aufgabe zu, diese Grundbedürfnisse zu formulieren.

1. Die Fähigkeit, ein volles Menschenleben bis zum Ende zu führen; nicht vorzeitig zu sterben, oder zu sterben, bevor das Leben so reduziert ist, dass es nicht mehr lebenswert ist.
2. Die Fähigkeit, sich guter Gesundheit zu erfreuen; sich angemessen zu ernähren; eine angemessene Unterkunft zu haben; Möglichkeiten zu sexueller Befriedigung zu haben; sich von einem Ort zu einem anderen zu bewegen.
3. Die Fähigkeit, unnötigen Schmerz zu vermeiden und freudvolle Erlebnisse zu haben.
4. Die Fähigkeit, die fünf Sinne zu benutzen, sich etwas vorzustellen, zu denken und zu urteilen.
5. Die Fähigkeit, Bindungen zu Dingen und Personen außerhalb unserer selbst zu haben; diejenigen zu lieben, die uns lieben und für uns sorgen, und über ihre Abwesenheit traurig zu sein; allgemein gesagt: zu lieben, zu trauern, Sehnsucht und Dankbarkeit zu empfinden.
6. Die Fähigkeit, sich eine Vorstellung vom Guten zu machen und kritisch über die eigene Lebensplanung nachzudenken.
7. Die Fähigkeit, für andere und bezogen auf andere zu leben, Verbundenheit mit anderen Menschen zu erkennen und zu zeigen, verschiedene Formen von familiären und sozialen Beziehungen einzugehen.
8. Die Fähigkeit, in Verbundenheit mit Tieren, Pflanzen und der ganzen Natur zu leben und pfleglich mit ihnen umzugehen.
9. Die Fähigkeit, zu lachen, zu spielen und Freude an erholsamen Tätigkeiten zu haben.
10. Die Fähigkeit, sein eigenes Leben und nicht das von jemand anderem zu leben.

10 a. Die Fähigkeit sein eigenes Leben in seiner eigenen Umgebung und seinem eigenen Kontext zu leben.

Dies ist eine Liste der Fähigkeiten, die für ein menschliches Leben von grundlegender Bedeutung sind. Wir behaupten, dass bei einem Leben, dem eine dieser Fähigkeiten fehlt, ernsthaft bezweifelt werden kann, ob es ein wirklich menschliches ist, unabhängig, davon, was es sonst noch aufweist. Daher wäre es vernünftig, diese Dinge in den Mittelpunkt zu stellen, wenn wir darüber nachdenken, wie eine Regierung das Gute für die Menschen wirklich fördern kann.

Zwei menschliche Grundfähigkeiten organisieren und strukturieren alle anderen und geben ihnen eine typisch menschliche Ausformung. Es handelt sich um die praktische Vernunft und die Verbundenheit mit anderen Menschen. Alle Lebewesen ernähren sich, gebrauchen ihre Sinne, bewegen sich fort usw. – und all dies als voneinander getrennte Einzelwesen. Was die menschliche Weise der Verrichtung dieser Dinge auszeichnet und für uns besonders wertvoll macht, das ist die Tatsache, dass alle diese Tätigkeiten erstens von der praktischen Vernunft geplant und organisiert und zweitens zusammen mit anderen Menschen ausgeübt werden.

Diese beiden Grundfähigkeiten sind nicht einfach zwei unter anderen. Sie sind die zwei, die das ganze Unternehmen zusammenhalten und es zu einem menschlichen machen. Die menschliche Ernährung unterscheidet sich von der tierischen Ernährung und die menschliche Sexualität von der tierischen Sexualität, weil die Menschen ihre Ernährung und ihre sexuellen Aktivitäten durch ihre praktische Vernunft regulieren können; und auch weil sie dies nicht als solitäre Zyklopen* tun (die alles, einschließlich ihrer Gäste verspeisen), sondern als Wesen, die mit anderen Menschen durch Bande der gegenseitigen Aufmerksamkeit und Fürsorge verbunden sind.

*Martha Nussbaum, *1946, amerikanische Philosophin*

Das gute Leben

Das gute Leben ist seit der „Nikomachischen Ethik" des Aristoteles* die zentrale Frage der philosophischen Ethik. Wie können Menschen als Freie und Gleiche in verschiedenen politischen Gemeinschaften ein gelingendes Leben vollenden? Aristoteles schlägt zur Erreichung dieses Ziels die Orientierung an Tugenden* und eine gerechte Verteilung gesellschaftlicher Güter vor. Martha Nussbaum steht in der Tradition des Aristoteles und ergänzt sein Konzept durch einen Kanon spezieller Fähigkeiten, die das gute Leben ermöglichen sollen.

- *Bilden Sie Arbeitsgruppen und prüfen Sie Nussbaums Liste der Grundfähigkeiten des Menschen. Welche Grundfähigkeiten würden Sie ergänzen oder streichen?*
- *Ordnen Sie die Grundfähigkeiten in einem Schema nach körperlichen und geistigen Fähigkeiten und überprüfen Sie, ob physische und psychische Bedürfnisse in diesem Entwurf in einem ausgewogenen Verhältnis stehen. Nehmen Sie ggf. Korrekturen vor.*
- *Stimmen Sie Nussbaum zu, dass beim Fehlen einer dieser Grundfähigkeiten das gesamte Menschsein gefährdet ist? Begründen Sie Ihre Entscheidung.*
- *Wie beurteilen Sie Nussbaums Forderung, dass die praktische Vernunft und das Verbundensein mit anderen Menschen die wichtigsten Grundfähigkeiten sind? Würden Sie andere Prioritäten setzen? Warum? Warum nicht?*
- *Warum legt Nussbaum Wert darauf (vgl. 10 a.), dass Menschen ein eigenes (selbst bestimmtes) Leben führen?*
- *Vergleichen Sie die Denkansätze von John Rawls* (vgl. S. 104/105) und Martha Nussbaum.*

Die Aufgabe des Staates

Der Aristoteliker[1] verwendet die vorhandenen Ressourcen, um alle Bürger in die Lage zu versetzen, zumindest in minimalem Umfang eine gute Lebensführung wählen zu können. In „Die Natur des Menschen, seine Fähigkeiten und Tätigkeiten" stelle ich dieses Ziel mit Blick auf die verschiedenen Fähigkeitsstufen ausführlicher dar. Um es kurz zusammenzufassen: Das aristotelische Programm zielt auf die Herausbildung von zwei Arten von Fähigkeiten ab: interne und externe. Die internen Fähigkeiten sind Eigenschaften (des Körpers, des Geistes und des Charakters), die es einem Menschen ermöglichen, sich für die Ausübung verschiedener von ihm geschätzter Tätigkeiten zu entscheiden. Externe Fähigkeiten sind interne Fähigkeiten plus der externen materiellen und sozialen Bedingungen, die dafür sorgen, dass dem einzelnen Individuum die Entscheidung für diese geschätzte Tätigkeit überhaupt offen steht. Die internen Fähigkeiten werden vor allem durch das Erziehungswesen, das Gesundheitswesen und angemessene Arbeitsverhältnisse gefördert. Aber der Gesetzgeber muss in allererster Linie sicherstellen, dass ein fähiger Mensch die Chance hat, entsprechend dieser Fähigkeit zu leben und zu handeln. Und dies macht es notwendig, den Arbeitsverhältnissen und den persönlichen und sozialen Lebensumständen der Menschen eine weitergehende und etwas anders geartete Aufmerksamkeit zu schenken.

Die Bürger in all diesen Bereichen als Freie und Gleichgestellte zu behandeln bedeutet, ihnen zu ermöglichen, eine bestimmte Schwelle zu überschreiten und eine Stufe zu erreichen, auf der sie sich für eine gute Lebensführung entscheiden können, sofern die verfügbaren Ressourcen dies erlauben. Das Ziel besteht immer darin, mehr Menschen über diese Schwelle zu bringen, anstatt die Bedingungen für diejenigen zu verbessern, die sie bereits überschritten haben, und dies aus zwei Gründen. Erstens, weil es bedeutet, die Bürger als Freie und Gleichgestellte zu behandeln. Zweitens, weil ein Mehr nicht unbedingt besser ist, wenn ein Mensch diese Schwelle bereits überschritten hat. Die Nützlichkeit des Geldes für ein menschliches Leben hat ihre Grenze, wenn ein Mensch dank des Geldes die Stufe erreicht hat, auf der er zu einem guten Leben fähig ist; danach ist ein Mehr nicht unbedingt besser und kann sogar schlechter sein. Es kann Abstufungen des guten Lebens geben: Möglicherweise gibt es Ressourcen, die die gute Lebensführung eines Menschen, der die Schwelle überschritten hat, weiter fördern. Aber diese bestehen wahrscheinlich nicht aus Geld und Besitz, sondern viel wahrscheinlicher aus Bildung und Ausbildung und anderen Gütern, von denen man annehmen kann, dass ein Mensch, der bereits eine bestimmte Fähigkeitsstufe erreicht hat, aus eigenem Antrieb nach ihnen strebt. Wenn der Staat also für jeden Bürger Bildungsmöglichkeiten bereitgestellt hat, die ausreichen, um ihn über eine – wie auch immer definierte – Schwelle zu bringen, können weitergehende Bestrebungen den Menschen vernünftigerweise selbst überlassen bleiben, da diese auf Grund der schon erreichten Fähigkeiten gute Voraussetzungen haben, sich weiterzuentwickeln. […]

Wenn wir uns jetzt unsere Liste der Grundfähigkeiten anschauen und uns unser Ziel vergegenwärtigen, in jedem Bereich die Fähigkeit herzustellen, in Übereinstimmung mit der praktischen Vernunft und sozialen Bindungen zu leben und zu handeln, so können wir eine Vorstellung davon entwickeln, was dieser Konzeption zufolge erforderlich ist. Erforderlich sind ein umfassendes Gesundheitssystem, gesunde Luft und gesundes Wasser, Sicherheit für Leben und Besitz und der Schutz der Entscheidungsfreiheit der Bürger in Bezug auf wichtige Aspekte ihrer medizinischen Behandlung. Erforderlich sind eine ausreichende Ernährung und eine angemessene Unterkunft, und diese Dinge sind so zu gestalten, dass die Bürger ihre Ernährung und ihre Unterkunft nach ihrer eigenen praktischen Vernunft regeln können. (Das würde z. B. bedeuten, dass das Schwergewicht auf Gesundheitserziehung, Aufklärung über Drogen usw. gelegt würde.) Erforderlich ist der Schutz der Fähigkeit der Bürger, ihre sexuellen Aktivitäten nach ihrer eigenen praktischen Vernunft und freien Entscheidung zu regeln. (Auch hier würde die Förderung von Aufklärungsprogrammen wohl eine entscheidende Rolle spielen.) Erforderlich wäre der Schutz vor tätlichen Angriffen und sonstigen vermeidbaren Schmerzen. Für die Sinne, die Fantasie und das Denken wären über die medizinische Versorgung hinaus viele Formen der Schulung und Ausbildung erforderlich, die die Förderung dieser Fähigkeiten zum Ziel haben, sowie der Schutz der Künste als wesentliche Voraussetzung für die Entfaltung der Fantasie und der Gefühle sowie als Quelle der Freude. Aus praktischen Gründen wären Institutionen* erforderlich, die eine humanistische Form der Erziehung fördern, und die Entscheidungsfreiheit der Bürger müsste in allen Bereichen, auch bei der Ausarbeitung der politischen Konzeption selbst, gewährleistet sein. Was die menschlichen Bindungen und das Gefühlsleben betrifft, so wäre die Unterstützung gehaltvoller sozialer Beziehungen zu anderen Menschen erforderlich, wenn sich in irgendeiner Weise belegen lässt, dass diese Beziehungen am besten durch institutionelle und politische Strukturen gefördert und geschützt werden können. Erforderlich wäre eine reflexive Politik, die dafür sorgt, dass den anderen Arten und der Natur insgesamt die gebührende Achtung entgegengebracht wird. Notwendig wären die Bereitstellung von Erholungsmöglichkeiten und die Schaffung von Arbeitsformen, die erholsame und freudvolle Tätigkeiten zulassen. Und was schließlich das Getrenntsein und das starke Getrenntsein betrifft, so wäre der Schutz einer größeren oder kleineren unantastbaren Sphäre unverzichtbar, sodass sich jeder Mensch in Übereinstimmung mit der praktischen Vernunft und in Verbundenheit mit anderen Menschen dafür entscheiden kann, sein eigenes Leben in seinem eigenen Kontext zu leben.

Die Idee ist, dass die gesamte Struktur des Gemeinwesens im Hinblick auf diese Fähigkeiten und Tätigkeiten entworfen wird. Nicht nur die Allokationsprogramme[2], sondern auch die Verteilung des Grund und Bodens, die Eigentumsformen, die Gestaltung der Arbeitsverhältnisse, die institutionelle Förderung der Familie und der sozialen Beziehungen, der Umweltschutz und der Umgang mit Tieren, die politischen Partizipationsformen, die Freizeit- und Erholungseinrichtungen – all dies sowie die konkreteren Programme und Maßnahmen in diesen Bereichen werden im Hinblick auf ein gutes menschliches Leben gewählt.

1 Aristoteliker: Anhänger der Philosophie des Aristoteles*
2 Allokationsprogramme: Zuweisung von finanziellen Mitteln, Produktivkräften und Material

*Martha Nussbaum *1946, amerikanische Philosophin*

Wie bewerten Sie Nussbaums Auffassung, dass Bildung und Ausbildung wichtiger für ein gutes Leben sind als Geld und Besitz? Vergleichen Sie ihre Ausführungen mit denen von Amartya Sen auf S. 54/55.*

Entwerfen Sie ein Schema, in das Sie die geforderten Maßnahmen des Staates darstellen, und prüfen Sie in kleinen Gruppen, ob Sie diese Maßnahmen akzeptieren, ablehnen oder erweitern bzw. verringern wollen. Führen Sie anschließend eine Pro-und-Contra-Diskussion im Kurs.

Was verstehen Sie unter „gehaltvollen sozialen Beziehungen" (Z. 88)? Suchen Sie Beispiele aus Ihrem Schulalltag.

Ein gutes Leben führen

John Rawls*

Die Vernunft gebietet moralische Grundsätze; zwei Prinzipien der Gerechtigkeit; Vorrang der Freiheit vor sozialer Sicherheit

Universelle Gültigkeit der Gerechtigkeitsgrundsätze für eine gerechte Gesellschaft

Ziel ist, dass der Einzelne seine Konzeption des guten Lebens verwirklichen kann

Martha Nussbaum

Moralische Normen und gesellschaftliche Ansprüche leiten sich aus der Natur des Menschen her; Liste moralischer Grundfähigkeiten; Vorrang der praktischen Vernunft und des Verbundenseins mit anderen Menschen

Suche nach Elementen eines guten Lebens, die für alle Menschen Gültigkeit besitzen

Ziel ist, dass der Staat Rahmenbedingungen schaffen muss, damit diese Elemente individuell umgesetzt werden können

Martha Nussbaum

Martha Nussbaum gehört zu jenen Philosophinnen und Philosophen, die sich, angeregt durch die Konzeption einer gerechten Gesellschaft von John Rawls, an der Auseinandersetzung um den Liberalismus und Kommunitarismus beteiligt haben. Nussbaum ergreift jedoch weder für die einen noch für die anderen Partei. Sie entwickelt auf der Grundlage der Philosophie des Aristoteles ein eigenes Modell, das sowohl liberalistische Elemente wie die Selbstverwirklichung und Freiheit des Individuums als auch kommunitaristische Elemente wie die Sorge um das Gemeinwohl enthält. Dabei hat sie vor allem die Rolle der moralischen Gefühle wiederentdeckt, die von Philosophen des 18. und 19. Jahrhunderts wie David Hume* (Theorie der moralischen Affekte) und Adam Smith* (Theorie des moralischen Empfindens) und Mary Wollstonecraft (Gefühle und Herzensbildung) ausgearbeitet wurde. Martha Nussbaum entwickelt in ihrem Buch „Gerechtigkeit oder Das gute Leben" (vgl. S. 106/107) nicht nur eine Liste mit Grundfähigkeiten des Menschen, die Ausgangspunkt für ihre Theorie des guten Lebens sind, sondern auch eine Systematik moralischer Gefühle, die neben der praktischen Vernunft für ein gelungenes Leben ausschlaggebend sind.

Vergleichen Sie die Gemeinsamkeiten und Unterschiede zwischen Rawls (vgl. S. 104/105) und Nussbaum.

Weitere Informationen über Martha Nussbaum finden Sie unter ***http://www.law.uchicago.edu/faculty/nussbaum/index.html***

Vorschlag für eine Facharbeit: Die Auffassung der moralischen Gefühle bei Martha Nussbaum. Lesen Sie dafür das Kapitel „Gefühle und Fähigkeiten von Frauen" in folgendem Buch: Martha Nussbaum, Gerechtigkeit oder Das gute Leben, Suhrkamp, Frankfurt/M. 1999, S. 131–175.

MacIntyre: Neue Tugenden in der Gemeinschaft

Ernst Ludwig Kirchner, Eine Künstlergemeinschaft (Die Maler der Brücke), 1925–1926

Ernst Ludwig Kirchner malte die Künstlergemeinschaft „Die Brücke", der er selbst angehörte. Das Gemälde gehört zu den großen Freundschafts- und Künstlerbildnissen. Kirchner schuf damit eine Art Denkmal. Dargestellt sind (v. l. n. r.) Otto Mueller, Kirchner, Heckel und Schmidt-Rottluff. Als Kirchner dieses Bild malte, existierte die „Brücke" schon seit zwölf Jahren nicht mehr. Das Wiedersehen der Freunde nach langer Zeit war wahrscheinlich der Anlass für die Entstehung des Bildes, das Kirchner nach dem Wiedersehen aus dem Gedächtnis anfertigte.

Beschreiben Sie die Beziehung zwischen den einzelnen Teilnehmern, die das Bild zum Ausdruck bringt. Geben Sie dem Bild einen anderen Titel, der diese Beziehung beschreibt. Welche gemeinsamen Werte könnten diese Künstler teilen? Notieren Sie einige Gedanken dazu.*

Die individualistische Kultur ist tugendfeindlich

Der englische Philosoph Alasdair C. MacIntyre lehrt Philosophie in den USA. Er gehört zu den führenden Vertretern des Kommunitarismus. In seinem Buch „Der Verlust der Tugend" analysiert MacIntyre, welche Bedeutung verschiedene Tugenden wie Gerechtigkeit oder Freundschaft in einzelnen gesellschaftlichen Epochen hatten. Er kommt zu dem Schluss, dass sich unsere heutige Gesellschaft nicht über wesentliche Inhalte von Tugenden einigen kann, und schlägt deshalb vor, die gemeinschaftlichen Bindungen des Individuums zu verstärken, weil sich die Menschen in kleineren Gemeinschaften leichter darüber verständigen können, welche Werte und Tugenden für sie wichtig sind.*

Als Aristoteles* die Gerechtigkeit als wichtigste Tugend des politischen Lebens pries, tat er das, um anzudeuten, dass einer Gemeinschaft, der die praktische Übereinstimmung über eine Vorstellung von Gerechtigkeit fehlt, auch die notwendige Grundlage einer politischen Gemeinschaft fehlen muss. Gerade das Fehlen einer solchen Grundlage bedroht daher unsere eigene Gesellschaft. Denn das Ergebnis der Geschichte [...] bestand nicht nur in der Unfähigkeit, sich über einen Tugendkatalog zu einigen, und in der noch grundlegenderen Unfähigkeit, sich über die relative Bedeutung der Tugendbegriffe innerhalb eines Moralsystems zu einigen, in dem auch die Begriffe des Rechts und der Nützlichkeit eine zentrale Stellung einnehmen. Es bestand auch in der Unfähigkeit, sich auf den Inhalt und den Charakter bestimmter Tugenden zu einigen. Da eine Tugend heute allgemein als Disposition[1] oder als Empfindung verstanden wird, die in uns Gehorsam gegenüber bestimmten Regeln erzeugt, ist Übereinstimmung darüber, was die relevanten Regeln sind, stets eine Voraussetzung für die Übereinstimmung hinsichtlich Wesen und Inhalt einer bestimmten Tugend. Aber diese vorausgehende Übereinstimmung über die Regeln ist etwas, wie ich im ersten Teil dieses Buches hervorgehoben habe, was unsere individualistische Kultur nicht sichern kann. Dies wird nirgends deutlicher – und nirgends sind die Folgen bedrohlicher – wie im Fall der Gerechtigkeit. Das Alltagsleben ist von ihnen erfüllt, und grundlegende Kontroversen können deshalb nicht rational aufgelöst werden. Betrachten wir eine solche Kontroverse, wie sie in der Politik der Vereinigten Staaten heute vorkommt – ich stelle sie in Form einer Debatte zwischen zwei idealtypischen Figuren vor, die ich, nicht sehr einfallsreich, A und B nenne.

Wenn A und B sich nicht einigen können

A, der vielleicht ein Geschäft besitzt, aber auch Polizeibeamter oder Bauarbeiter sein kann, hat mit einiger Mühe genug von seinem Verdienst gespart, um sich ein Häuschen zu kaufen, seine Kinder aufs lokale College zu schicken, seinen Eltern eine medizinische Spezialbehandlung zu bezahlen. All diese Projekte werden plötzlich durch steigende Steuern bedroht. Er betrachtet diese Bedrohung seiner Projekte als ungerecht; er behauptet ein Recht auf das zu haben, was er verdient hat, und dass niemand ein Recht hat ihm wegzunehmen, was er sich ehrlich erworben und worauf er einen berechtigten Anspruch hat. Er beabsichtigt, die Politiker zu wählen, die sein Eigentum, seine Projekte und seine Vorstellung von Gerechtigkeit verteidigen werden.

B, der vielleicht Freiberufler, Sozialarbeiter oder jemand mit ererbtem Vermögen ist, ist beeindruckt von den willkürlichen Ungleichheiten in der Verteilung von Wohlstand, Einkommen und Chancen. Noch beeindruckter ist er womöglich von der Unmöglichkeit für die Armen und Benachteiligten, sehr viel an ihrer Lage zu ändern, als Folge eben dieser Ungleichheiten in der Verteilung der Macht. Er hält diese beiden Arten der Ungleichheit für ungerecht und meint, dass sie ständig weitere Ungerechtigkeit nach sich ziehen. Allgemeiner glaubt er, dass jede Ungleichheit dringend der Rechtfertigung bedarf und dass die einzig mögliche Rechtfertigung der Ungleichheit darin besteht, die Lage der Armen und Benachteiligten zu verbessern – z. B. durch die Förderung des Wirtschaftswachstums. Er kommt zu dem Schluss, dass die Gerechtigkeit unter den gegenwärtigen Umständen umverteilende Steuern erfordert, die Wohlfahrt und soziale Dienste finanzieren. Er beabsichtigt, die Politiker zu wählen, die umverteilende Steuern und seine Vorstellung von Gerechtigkeit verteidigen werden.

Es ist klar, dass unter den aktuellen Umständen unserer sozialen und politischen Ordnung A und B über Politik und Politiker verschiedener Meinung sein werden. Aber müssen sie derart verschiedener Meinung sein? Die Antwort lautet offenbar, dass sich ihre Meinungsverschiedenheit unter bestimmten wirtschaftlichen Bedingungen nicht auf der Ebene des politischen Konflikts zu manifestieren braucht. Wenn A und B einer Gesellschaft angehören, in der die wirtschaftlichen Ressourcen so sind oder zumindest für so gehalten werden, dass Bs öffentliche Umverteilungsprojekte wenigstens in einem gewissen Umfang verwirklicht werden können, ohne A's private Projekte zu gefährden, könnten A und B vielleicht einige Zeit die gleichen Politiker und die gleiche Politik wählen. Tatsächlich könnten sie unter Umständen ein und dieselbe Person sein. Aber wenn die wirtschaftlichen Umstände so sind oder sich so entwickeln, dass entweder A's Projekte denen von B geopfert werden müssen oder umgekehrt, wird sofort klar, dass A und B Ansichten über Gerechtigkeit haben, die nicht nur logisch unvereinbar miteinander sind, sondern sich auch auf Überlegungen berufen, die nicht vergleichbar mit denen sind, die von der Gegenseite vorgebracht werden.

1 Disposition: hier: Anlage zu einer immer wieder durchbrechenden Eigenschaft oder zu einem typischen Verhalten

*Alasdair C. MacIntyre, *1929, englischer Philosoph*

- *Welche wirtschaftlichen Bedingungen müssten geschaffen werden, damit sich A und B einigen können. Unterbreiten Sie Vorschläge.*
- *Tragen die Modelle von John Rawls* (vgl. S. 104/105) und Martha Nussbaum (vgl. S. 106–109) nach Ihrer Ansicht dazu bei, diese Bedingungen herbeizuführen? Begründen Sie Ihre Entscheidung.*
- *Teilen Sie MacIntyres Einschätzung der moralischen Situation in unserer Gesellschaft? Führen Sie ein Streitgespräch im Plenum.*

Andy Warhol, Close Cover before Striking, 1962

Andy Warhol, Campbell's Suppendose I, 1968

Der amerikanische Künstler Andy Warhol schuf Kunstwerke aus Geldscheinen, Dosen und anderen Dingen des Alltagslebens, insbesondere der Konsumwelt.

- *Welchen Sinn sehen Sie in der künstlerischen Darstellung von Gegenständen aus der Konsumwelt?*
- *Sind die Kunstwerke Warhols eine Bestätigung für die These Robert Bellahs* von der „Tyrannei des Marktes" (vgl. S. 51) und der Ansicht der Kommunitaristen, dass uns die Werte verloren gegangen sind? Begründen Sie Ihre Auffassung.*

Autonomie und soziale Ordnung

Der amerikanische Kommunitarist Amitai Etzioni gehört ebenso wie Alasdair C. MacIntyre zu jenen Philosophen, welche die Orientierung an Werten als gesamtgesellschaftliche Aufgabe ansehen. Werte sind nach Auffassung von Etzioni ein geeignetes Mittel, um dem zunehmenden Einfluss der Konsumwelt auf das Leben der Menschen entgegenzuwirken. Der Staat hat deshalb die Aufgabe, Werte der humanistischen Tradition durch Erziehung zu vermitteln.*

Die grundlegenden sozialen Werte sind eine auf Freiwilligkeit beruhende moralische Ordnung und eine weitgehende, jedoch gebundene Autonomie des Individuums bzw. der Teilgemeinschaft; in sorgfältigem Gleichgewicht gehalten, charakterisiert deren Verhältnis zueinander die neue goldende Regel. Obwohl ich in den vorangegangenen Kapiteln die sozialen Formationen, in denen diese Werte verkörpert sind, instrumentell gerechtfertigt habe, sind solche soziologischen Erklärungen lediglich sekundär. Die Notwendigkeit einer freiwilligen Ordnung und der abgesicherten Möglichkeiten für den Einzelnen, seiner Individualität Ausdruck zu verleihen, sprechen auf kraftvolle Weise für sich selbst.
Der normative Rang von moralischer Ordnung und Autonomie (und die Minderung ihres Antagonismus[1]) im kommunitaristischen Paradigma[2] ist vergleichbar mit dem Rang von Leben und Gesundheit in der Medizin. Theoretisch könnte man fragen: „Warum sollten das Werte sein? Könnte man nicht

auch in Tod und Krankheit Werte sehen und eine Wissenschaft entwickeln, in der diese Werte sich verkörpern?" Aber es ist eben alles andere als zufällig und spricht für sich selbst, dass eigentlich niemand so etwas ernsthaft in Erwägung zieht. Leben und Gesundheit zu erhalten sind selbstevidente[3] Werte, die im Vergleich zu ihrem Gegenteil uns direkt ansprechen. Man kann zwar ihre Stellung in der Werthierarchie noch durch verschiedene sekundäre und instrumentelle Rechtfertigungen verbessern – beispielsweise indem man darauf hinweist, dass eine tote Person weder moralische Verantwortung übernehmen, noch Träger von Rechten sein kann, oder dass Krankheit unsere Autonomie einschränkt. Dennoch betrachten wir solche Argumente zu Recht als sekundär. Leben und Gesundheit haben ihren Wert in und durch sich selbst.

Die „Zwillingswerte" moralische Ordnung und Autonomie sind die Grundlage einer kommunitaristischen Begründung von Normen; sie stellen das letzte, substanziell normative Kriterium dar. Ein Gedankenexperiment mag dies verdeutlichen. Man stelle sich ein fiktives Land – nennen wir es Intabad – vor, in dem es alten Männern gestattet ist, junge Mädchen zu heiraten, vorausgesetzt, sie zahlen den Vätern der Mädchen eine bestimmte Ablösesumme. Nichts in der Wertordnung und der Verfassung von Intabad verbietet solche Heiraten, noch sind sie von der internationalen Staatengemeinschaft mit einem Tabu belegt. Obwohl auf mehreren internationalen Konferenzen solche Ehen verurteilt wurden, ignorieren die Staaten in der ganzen Welt diese Beschlüsse weitgehend. Es wurden keine moralischen Dialoge über dieser Problematik ernsthaft in Gang gesetzt. Wie ist der normative Status solcher Ehen zu bewerten? Wenn wir uns nur an die bislang angesprochenen Kriterien halten, ohne die grundlegenden „Zwillingswerte" hinzuzunehmen, gibt es keine solide, gemeinsame Basis, auf Grund derer wir diese Ehen als verwerflich einstufen könnten. Wenn wir sie allerdings im Lichte der Grundwerte betrachten, bemerken wir, was uns an ihnen beunruhigt: Weil die Mädchen verkauft worden sind, wurde ihre grundlegende Autonomie verletzt, und deshalb verurteilen wir solche Ehen als unmoralisch.

Besuchen wir noch ein weiteres, ebenfalls imaginäres Land, Libertat. Hier sehen wir Gastgeber und Wirte, die ihre bereits angetrunkenen Gäste dazu ermuntern, „noch einen letzten Schluck" zu trinken, bevor sie sich auf den Nachhauseweg begeben. Des Weiteren nehmen wir an, die lokalen Gemeinschaften dieser Gastgeber und Wirte enthielten sich in Bezug auf deren Verhalten eines Urteils; auch gibt es kein Gesetz in Libertat, das durch ein solches Verhalten verletzt würde. Außerdem war diese Problematik bislang noch kein Thema irgendeines moralischen Dialogs in Libertat. Und die globale „Staatengemeinschaft" ist unterdessen mit anderen Angelegenheiten beschäftigt. Trotzdem würden wir besagtes Verhalten immer noch als beunruhigend empfinden, und das nicht allein aus Sorge um den Fahrer, sondern zumindest auch aus Sorge um die Sicherheit der anderen Verkehrsteilnehmer – mit anderen Worten: aus Sorge um die soziale Ordnung. Wir beurteilen dieses Verhalten der Gastgeber und Wirte als moralisch unverantwortlich.

Konsumstreben gegen Grundwerte

Diese Gedankenexperimente sind insoweit von begrenzter Aussagekraft, als sie sich jeweils auf ein spezielles Problem beschränken müssen. Eine Gesellschaft mag sehr wohl gut sein, selbst wenn sie in einem einzigen oder einigen wenigen Bereichen die Grundsatztugenden nicht zu verwirklichen vermag, vorausgesetzt, diese Werte werden in den anderen Bereichen respektiert. Und Gesellschaften können sich, wie wir gesehen haben, hinsichtlich des Gewichts, dass sie Ordnung und Autonomie in ihrem Verhältnis zueinander zubilligen, unterscheiden und gleichwohl insgesamt dem kommunitaristischen Muster treu bleiben. Gesellschaften jedoch, die diese Tugenden* auf breiter Front verletzen, sind autoritär oder anarchisch, und ihre Werte können einer Prüfung anhand der Grundprinzipien kommunitaristischer normativer Rechtfertigung nicht standhalten.

Dass nicht alle Menschen in autoritären oder totalitären Gesellschaften sich des besonderen Rangs kommunitaristischer Tugenden bewusst sind, überrascht nicht, wenn man sich vor Augen hält, dass diese Menschen Objekte einer intensiven und irreführenden Propaganda, einer systematisch fehlgeleiteten Erziehung sowie verschiedener Zwangsmaßnahmen sind.

Was die demokratischen Gesellschaften betrifft, so kann man sich nur wundern über Millionen von Menschen, die mit ihrem Streben nach immer mehr Konsumgütern und die Psyche verändernder Drogen (einschließlich des Alkohols und des Fernsehens) zur Aufrechterhaltung einer Gesellschaft beitragen, in der die Vergötterung von Konsumgütern ein Affront gegen die beiden grundlegenden Werte darstellt. Es gibt Anzeichen dafür, dass viele dieser Individuen im tiefsten Innern ihres Selbst wissen, wie wenig ihr Konsumfetischismus[4] mit Tugendhaftigkeit zu tun hat, aber entweder sind sie sich der sozialen Alternativen nicht bewusst oder ihrem gegenwärtigen Lebensstil derart verhaftet, dass sie nur durch ein Anstoß von außen von ihm abzubringen sind.

1 Antagonismus: Gegensatz, Gegnerschaft, Widerstreit, Widerstand
2 Paradigma: Beispiel, Muster, Erzählung; Geschichte mit beispielhaftem, modellhaftem Charakter
3 evident: offenkundig und klar ersichtlich, überzeugend
4 Fetisch: Gegenstand, dem helfende und schützende Zauberkraft zugeschrieben wird. Fetischismus: Glaube an einen Fetisch, Fetischverehrung

*Amitai Etzioni, *1929, amerikanischer Professor für Soziologie, 1979–1980 Senior Advisor des Weißen Hauses*

- *Informieren Sie sich über die Goldene Regel. Sie können dazu nachlesen in: Religion, Religionskritik, Weltethos, Cornelsen, Berlin 2002, S. 100/101. Oder in: Recht, Gerechtigkeit, Menschenrechte, Cornelsen, Berlin 2001, S. 108.*
- *Wie beurteilen Sie Intabad und Libertat? Teilen Sie die Einschätzung von Etzioni? Begründen Sie Ihre Auffassung.*
- *Betrachten Sie das Streben nach Konsumgütern als einen negativen Wert? Warum? Warum nicht? Sie können hierzu „Ökonomische Fesseln der Freiheit" auf S. 50/51 lesen.*
- *Bilden Sie Arbeitsgruppen und konkretisieren Sie die von Etzioni genannten Grundwerte „Autonomie" und „soziale Ordnung" als Elemente einer guten Gesellschaft. Sie können die Vorschläge von Martha Nussbaum (S. 107) dafür hinzuziehen.*

Mehr Freiheit im digitalen Zeitalter?

Die Zeit läuft uns davon

Die Zeit verwischt, da sich unser Lebensrhythmus mehr und mehr beschleunigt. Je schneller der Takt der Technik und insbesondere der Digitalisierung unseres Lebens voranschreitet, desto entmündigter und unfreier werden die Bürgerinnen und Bürger. Diese These wird von vielen Zukunftsforscherinnen und -forschern vertreten. Der Cyberexperte Gundolf F. Freyermuth sieht in dieser Entwicklung jedoch auch eine Chance: Der Einzelne kann sich der Herrschaft der bürokratischen Institutionen entziehen und selbstbestimmt viele alltägliche Handlungsabläufe gestalten.*

Macht uns der Turbowahn zu Sklaven?

Günter Grass forderte vor Jahresfrist gänzlich unironisch, „in allen Schulen einen Kurs zur Erlernung der Langsamkeit einzuführen". Sein Zweck: „Die bewusste Verzögerung. Das bis zum Stillstand gebremste Tempo." Auch der bestsellernde Philosoph Rüdiger Safranski verlangt eine „Verlangsamung des Denkens, die sich dem Problemdruck entzieht". Und ein österreichischer Philosophen-Kollege ging gar so weit, Tempus e.V. zu gründen, einen Verein zur Entschleunigung und Verzögerung der Zeit.

Die meisten Apologeten[1] des Sich-Zeit-Lassens appellieren mit der bedächtigen Wendung gegen den angeblichen Tempowahn der Turbogesellschaft an einen industriell geprägten *common sense*. Das Zentralargument: Die neue Geschwindigkeit orientiere sich nicht an menschlichen Bedürfnissen, sondern an ökonomischen Vorgaben – als gäbe es ein Leben jenseits der Ökonomie, das nicht im Elend oder in von sozialer Gewalt geprägten Umverteilungsverhältnissen wie jenen des Ostblocks endete. Die spiegelfechterischen Versuche, die Vergangenheit gegen die Zukunft zu verteidigen, erinnern insofern an den Widerstand, den einst die alten Eliten der Industrialisierung leisteten, Dichter voran. Wer vom Produktionsprozess enthoben lebt, scheint bei Anbruch neuer Epochen stets von einem besonderen Zeitschock befallen.

Recht haben die Geschwindigkeitsfeinde darin, dass die Fans digitaler Zeiten, wo sie die notwendige Beschleunigung rein ökonomisch rechtfertigen, zu oberflächlich denken. Denn so entscheidend die Digitalisierung für das wirtschaftliche Überleben ist, sie bringt weitergehende Vorteile: mehr Menschlichkeit. Nicht umsonst hat sich, so Gleick, „die Menschheit nicht ein einziges Mal für die Langsamkeit entschieden". Denn ohne Beschleunigung gelang noch keine Modernisierung und ohne Modernisierung keine nachhaltige Verbesserung der Lebensumstände. Verharren und Verzögern sind Vorlieben privilegierter Gruppen. Ihre Langsamkeit ist ein Luxus wie der jener Dandys, die in den Pariser Passagen des 19. Jahrhunderts im Protest gegen das industrielle Tempo Schildkröten an der Leine spazieren führten.

1 Apologet: 1. Jemand, der eine bestimmte Anschauung mit Nachdruck vertritt oder verteidigt. 2. (Literarischer) Verteidiger eines Werkes (bes. Vertreter einer Gruppe griechischer Schriftsteller des 2. Jahrhunderts, die für das Christentum eintraten)

*Gundolf F. Freyermuth, *1957, deutscher Cyberexperte, Reporter und Schriftsteller*

Lesen Sie die beiden konträren Positionen zu dieser These und führen Sie dazu ein Streitgespräch im Kurs. Sammeln Sie dazu in Arbeitsgruppen weitere Pro-und-Contra-Argumente.

Führen Sie anschließend verschiedene Interviews zu dieser These durch, indem Sie beispielsweise Mitschülerinnen und Mitschüler Ihrer Schule oder Passantinnen und Passanten befragen.

Werten Sie die Interviews aus und führen Sie anschließend ein erneutes Streitgespräch im Kurs. Überprüfen Sie, ob sich Ihre Einschätzungen durch die Interviews verändert haben.

Autonomie und Freiheit durch den Mausklick?

Bei all ihren negativen Aspekten beseitigte die industrielle Revolution jedoch unendlich mehr Leiden, als sie verursachte. Nicht anders bringt heute die Digitalisierung mit dem ökonomischen auch einen Humanisierungsschub. Zentral ist die Reindividualisierung des Alltags. Sie strebt nach Aufhebung der Vermassung, die bereits Goethe in den „Eisenbahnen, Schnellposten, Dampfschiffen und allen möglichen Facilitäten der Comunication" befürchtete. Denn die industriellen Großtechnologien stießen nicht nur standardisierte Massenwaren aus, sie waren auch einzig durch Unterdrückung individueller Eigenarten und Vorlieben in Gang zu halten. Zwangsläufig begann mit den Fabriken daher die Herrschaft der sozialen Apparate. Binnen weniger Jahrzehnte trat, wie Fürst von Pückler klagte, die „Bureaukratie an die Stelle der Aristokratie". Mit ihr triumphierten die endlos mahlenden Mühlen des industriellen Kollektivs über die Ansprüche und die begrenzte Lebenszeit des Individuums. Gleick rechnete aus, dass bis heute der durchschnittliche Amerikaner mehr Zeit auf das Ausfüllen von Regierungsformularen verwendet als auf Sex. Wem aber am Tag nur eine halbe Stunde geraubt wird, der verliert im Laufe eines 80-jährigen Lebens fast zwei Lebensjahre.

Wenn eine Verhaltensweise den Alltag der zu Ende gehenden industriellen Epoche kennzeichnete, war es das Anstehen: der Wechsel zwischen dem fremdbestimmten Warten des Einzelnen darauf, dass ein maschineller oder sozialer Apparat für ihn Zeit fand, und seiner dann möglichst geistesgegenwärtigen Reaktion – am Fabrikfließband, an den Haltestellen der öffentlichen Verkehrsmittel, vor den Schaltern von Ämtern oder an den Grenzen der Nationalstaaten. In der industriellen Organisation des Lebens diktier(t)en Apparate das Tempo.

Die für den digitalen Alltag charakteristische soziale Tätigkeit ist dagegen der Mausklick, die selbstbestimmte Bewegung, mit der jeder von uns gegenüber den maschinellen und sozialen Apparaten die eigenen Bedürfnisse und die eigene Zeit durchsetzen kann. Die von Computer und Internet geprägte Beschleunigung des sozialen Lebens lässt den Einzelnen haben, was er will, wann er es will. Die soziale Durchsetzung digitaler Echtzeiten verspricht damit nichts weniger als einen historischen Demokratisierungsschub: nie gekannte (Handlungs-) Freiheit und in Konsequenz eine qualitativ neue Souveränität des Individuums.

*Gundolf F. Freyermuth, *1957, deutscher Cyberexperte, Reporter und Schriftsteller*

Wie ist Ihre Meinung zur Aussage Freyermuths, der Computer und das Internet würden dem Individuum mehr Autonomie und Freiheit geben (Z. 31–41)?
Begründen Sie Ihre Meinung.

Aristoteles
384–322 v. Chr. Neben Platon war er einer der bedeutendsten griechischen Philosophen. Er verfasste das erste Werk im Bereich der Ethik mit dem Titel „Die Nikomachische Ethik“. In diesem Buch entwickelte er ein System der → Tugenden, an deren Spitze die Gerechtigkeit steht, und begründete das Wesen der Handlungsfreiheit. In seiner Schrift „Politik“ rechtfertigte Aristoteles die Sklaverei und stellte sein Modell einer gesellschaftlichen Verteilung des Eigentums dar.

Augustinus, Aurelius
354–430. Er gilt als der größte lateinische Kirchenlehrer des christlichen Altertums. Seit 395 war er Bischof von Hippo Regius (Nordafrika). Über seine innere Entwicklung zum Glauben legte Augustinus ein ausführliches Zeugnis in seinen „Confessiones“ (Bekenntnisse) ab. Die philosophisch-theologische Richtung des Augustinismus prägte besonders das Mittelalter. Wesentliche Inhalte seiner Lehre waren die Höherbewertung des Willens und der Liebe gegenüber dem Verstandesdenken (Voluntarismus gegen Intellektualismus) und die Rückführung aller Wahrheitserkenntnis auf die Erleuchtung Gottes.

Bellah, Robert
*1947. Er gehört zu den führenden Vertretern der kommunitaristischen Bewegung in den USA. An der Universität von Berkeley in Kalifornien lehrt er Soziologie und hat vor allem die Auswirkungen beruflicher Mobilität auf die Bindungen an Familie und andere soziale Gruppen untersucht.

Benda, Ernst
*1925. Er arbeitete als Rechtsanwalt in Berlin. Von 1957–1971 war er Mitglied des Deutschen Bundestages und 1968/69 Bundesminister des Inneren, bevor er 1971 Präsident des Bundesverfassungsgerichts wurde.

Bergedorfer Gesprächskreis
Der Bergedorfer Gesprächskreis ist ein politisch-philosophisches Diskussionsforum, das 1961 von dem Hamburger Unternehmer Kurt Körber gegründet wurde. Die internationalen Teilnehmerinnen und Teilnehmer kommen aus verschiedenen Bereichen des öffentlichen Lebens, z. B. aus der Politik, der Kultur und der Philosophie. Sie treffen sich in unregelmäßigen Abständen, um über aktuelle gesellschaftliche Themen wie Zukunft, Freiheit oder Wirtschaft zu diskutieren. Zu den Gesprächen werden Protokolle angefertigt. Ausschnitte daraus erscheinen regelmäßig in der Wochenzeitung „Die Zeit“.

Dalí, Salvador
Der spanische Maler D. (1904–1989) ist bekannt für seinen eigenen Stil. Seine sehr stark symbolisch geprägte Malerei dient ihm dazu unterbewusste Ängste und Sehnsüchte zu bewältigen. Immer wieder arbeitet er Traummotive und → Freud'sche Traumdeutung in seinen Bildern ein. Typisch für seinen Malstil sind ins Weiche verformte Gegenstände. In seinem späteren Werk setzt er sehr oft religiöse Motive ins Bild.

Engels, Friedrich
1820–1895. Er stammte aus einer Unternehmerfamilie. Neben Karl Marx gehörte er zu den führenden Vertretern der Theorie des Marxismus, die darauf abzielt, dass die Arbeiterklasse durch eine Revolution die Macht im Staat übernimmt und die Produktionsmittel vergesellschaftet. Engels beschäftigte sich vor allem mit philosophischen Fragen der Naturwissenschaften, der Sprachwissenschaft und der Geschichte. Seine wichtigsten Schriften sind die „Dialektik der Natur“ und „Herrn Eugen Dührings Umwälzung der Wissenschaft“, auch genannt „Anti-Dühring“.

Episkopalkirche
(Protestant Episcopal Church), der Anglikanischen Kirchengemeinschaft zugehörige Kirche in den USA, nach dem amerikanischen Unabhängigkeitskrieg aus denjenigen Mitgliedern der anglikanischen Kirche gebildet, die nicht nach England oder Kanada auswichen. Die alle drei Jahre zusammentretende „General Convention“ ist oberstes Organ.

Etzioni, Amitai
*1929. Etzioni lehrte Soziologie an der George Washington University in New York. In der Bundesrepublik wurde er durch sein Buch „Die Verantwortungsgesellschaft“ bekannt, in dem er die Frage erörtert, ob eine stärkere Einbindung des Individuums in soziale Gemeinschaften wie die Familie oder politische Organisationen den Vereinzelungstendenzen der modernen Industriegesellschaft entgegenwirken könnte.

Existenzphilosophie
Die Existenzphilosophie ist eine Disziplin der Philosophie, die sich hauptsächlich Fragen der menschlichen Existenz zuwendet. Sie entstand nach dem Ersten Weltkrieg in Deutschland und Frankreich. Wichtige Themenfelder sind Angst, Ekel und Grenzsituationen menschlichen Daseins wie Tod, Schuld, Kampf und Zufall. Zu den bedeutendsten Vertretern der Existenzphilosophie gehören Karl → Jaspers und Martin Heidegger sowie Jean-Paul Sartre und Albert Camus.

Frankfurt, Harry Gordon
*1929. Longhorn, Philosophieprofessor in Princeton/USA. Seine Schwerpunkte sind Metaphysik, Handlungstheorie und Ethik. Zu seinen wichtigsten Veröffentlichungen gehört der Aufsatz „Freedom of the Will and the Concept of a Person“ im Journal of Philosophy 67/1971, S. 5–20.

Frankfurter Schule
Die Frankfurter Schule war eine sozialphilosophische Richtung, die sich nach dem Ersten Weltkrieg in Deutschland herausbildete. Sie beschäftigte sich mit den Entwicklungsbedingungen der modernen Industriegesellschaft und untersuchte die Folgen der Massenkultur sowie Manipulationsmechanismen gesellschaftlicher Herrschaft in allen Bereichen des Alltagslebens. Ihre Hauptvertreter waren Theodor W. Adorno, Max → Horkheimer, Herbert → Marcuse sowie Walter Benjamin.

Freud, Sigmund
1856–1939, österr. Arzt und Psychoanalytiker, Begründer der neuzeitlichen Tiefenpsychologie. Von 1860 bis zu seiner Emigration (er stammte aus einer jüdischen Familie) 1938 lebte er in Wien. Er studierte Medizin, wurde 1885 Dozent für Neuropathologie, 1886 Arzt, 1902 Professor und hielt bis 1918 Vorlesungen. 1885/86 lernte er in Paris Charcot kennen, der seelische Krankheiten durch Hypnose heilte. F. tat den grundsätzlich neuen Schritt, dass er nach den Gründen seelischer Krankheiten suchte. Er ging zur „Wachbehandlung“

über und erhob zu deren Kern die Traumanalyse als Hauptmethode der Psychotherapie, zugleich mit der Erweiterung des Fragebereichs auf Assoziationen. So erhob F. das Unbewusste zum Objekt des methodischen, wissenschaftlichen Forschens. 1900 erschien sein grundlegendes Werk „Traumanalyse", 1910 entstand die „Internationale → psychoanalytische Vereinigung". Seit 1920 wurden psychoanalytische Lehrinstitute in Berlin, Wien, Paris, Budapest, Frankfurt/M., Buenos Aires gegründet. 1912 trennten sich die beiden anderen Gründer psychotherapeutischer Schulen, Alfred Adler und Carl G. Jung, von ihm.

Hobbes, Thomas
1588–1679, englischer Philosoph. H. studierte in Oxford, war zunächst Hauslehrer und ging 1640 aus politischen Gründen ins Exil nach Paris, wo er vorübergehend den späteren König Karl II. unterrichtete. 1651 kehrte er nach England zurück, wo er jedoch wieder heftig angegriffen wurde und seine Schriften mit Druckverbot belegt wurden. Drei Jahre nach seinem Tod fand eine Bücherverbrennung seiner Schriften durch die Universität Oxford statt. H. hatte sich um eine durchgreifende Universitätsrefom bemüht. Seine Arbeiten reichten von Übersetzungen (Thukydides) über Physik und Physiologie, Psychologie und Anthropologie, Politik und Staatslehre (Elements of Law natural and politic, De Cive, Leviathan) bis zur Geschichtsschreibung. Im Zentrum stand das Bemühen um eine Grundlegung politischer Philosophie. Auf dem Hintergrund der religiös geprägten Kriege seiner Zeit war sein Ziel die Sicherung einer dauernden Friedensordnung. Er forderte einerseits die Unterordnung von Theologie und Kirche unter den Staat, andererseits trat er für Toleranz und Gewissensfreiheit ein. Die Bürger haben deshalb unbedingte Gehorsamspflicht und kein Recht zum Widerstand, solange der Souverän Leben und Sicherheit garantiert.

Höffe, Otfried
*1945. Er lehrt Philosophie in Tübingen. Seine Forschungsschwerpunkte sind politische Philosophie, Ethik und Rechtsphilosophie. Otfried Höffe hat sich vor allem mit dem Verhältnis von Staat, Moral und Recht beschäftigt und interkulturelle Forschungen auf dem Gebiet der Menschenrechte durchgeführt. Zu seinen wichtigsten Veröffentlichungen gehören das „Lexikon der Ethik" sowie die Bücher „Politische Gerechtigkeit" und das „Lesebuch zur Ethik".

Horkheimer, Max
1895–1973. Er ist der Mitbegründer der → „Frankfurter Schule". 1930 wurde er Leiter des Instituts für Sozialforschung, in dem interdisziplinäre Forschungen zur Theorie der Gesellschaft und ihrer → Institutionen durchgeführt wurden. Sie erhielten die Bezeichnung „Kritische Theorie", weil sie die bisherige Gesellschaftsforschung einer radikalen Kritik auf der Grundlage des Marxismus unterzogen. 1941 musste Horkheimer emigrieren. Er schrieb zusammen mit Theodor W. Adorno in Los Angeles sein Hauptwerk „Dialektik der Aufklärung". Darin wird das Denken der Aufklärung einer kritischen Analyse unterzogen, weil es den Zwang völliger Naturbeherrschung und technischer Rationalität zum Ziel hatte. Nach dem Krieg kehrte Horkheimer nach Frankfurt zurück und war dort von 1951–1953 Rektor der Universität.

Hume, David
1711–1776. Neben John Locke und George Berkeley war er einer der führenden englischen Empiristen, die davon ausgingen, dass die Erkenntnis der Welt auf der Grundlage von Erfahrungen möglich ist. In seinem Hauptwerk „Versuch über den menschlichen Verstand" beschäftigte sich Hume mit dem Problem der Kausalität, d. h. mit Ursachen und Folgen von Ereignissen in der Welt. Auf dem Gebiet der Moralphilosophie veröffentlichte er „Eine Untersuchung über die menschliche Moral", in der er die moralischen Gefühle des Menschen als Motor ethischen Handelns charakterisierte. Von Hume stammt der berühmte Ausspruch, dass die Vernunft die Sklavin der Leidenschaften sei.

Institutionen
Organisationssysteme sozialen Handelns, welche das Verhältnis von Individuen und Gruppen untereinander und gegenüber dem Staat regeln. Sie bestimmen dauerhaft Sitten, Bedürfnisse und Gewohnheiten der Menschen und entlasten den Einzelnen von bestimmten Aufgaben, die sie ihm abnehmen. Sie bilden ein System von Normen, das für das gesellschaftliche Zusammenleben der Menschen konstituierend ist und zu Konflikten zwischen der Freiheit des Individuums und institutionellen Ansprüchen führen kann.

Jaspers, Karl
1883–1969. Er studierte zunächst Jura, dann Medizin und habilitierte sich für Psychologie. 1916 wurde er in Heidelberg Professor für Psychologie, 1921 für Philosophie. Von 1937–1945 wurde er seines Amtes enthoben. Seit 1948 lehrte er Philosophie in Basel, wo er 1969 verstarb. Aus der Erfahrung der Begrenztheit der wissenschaftlich-rationalen Welterklärung wendet sich Jaspers der → Existenzphilosophie zu, deren wichtigster Vertreter er in Deutschland neben Martin Heidegger war. In der Philosophie geht es ihm besonders um den Bezug zur Gegenwart. Philosophie soll Aufruf zum Denken sein, einem Denken, das immer auch praxisorientiert ist. Jaspers wendet sich in seiner Ethik deshalb auch politischen Themen zu und kritisierte die Atom- und Blockpolitik der damaligen Weltmächte.

Kartesianismus
Eine philosophische Richtung im 17. und 18. Jahrhundert, die eng an die Lehre Descartes' anknüpft. Grundelemente kartesianischer Philosophie sind: 1. die Verlagerung von der Seinsgewissheit in das denkende Bewusstsein *(cogito, ergo sum)*, 2. kompromissloser Rationalismus, 3. scharfe Trennung zwischen Körper und Geist (Dualismus). Das Ziel ist eine umfassende Mathematisierung aller Bereiche des Lebens und Erkennens und damit eine rationale Beherrschung des Wirklichen.

Klee, Paul
1879–1940. Er stammt aus einer schweizerischen Musikerfamilie und schwankte lange Zeit zwischen Musik und Malerei. In seinem künstlerischen Schaffen versuchte er die bildnerischen Mittel Farbe, Fläche und Linie so exakt einzusetzen, dass sie wie Elemente einer musikalisch strengen Komposition wirken. In seinen Kunstwerken spiegeln sich Melancholie und Heiterkeit, Kriegs-Realismus und Traumwelt wider. Weltberühmt wurden z. B. die Bilder „Der goldene Fisch" und die „Revolution des Viadukts". 1933 wurde er von den Nationalsozialisten

als Direktor der Kunstakademie in Düsseldorf entlassen und ging in seine Heimat nach Locarno zurück.

Kunert, Günter
*1929. Er gehörte zu den bedeutendsten Lyrikern der ehemaligen DDR. In den USA und in Großbritannien war er Gastprofessor und veröffentlichte zahlreiche Gedichtbände. Nachdem er gemeinsam mit anderen Künstlern und Intellektuellen ein Protestschreiben gegen die Ausbürgerung des Liedermachers Wolf Biermann unterzeichnete, musste er 1979 die DDR verlassen. Seitdem lebt er in der Nähe von Itzehoe.

Luther, Martin
1483–1546. Er ist der Initiator der deutschen Reformation und der daraus resultierenden Kirchentrennung, die er selbst nicht beabsichtigt hat, sondern stattdessen eine Reform der katholischen Kirche. 1505 trat er in das Kloster der Augustiner-Eremiten in Erfurt ein. 1512 wurde er Doktor der Theologie und Professor für Bibelauslegung in Wittenberg. Am 31.10.1517 soll er 95 Thesen gegen den zu der damaligen Zeit gebräuchlichen Ablasshandel veröffentlicht haben. Dieser Tag wird bis heute als Reformationstag gefeiert. Luther lehnte einen Widerruf seiner Überzeugungen ab und betonte, er mache die Heilige Schrift zur Grundlage seines Glaubens und seines Gewissens. 1521 wurde er exkommuniziert und für „vogelfrei" erklärt. Sein Landesfürst Friedrich der Weise brachte ihn heimlich auf die Wartburg, wo er das Neue Testament übersetzte. Sein Anliegen war es, dass jeder Christ die Bibel lesen und sie damit zur Grundlage des Glaubens machen konnte. Die Christen sollten nicht allein von der Auslegung der Priester abhängig sein, sondern sie sollten – *innerhalb* der katholischen Kirche – „mündige Christen" werden. Deshalb übersetzte er die Bibel ins Deutsche und setzte sich für die Volksbildung ein, damit sie auch gelesen werden konnte. Er setzte sich dafür ein, dass die Städte öffentliche Schulen einrichteten, auch für die Mädchen. 1525 heiratete Luther die ehemalige Nonne Katharina von Bora. Nach seiner Exkommunikation galt er als Ketzer und wäre wie andere Ketzer auf dem Scheiterhaufen getötet worden, wenn sein Landesfürst ihn nicht geschützt hätte. Dessen Landesgrenzen hat er deshalb von 1521–1546 nicht mehr überschritten.

Magritte, René
1898–1967, belgischer Maler. Nach dem Studium an der Akademie in Brüssel war er als Tapeten-, Plakat- und Reklamezeichner tätig, 1927–1930 in Paris, wo er mit den Surrealisten in Verbindung stand. Er wurde zu einem typischen Vertreter des veristischen Surrealismus, der die banalen Dinge des Alltags, naturalistisch im Detail, verfremdet und unabhängig von Schwerkraft und Zeit wiedergibt.

Marcus Aurelius
121–180, römischer Kaiser und Philosoph spanischer Herkunft. 126/127 wurde er von Hadrian in den Ritterstand, 128/129 unter die Salier erhoben. 136 erhielt er die toga virilis, 146 erhielt er die *tribunicia potestas* und das *ius quintae relationis,* fünf Anträge im Senat stellen zu dürfen. Er widmete sich rhetorischen, philosophischen und juristischen Studien; unter dem Einfluss des → Stoikers Q. Iunius Rusticus konzentrierte er sich seit 146 auf die Philosophie. Bei seinem Regierungsantritt 161 brachen Kriege an allen Fronten aus. Er reformierte besonders die Provinzialverwaltung, das Beamtentum sowie die Zollgesellschaften.
Durch Iuninus Rusticus und die Lektüre von Epiktetos bekam er Zugang zur stoischen Philosophie, von der ihn hauptsächlich die Ethik interessierte. Neben Cicero gehört er zu den wichtigsten Vertretern der römischen → Stoa. Ziel seiner Ethik war es, die Einbindung des Menschen in den Kosmos und seine Unabhängigkeit von äußeren Bedingungen zu begründen. Der Weg zur Freiheit führt über → Tugenden, die aus der reinen Vernunft gewonnen werden. Durch das Wissen erreicht der Mensch nach Auffassung von Marcus Aurelius Freiheit, die zugleich Freiheit vom Einfluss unvernünftiger Triebe und Wünsche ist. Als stoischer Philosoph schrieb er Aphorismen und so genannte „Gespräche mit sich selbst", die er schließlich in den „Selbstbetrachtungen" zusammenfasste.

Marcuse, Herbert
1898–1979. Er arbeitete bis 1933 am Institut für Sozialforschung in Frankfurt und emigrierte dann in die USA, wo er bis zu seinem Tod in Kalifornien lebte und lehrte. Zu seinen bekanntesten Werken gehören „Der eindimensionale Mensch" sowie „Triebstruktur und Gesellschaft". In beiden Büchern kritisiert er die technisch-ökonomische Entwicklung der modernen Industriegesellschaft und die damit verbundenen Herrschaftsstrukturen, die der Verwirklichung des Lustprinzips und der freien Entfaltung der kreativen Kräfte des Menschen entgegenstehen. Marcuse gilt als Vordenker der Studentenbewegung der sechziger Jahre. Der Slogan „Marx, Mao und Marcuse" wurde zu einem geflügelten Wort der Studentenrevolte von 1968/69.

Nietzsche, Friedrich
1844–1900. Er war von 1869–1878 Professor für klassische Philologie in Basel. In seinem philosophischen Schaffen spielte deshalb auch die Hinwendung zur Kultur des antiken Griechenlands, insbesondere zum Mythos, eine wesentliche Rolle. Wichtige Problemfelder seiner Philosophie waren „Der Wille zur Macht" als universelles Prinzip der Menschheitsgeschichte, die „Ewige Wiederkehr des Gleichen" sowie eine radikale Religionskritik. Zu seinen bekanntesten Werken gehören „Also sprach Zarathustra" sowie „Jenseits von Gut und Böse" und „Zur Genealogie [Abstammung] der Moral".

Odysseus
Mythologischer Fürst von Ithaka, Held der Odyssee, der nach zehnjährigem Kampf um Troja und zehnjährigen Irrfahrten heimkehrt und die Freier seiner Gattin tötet. Er ist auch einer der führenden Helden in der Ilias, die im neunten Jahr des trojanischen Krieges spielt, jedoch durch Rückblicke zum Kriegsbeginn und Ausblicke auf Trojas Fall ein Gesamtbild zeichnet. Beide Epen werden Homer zugeschrieben.

Pharisäer
Übersetzt: die „Frommen": Die Pharisäer waren eine religiöse Gruppierung im Judentum, die streng nach den religiösen Lehren der Thora und nach der Halacha lebten. Die Halacha war die alte Tradition der Frommen, die sie als geheiligte, auf Mose zurückgeführte Sitte als so genannte mündliche Lehre der biblischen Tradition als gleichwertig zur Seite stellten. Sie waren eine Gruppe, die die religiösen Gesetze sehr streng umsetzen wollten („Gesetzeseiferer") und bestanden aus Laien al-

ler Stände, vor allem des Handwerks. Damit unterschieden sie sich von aristikratischen Priesterfamilien der Sadduzäer und von der asketischen Gemeinschaft der Essener. Nach 135 v. Chr. verzichteten sie auf aktive Politik und verharrten in passivem Widerstand gegen die römische Weltmacht. Religiös waren sie die bedeutendste Organisation des Judentums bis 70 n. Chr. Die pharisäische Frömmigkeit gibt volkstümlichen Vorstellungen Raum (Angelogie, Auferstehung) und gewann damit viele Anhänger. Sie erhoben die Forderung nach strikter Trennung von den „Sündern", d. h. von den Nichtjuden und denen mit diesen paktierenden Juden. Gerne trugen sie als Bekenntnis die Trennung von den „Gottlosen" zur Schau und hoben die Unterschiede der Lebenshaltung nach ihrem religiösen Gesetz von derjenigen der Gesetzlosen hervor. Ziel ist die „Gerechtigkeit" vor Gott; sie hat die menschliche Willensfreiheit zur Voraussetzung und wird durch Leistung und Verdienst erworben.

Pieper, Annemarie
*1941, lehrt Philosophie an der Universität von Basel. Ihre Forschungsschwerpunkte sind Ethik und die Theorie der Geschlechterdifferenz (feministische Philosophie). Zu ihren wichtigsten Veröffentlichungen gehören „Einführung in die Ethik" und „Selber denken – Anstiftung zum Philosophieren".

Psychoanalyse
Die Psychoanalyse (griech. psyche Seele) wurde von dem österreichischen Arzt Sigmund → Freud begründet. Sie geht davon aus, dass der Mensch sowohl über das Bewusstsein als auch über das Unterbewusstsein verfügt. Das Unterbewusste ist für Freud der Ort der verdrängten Wünsche, Triebe und Bedürfnisse, die im menschlichen Handeln eine wichtige Rolle spielen. Deshalb war es für Freud unerlässlich, das Unterbewusste in der Gesamtheit seiner Elemente und Störungen zu erforschen.

Rahner, Karl
1904–1984, katholischer Theologe und Mitglied des Jesuitenordens. Sein zentrales Anliegen war es, die traditionelle Theologie zu verlassen und neue Zugänge zu Gott zu suchen. Sein wissenschaftlich-theologischer Entwurf lässt sich in dem von ihm geprägten Begriff „transzendentale Theologie" zusammenfassen. Dabei versteht Rahner Transzendenz als eine Bewegung, die vom Menschen auf Gott hin geschehe. Diese Theologie entwickelte er im Gegensatz zur herkömmlichen katholischen Lehre, der es darum gehe, „dass eine Glaubensaussage, so wie sie steht, dem Menschen von heute beizubringen sei". Die Offenheit des Menschen auf Gott hin verstand Rahner als „Existenzial", sie gehöre zur Grundkonstitution des Menschen. Die Fähigkeit zur Transzendenz sei ein tragender Grund jedes Menschen. Bis in die sechziger Jahre hinein war Rahner von konservativen Kreisen mit Schreibverboten belegt worden; er gilt trotzdem als der meistübersetzte deutschsprachige Theologe.

Rawls, John
*1921. Er lehrt Philosophie an der Havard University in den USA. Mit seinem Buch „Eine Theorie der Gerechtigkeit" wurde er international bekannt. Er entwickelte darin die Konzeption einer gerechten Gesellschaft, die im Wesentlichen auf den Prinzipien der gleichen Freiheitsrechte für alle Menschen und der Verteilungsgerechtigkeit innerhalb der Gesellschaft basiert.

Russell, Bertrand
1872–1970. Er war einer der umstrittendsten Philosophen des 20. Jahrhunderts. 1913 veröffentlichte er seine bahnbrechende Arbeit „Principia mathematica" auf dem Gebiet der mathematischen Logik und setzte sich in seinem Buch „Freiheit und Organisation" für mehr sexuelle und religiöse Freiheit in der Gesellschaft ein. Für seinen Roman „Marriage and Morals" erhielt Russell 1950 den Nobelpreis für Literatur. In den sechziger Jahren wirkte er verstärkt für weltweite Abrüstung und organisierte 1966 in Stockholm das „Vietnam-Tribunal", das die Kriegsführung der Amerikaner in Vietnam anklagte.

Sen, Amartya
*1933, Inder. Er erlebte als 10-Jähriger, wie in seiner bengalischen Heimat 3 Millionen Menschen an einer Hungersnot starben. In Kalkutta und Cambridge studierte er → Wirtschaftswissenschaften und ist seit 1998 Professor in den USA. Für seine wirtschaftswissenschaftlichen Studien, die sich vor allem mit den sozialen und ökonomischen Ursachen des Hungers in den Entwicklungsländern beschäftigen, erhielt er 1998 den Nobel-Gedenkpreis für Wirtschaftswissenschaft. International bekannt wurde Sen mit seinem Buch „Ökonomie für den Menschen, Wege zu Gerechtigkeit und Solidarität in der Marktwirtschaft".

Sirenen
Singende Meerdämonen. Das Schiffermärchen der Odyssee verwertet nur einige Züge des Volksglaubens. Sein Schwergewicht liegt auf dem Streich, den → Odysseus auf Kirkes Rat ihnen spielt: Er verstopft die Ohren seiner Gefährten mit Wachs und lässt sich selbst an den Mastbaum binden, damit sie sich nicht durch ihren Gesang verführen lassen.

Smith, Adam
1723–1790, englischer Philosoph, der als Begründer der liberalen Wirtschaftstheorie gilt. Er untersuchte vor allem den Marktmechanismus von Angebot und Nachfrage und die Entstehung der Preispolitik. Sein wichtigstes Werk heißt „Untersuchungen der Natur und Ursachen von Nationalreichtümern". Auf dem Gebiet der Ethik entwickelte Smith eine Theorie der moralischen Gefühle.

Sonnenpferde
In der griechischen Sage „Phaethon" ziehen die Sonnenpferde den Sonnenwagen in einem Halbkreis über den Himmel und werden von dem Sonnengott Helios gelenkt. Als Phaethon, der Sohn des Helios, an einem Morgen die Pferde lenkt, verliert er die Gewalt über die Sonnenpferde, die die gewohnte „Sonnenbahn" verlassen. Nach Hesiod vernichtet ihn ein Blitz des Zeus und setzt die Erde in Brand. Daraufhin lässt Zeus alle Flüsse überströmen, um die Menschheit zu verderben. In dem Mythos spiegelt sich wahrscheinlich eine große Naturkatastrophe.

Stoa
Die Stoa war eine philosophische Richtung, die um 300 v. Chr. von Zenon von Kition gegründet wurde und bis zur Mitte des 3. Jh. n. Chr. bestand. Sie wurde benannt nach einer Wandel-

halle an der Agora in Athen. Die älteren Stoiker hatten nicht die finanziellen Mittel, um ein Grundstück zu erwerben, und deshalb fand der Unterricht in einem öffentlichen Gebäude statt. Die Stoa ist eine Philosophie, die die Natur als das schlechthin Vernünftige ansieht. So wie alle Erscheinungen der *natur rational* zu erklären sind, so bedarf jede Entscheidung des Menschen der Zustimmung durch die *ratio,* den Logos. Die Naturlehre und die Ethik befanden sich nach ihrer Auffassung in vollkommener Analogie. Der Logos, definiert als feinste Materie, durchzieht die ganze Welt, und so auch jeden Menschen. Die stoische Philosophie ist monistisch, außer dem Logos gibt es kein wirkendes Prinzip. Im Bereich der Ethik ist neben der Beherrschung der Affekte (Gelassenheit und Unerschütterlichkeit der Seele) vor allem der Gedanke der Pflichterfüllung gegen sich selbst und andere entwickelt worden. Innerhalb der Staatsphilosophie forderten die Stoiker die Gleichheit aller Menschen und gleiches Recht für alle, das der göttlichen Vernunft entspricht.

Tugend
Die Tugend ist seit der Antike ein wichtiger Begriff der Ethik. Sie bringt zum Ausdruck, dass sich die Menschen durch fortwährende Übung eine bestimmte Lebenshaltung zu Eigen machen, die sie befähigt, das Gute zu tun. Für dieses Ziel müssen alle Kräfte gebündelt werden. Allerdings kann niemand von außen zur Tugend gezwungen werden; er muss sich selbst dazu entschließen, ein guter Mensch werden zu wollen. Zu einem guten oder tugendhaften Menschen gehört die Bereitschaft, Verantwortung für sich selbst und andere Menschen übernehmen zu wollen und dabei ein hohes Maß an Freude zu empfinden. Tugenden sind also moralisch gute Lebenshaltungen, die der deutsche Philosoph Immanuel Kant auch als „moralische Stärke" des Menschen bezeichnet. Sie umfassen drei Bestandteile: Wissen (jemand weiß, dass er das Gute tut), Können (jemand weiß, wie er das Gute tut) und Handeln (jemand tut das Gute in konkreten Handlungen).

Vonessen, Franz
*1926, schweizerischer Philosoph und Märchenforscher. In seinem Buch „Das Märchen und die Philosophie" hat er verschiedene Ursymbole von bekannten Märchen analysiert und Verbindungen zwischen Märchen, Mythos und Philosophie offen gelegt.

Wert
Der Begriff „Wert" bringt zum Ausdruck, dass ein bestimmtes Gut (Sachen, Personen, Verhaltensweisen oder Eigenschaften) für einen Menschen wertvoll, d. h. erstrebenswert ist, und eine lebensorientierende und handlungsleitende Funktion hat. Es gibt verschiedene Arten von Werten, z. B. Güterwerte (Nützlichkeit und Brauchbarkeit einer Sache), ethische Werte (das Gute), ästhetische Werte (das Schöne) oder religiöse Werte (das Heilige). In der Philosophie wird diskutiert, ob es allgemeinverbindliche, zeitlose Werte gibt oder Werte, die nur für bestimmte Kulturen, Epochen oder soziale Gruppen gelten.

Wirtschaftswissenschaften
Die Wirtschaftswissenschaften beschäftigen sich mit der Erforschung der Struktur, des Aufbaus sowie den Funktionen der Wirtschaft. Sie unterteilen sich in zwei Hauptgebiete: die Betriebswirtschaft, die sich den Prinzipien der Unternehmensführung zuwendet, und die Volkswirtschaftslehre (auch als Nationalökonomie bezeichnet), welche die Mechanismen und die Funktionsweise einer nationalen Volkswirtschaft untersucht und insbesondere Funktionsweisen des Marktes analysiert.

Zyklopen bzw. Kyklopen
Figuren aus der altgriechischen Sagenwelt. 1. Nach Homer sind sie ein unzivilisiertes Volk von menschenfresserischen Riesen, im fernen Westen hausend, wo sie die benachbarten Phaiaken verdrängt haben. Sie leben ohne Gesetze, jeder für sich mit seiner Familie, in Berghöhlen. Sie halten sich für stärker als die Götter. Der Kyklop Polyphemos wird jedoch von → Odysseus überlistet und geblendet und fleht seinen Vater Poseidon um Hilfe an. 2. Nach Hesiodos theogonia sind die Kyklopen drei einäugige und titanenhafte Söhne von Uranos und Gaia: Arges, Brontes, Steropes (Strahl, Donner, Blitz). Nachdem Zeus sie befreit hat, schmieden sie ihm Wetterstrahl, Blitz und Donner, für Pluton die Tarnkappe und für Poseidon den Dreizack. Nach späterer Anschauung leben sie als Schmiedegesellen in feuerspeienden Bergen. Sie galten auch als Erbauer der Burgen Tiryns und Mykenai mit ihren aus riesigen Blöcken gefügten Mauern.

amnesty international
Sektion der Bundesrepublik Deutschland e.V.
Heerstraße 178
53111 Bonn
Tel. 02 28/98 37 30
Fax 02 28/63 00 36
E-Mail: ai-de@amnesty.de
http://www.amnesty.de

Bundespresseamt
Neustädtische Kirchstr. 15
10117 Berlin
Tel. 0 30/22 44-0; 0188 827 20
Fax 0 30/22 44 25 50; 0188 82 72 25 55
E-Mail: posteingang@bpabund.de
Internet: http://www.bundesregierung.de

Europarat
Conseil de l'Europe
Point I
F-67075 Strasbourg Cedex
Tel. 00 33/388/41 20 00
Fax 00 33/388/412781
E-Mail: point_i@coe.int
http://www.coe.fr

Europäische Kommission
Vertretung in Deutschland
Unter den Linden 78
10117 Berlin
Tel. 00 32/22 99 11 11
E-Mail: Vorname.Nachname@cec.eu.int
http://europa.eu.int/comm

UN-Informationscenter
Martin-Luther-King-Str. 8
53175 Bonn
Tel. 02 28/8 15-27 70
Fax 02 28/8 15-27 77
E-Mail: unic@uno.de
http://www.uno.de

Textnachweis

S. 4/5 Günter Kunert in: Theo Elm (Hrsg.), Lyrik der neunziger Jahre, Reclam, Stuttgart 2000, S. 41
S. 6/7 Frederick Brüning, Hamburg; Aishe in: 13. Shell Jugendstudie 2000, S. 13; Petra, Nicole in: 12. Shell Jugendstudie 1997, S. 19, 46f., Leske + Budrich, Opladen
S. 8/9 Andreï Makine, Die Liebe am Fluss Amur, Goldmann, München 2000, S. 141/142; Fernando Savater, Die Fragen des Lebens, Campus, Frankfurt/M. 2000, S. 143, 148
S. 10/11 Die Welt, 18. 4. 2001, Kleiner Pauly, Art. Sklaverei; Aristoteles, Politik, dtv, München 1998, S. 53–55
S. 12/13 Thomas Hobbes, Leviathan, Reclam, Stuttgart 1998, S. 187f., 188f.; John Locke, Zwei Abhandlungen über die Regierung, Suhrkamp, Frankfurt/M. 1995, S. 201, 203, 213f.
S. 14/15 Hamburger Anzeigen und Nachrichten, 8. 11. 2000; John Locke, Zwei Abhandlungen über die Regierung, Suhrkamp, Frankfurt/M. 1995, S. 278–281
S. 16/17 Marc Aurel, Selbstbetrachtungen, übers. v. Wilhelm Capelle, Kröner, Stuttgart 1973, S. 32–34; Alexander Solschenizyn, Politik und Moral am Ende des 20. Jahrhunderts, Universitätsverlag C. Winter, Heidelberg 1994, S. 53, 55, 57
S. 18/19 zit. nach: Ruth Hagengruber (Hrsg.), Klassische philosophische Texte von Frauen, dtv, München 1998, S. 204–208
S. 20/21 Die Morgenpost, 9.10.2000; Die Zeit, 7. 12. 2000, John Stuart Mill, Über die Freiheit, Reclam, Stuttgart 1988, S 93–95
S. 22/23 zit. nach: Ruth Hagengruber (Hrsg.), Klassische philosophische Texte von Frauen, dtv, München 1998, S. 182–185
S. 24/25 Martha C. Nussbaum, Gerechtigkeit oder das gute Leben, Suhrkamp, Frankfurt/M. 1999, S. 219, 224–226
S. 26/27 San Francisco Advertiser, 24.8.1999, übers. von Barbara Brüning; John Stuart Mill, Über die Freiheit, Reclam, Stuttgart 1988, S. 103f., 110–112, 115
S. 28/29 John Milton, Die Verteidigung der Freiheit, übers. v. Udo Szudra, Reclam, Leipzig 1987, S. 60–62; John Stuart Mill, Über die Freiheit, Reclam, Stuttgart 1988, S. 72f.
S. 30/31 Bertrand Russell,Warum ich kein Christ bin – über Religion, Moral und Humanität. Übers. von Marion Steipe, Rowohlt, Reinbek 1968, S. 223f., 167, 169–171; Beate Hoecker, Frauen, Männer und die Politik, Dietz, Bonn 1998, S. 44
S. 32/33 Jean-Paul Sartre, Das Sein und das Nichts, Rowohlt, Reinbek 1993, S. 950–953
S. 34/35 Klassische Sagen, Lechner, Genf 1996, S. 85f.; Albert Camus, Der Mythos des Sisyphos, rowohlt, Reinbek 1964, S. 93–95
S. 36/37 Eberhard Puntsch, Das neue Zitatenhandbuch, Weltbild, Augsburg 1995, S. 136–138, 147
S. 38/39 Franz Vonessen, Das kleine Welttheater, Die graue Edition, Zug 1998, S. 352–354; Klassische Sagen, Lechner, Genf 1996, S. 400–403
S. 40/41 Konrad Lorenz, Das so genannte Böse, dtv, München 1983, S. 240f., 209f., 218f.
S. 42/43 Dieter Birnbacher, Norbert Hoerster (Hrsg.), Texte zur Ethik, dtv, München 1976, S. 334–338; Sigmund Freud, Das Ich und das Es, Fischer Taschenbuch, Frankfurt/M. 1982, S. 44–46
S. 44/45 Gertrud Neuner-Winkler (Hrsg.), Weibliche Moral, dtv, München 1995, S. 315f.; Annemarie Pieper, Einführung in die Ethik, UTB Francke, Tübingen 1991, S. 30–32
S. 46/47 Reiner Wiehl (Hrsg.), Geschichte der Philosophie im 20. Jahrhundert, Reclam, Stuttgart 1981, S. 482f.; Otfried Höffe, Politische Gerechtigkeit, Suhrkamp, Frankfurt/M. 1989, S. 352f.; 360–362
S. 48/49 David Hume, Versuch über den menschlichen Verstand, Reclam, Stuttgart 1957, S. 96f.; S. 103–109, 112; Friedrich Engels, Herrn Eugen Dühring's Umwälzung von der Wissenschaft. In: MEW Bd. 20, Dietz, Berlin 1971, S. 105
S. 50/51 Hamburger Morgenpost, 9.1.2001; Friedrich Nietzsche, Menschliches Allzumenschliches, in: ders., Gesammelte Schriften I, Könemann, Köln 1994, S. 336f.; Robert Bellah, Gegen die Tyrannei des Marktes, in: Christel Zahlmann (Hrsg.), Kommunitarismus in der Diskussion, Rotbuch 1994, S. 59–62
S. 52/53 Jobst Siedler in: Die Welt, 7.10.2000, S. 3 Literarische Welt; Herbert Marcuse, Der eindimensionale Mensch, dtv, München 1994, S. 25–28
S. 54/55 Amartya Sen in: Die Welt, 25. 11. 2000, S. 3 Literarische Welt
S. 58/59 Ernesto Cardenal, Ufer zum Frieden, 1979, zit. nach: Werner Scholze-Stubenrecht, Duden, Zitate und Ausprüche, Dudenverlag, Mannheim 1993, S. 603; Roth/Vollmer in: Spektrum der Wissenschaft, 10/2000, S. 72–76
S. 60/61 Immanuel Kant, Grundlegung zur Metaphysik der Sitten. Hrsg. von Karl Vorländer. Meiner, Hamburg, 1965. S. 71f.
S. 62/63 Immanuel Kant, Grundlegung zur Metaphysik der Sitten. Hrsg. von Karl Vorländer. Meiner, Hamburg, 1965. S. 79f.
S. 64/65 Arthur Schopenhauer, Preisschrift über die Freiheit des Willens. Diogenes, Zürich, 1977. S. 46–53; S. 74–76
S. 66/67 Harry G. Frankfurt, Willensfreiheit und der Begriff der Person. In: Bieri, Peter (Hrsg.), Analytische Philosophie des Geistes. Bodenheim: Athenäum Hain Hanstein, 1993. S. 287–305; nach Otfried Höffe, Lexikon der Ethik, C. H. Beck, München 1997, S. 226–228
S. 68/69 John Locke, Über den menschlichen Verstand. Zweites Buch, Kap. 21, Von der Kraft, Übers. von Carl Winckler, Meiner, Hamburg, 1962, S. 283–299
S. 70/71 Max Planck, Vom Wesen der Willensfreiheit. In: Ulrich Potthast (Hrsg.), Seminar: Freies Handeln und Determination. Suhrkamp, Frankfurt/M. 1978. S. 272–293
S. 72/73 Ryle, Gilbert, Der Begriff des Geistes. Übers. von Günther Patzig und Ulrich Steinvorth. Reclam, Ditzingen 1997. S. 98–100; Eckensberger/Voland in: Spektrum der Wissenschaft, 4/2001, S. 96–100
S. 74/75 Aristoteles, Die Nikomachische Ethik. Übers. von Olof Gigon. dtv, München, 1984. S. 99–106.
S. 76/77 Roderick Chisholm, Freiheit und Handeln. In: G. Meggle (Hrsg.), Analytische Handlungstheorie Bd. I, Suhrkamp, Frankfurt/M. 1977, S. 354–375
S. 78/79 Burrhus F. Skinner, Jenseits von Freiheit und Würde. Übersetzt von Edwin Ortmann. Reinbek 1973. S. 53–81
S. 80/81 Die Zeit, 7/ 8. 2. 2001, Leben S. 5
S. 82/83 Manfred Danner, Warum es keinen freien Willen gibt. Einige Konsequenzen der Determiniertheit des Wollens für Erziehung und Kriminalprophylaxe, Kriminalistik-Verlag, Heidelberg 1968, S. 7f. u. S. 110
S. 84/85 Tatjana Goritschewa, Von Gott zu reden ist gefährlich. Übers. von Birgit Butz, Vandenhoeck und Ruprecht, Göttingen 1997, S. 7–13

S. 86/87 Bertrand Russell,Warum ich kein Christ bin – über Religion, Moral und Humanität. Übers. von Marion Steipe. Rowohlt, Hamburg 1968, S. 17–35; Brusberg Dokumente 19, S. 40, 1989, zit. nach: Katalog Ludwig Forum für internationale Kunst,1992

S. 88/89 Internet: www.religionsfreiheit.at (Internetseite von: Forum Religionsfreiheit FOREF); John Locke, Ein Brief über Toleranz, Meiner, Hamburg 1996, S. 27

S. 90/91 Martin Luther, Von der Freiheit eines Christenmenschen. Hrsg. von Ernst Kähler, Reclam, Stuttgart 1999, S. 124–50

S. 92/93 Jean Calvin, Unterricht in der Christlichen Religion. Übers. von Otto Weber, Neukirchener Verlag, Neukirchen-Vluyn, 1984, S. 94–102; Augustinus zit. nach: Calvin, a. a. O., S. 148

S. 94/95 Karl Jaspers, Das Wissen von Gott und die Freiheit. In: ders., Einführung in die Philosophie. Piper, München 1973. S. 36f.

S. 98/99 Die Welt, 13. 12. 2000; Dietrich Wellershoff (Hrsg.), Freiheit – was ist das?, Verlag Mittler & Sohn, Herford 1984, S. 207–214

S. 100/101 Die Zeit, 49/28. 11. 1986

S. 102/103 Bertrand Russell, Die Philosophie des Abendlandes, Europaverlag, München 1997, S. 605f., 609; Christel Zahlmann (Hrsg.), Kommunitarismus in der Diskussion, Rotbuch 1994, S. 74, 77–79

S. 104/105 John Rawls, Eine Theorie der Gerechtigkeit, Suhrkamp, Frankfurt/M. 230f., 232f.

S. 106/107 Martha C. Nussbaum, Gerechtigkeit oder das gute Leben, Suhrkamp, Frankfurt/M. 1999, S. 57–60

S. 108/109 Martha C. Nussbaum, Gerechtigkeit oder das gute Leben, Suhrkamp, Frankfurt/M. 1999, S. 63–66

S. 110/111 Alaisdair MacIntyre, Der Verlust der Tugend, Suhrkamp, Frankfurt/M. 1995, S. 325–327

S. 112/113 Amitai Etzioni, Die Verantwortungsgesellschaft, Campus, Frankfurt/M. 1997, S. 311–313

S. 114/115 Gundolf F. Freyermuth in: Die Welt, 22. 7. 2000

Bildnachweis

Cover: Mauritius/age
S. 3 Mauritius/age
S. 4 Michaelis, Hamburg; Stefan Moses, Berliner Mauer 1963
S. 5 Gret Palucca beim Tanz, Tanzpaedagogin in Dresden, Foto, undat., um 1925, Hugo Erfurth, © AKG
S. 6 Artothek, Privatbesitz
S. 10 AP Photo/Erick Christian Ahounou
S. 12 Paul-Klee-Stiftung, Kunstmuseum Bern, ©VG Bild-Kunst, Bonn
S. 17 Tyrso A. Brisòlla, Hamburg
S. 18 Sammlung Ludwig Köln, © Rheinisches Bildarchiv
S. 21 Frank Bauer, „Afterhour (Tussi Deluxe)", Öl auf Leinwand, 2000, 150 x 150 cm, courtesy Galerie Voss, Düsseldorf
S. 22 Artothek
S. 24 Xenia Hausner, Berlin, Der geteilte Himmel
S. 30 dpa, Frankfurt/M.
S. 35 Sammlung Ludwig Köln, © Rheinisches Bildarchiv
S. 37 © Scherer & Ouporov, „Labyrinth", 1998
S. 38 AKG
S. 40 aus: Zugänge zur Philosophie, Grundband, Cornelsen, Berlin 1995, S. 125
S. 42 Courtesy Emmy de Martelaere, © Denyse Durand-Ruel; Sammlung Ludwig, Köln, © Rheinisches Bildarchiv
S. 44 Galerie Monika Sprüth, Köln
S. 46 Artothek, Ernst Reinhold; Eigentum der Bundesrepublik Deutschland
S. 50 kpa photo archive, 10. 1. 2001 in Dubai
S. 52 Courtesy the artist and Galerie Hauser & Wirth & Presenhuber, Zürich; Foto: Peter Hunkeler, Zürich
S. 54 Friedrich Stark, Das Fotoarchiv, Schulklasse in Äthiopien
S. 56 Edgar Ende, In den Kugeln, Hocke Projektagentur; Jenny Holzer, Holzpostkarte, Serie 153, Künstlerplakate, Altonaer Museum in Hamburg – Norddeutsches Landesmuseum
S. 57 La Croix l'ange © photo Descharnes, daliphoto.com; VG-Bildkunst © Demart Pro Arte B. V., 2001; Jonathan Borofsky, aus: Man in Space, Sammlung Ludwig, Aachen, o. S.
S. 58 © Photothèque R. Magritte – ADAGP, Paris 2002
S. 60 Bildarchiv Steffens/Bridgemann Art Library/Visual Arts Library, London, UK
S. 76 Museum Boijmans Van Beuningen, Rotterdam
S. 78 Hocke Projektagentur
S. 80 AP Photo
S. 83 Hocke Projektagentur
S. 84 20 © photo Descharnes, daliphoto.com/© Demart Pro Arte B. V., 2001
S. 58 The Menil Collection, Houston; Foto: Hickey & Robertson, Houston. In: David Sylvester, Magritte, Menil Foundation, Houston, Wiese Verlag, Basel, herausgegeben von Mercatorfonds, Antwerpen, für den Wiese Verlag, 1992
S. 60 Baron Urvater, Foto: Photothèque Magritte-Giraudon, Paris
S. 66 Museum Ludwig, Köln, © Rheinisches Bildarchiv, Köln
S. 71 Privatsammlung, Foto: Sotheby's, London
S. 75 Barbara Schumann, Berlin; nach einer Idee von Marcol
S. 76 Museum Boymans van Beuningen, Rotterdam, Foto: Tom Haartsen
S. 87 Bernhard Heisig, Ludwig Forum Aachen
S. 91 Museum Ludwig, Köln, © Rheinisches Bildarchiv, Köln
S. 94 AKG, Berlin
S. 97 Tony Stone/Getty Images Deutschland GmbH, München
S. 98 AP Foto/Benetton, Oliviero Toscani/HO
S. 105 Sammlung Ludwig, Köln, © Rheinisches Bildarchiv
S. 106 Hans Arp, Staatsgalerie Stuttgart, © Volker Naumann Fotografie
S. 110 Museum Ludwig, Köln, © Rheinisches Bildarchiv
S. 112 Sammlung Ludwig, Köln, © Rheinisches Bildarchiv; Museum Ludwig, Köln
S. 114/115 © Anita Schiffer-Fuchs, Köln; KONTAR

Nicht in allen Fällen war es möglich, die Rechteinhaber für Texte oder Bilder ausfindig zu machen. Berechtigte Ansprüche werden selbstverständlich im Rahmen der üblichen Vereinbarungen abgegolten.

1. Kap.: Freiheit als Selbstentfaltung des Menschen

Benoite Groult, Wie die Freiheit zu den Frauen kam – Das Leben der Pauline Roland, Knaur, München 2000
Ruth Hagengruber (Hrsg.), Klassische philosophische Texte von Frauen, dtv, München 1998 (Texte zur Freiheit u. a. von Hannah Arendt, Olympe de Gouges, Mary Wollstonecraft, Simone Weil)
Otfried Höffe (Hrsg.), Lesebuch zur Ethik, C. H. Beck, München 1999
John Stuart Mill, Über die Freiheit, Reclam, Stuttgart 1988
Martha Nussbaum, Gerechtigkeit oder Das gute Leben, Suhrkamp, Frankfurt/M. 1999
Fernando Savater: Tu, was du willst – Ethik für die Erwachsenen von morgen, Campus, Frankfurt/M. 2000

2. Kap.: Determinanten der Freiheit

Amartya Sen, Freedom, Rationality and Social Choice. The Arror Lectures and Other Essays, Oxford University Press, 2001

3. Kap.: Freiheitsformen

Eduard Dreher, Die Willensfreiheit. Ein zentrales Problem mit vielen Seiten, C. H. Beck, München 1987
Karl Jaspers, Einführung in die Philosophie, Piper, München 1992
Ralf Ludwig, Kant für Anfänger. Der kategorische Imperativ, dtv, München 1997
Martin Luther, Von der Freiheit des Christenmenschen, Reclam, Stuttgart 1996

4. Kap.: Gesellschaftliche Perspektiven der Freiheit

Amitai Etzioni, Die Verantwortungsgesellschaft, Campus, Frankfurt/ M. 1997
Otfried Höffe, Politische Gerechtigkeit, Suhrkamp, Frankfurt/M. 1989
Alasdair MacIntyre, Der Verlust der Tugend, Suhrkamp, Frankfurt/M. 1989
Jacques Roux, Freiheit wird die Welt erobern, Reclam, Stuttgart 1985 (Texte zur Freiheit aus der Französischen Revolution von 1789)
Friedrich Schorlemmer, Absturz in die Freiheit, Aufbau Taschenbuch, Berlin 2000
Dietrich Wellershoff (Hrsg.), Freiheit, Mittler Verlag, Herford 1984 (Sammlung von Essays und Menschenrechtserklärungen zu individuellen Freiheitsrechten)
Christel Zahlmann (Hrsg.), Kommunitarismus in der Diskussion, Rotbuch Verlag, 1994

Internetadressen zum Surfen

http://www.amnesty-international.de
http://www.fordham.edu/halsall/source/luther-freiheit.html
http://www.freie-schule.de/freie_geister.html
http://www.google.de
http://www.phillex.de/freiheit.htm
http://www.philosophenlexikon.de
http://www.sprachkritik.de/cats/freiheit.html

Kunstbilder in chronologischer Reihenfolge

Bildteppich, Tournai, Die drei Parzen (Schicksalsgöttinnen), frühes 16. Jahrhundert

Max Beckmann, Der Traum, 1921

Ernst Ludwig Kirchner, Eine Künstlergemeinschaft (Die Maler der Brücke), 1925–1926

Edgar Ende, In den Kugeln, 1932

René Magritte*, Die Brücke des Heraklit, 1935

Maurits Cornelis Escher, Hand mit spiegelnder Kugel (Selbstporträt im Konvexspiegel), 1935

René Magritte, Der Therapeut, 1937

René Magritte, An der Schwelle zur Freiheit, 1937

Paul Klee, Tänze vor Angst, 1938

Edgar Ende, Die blinde Märchenerzählerin, 1938

Rudolf Wissel, Die Kalenberger Bauernfamilie, 1939

Jean Dubuffet, La route aux hommes, 1944

René Magritte, Das Fernglas, 1963

Salvador Dalí*,
La Croix l'ange, 1954

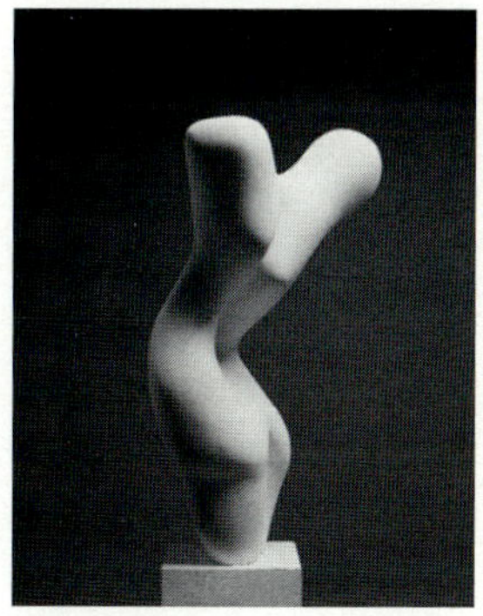
Hans Arp,
Torse de Pyrénées, 1959

Andy Warhol, Close Cover before Striking, 1962

Salvador Dalí*, La Gare de Perpignan, 1965

A. R. Penck, Ein mögliches System, 1965

Andy Warhol, Campbell's Suppendose I, 1968

Jonathan Borofsky, Man in Space, 1978

Bernhard Heisig, Christus verweigert den Gehorsam, 1986

Barbara Kruger, „We don't need another hero", 1987

Salomé (Wolfgang Cielarz), Schwimmer I., 1988

Erik Bulatov, Freiheit der Gedanken, 1989

Tyrso A. Brisòlla, Blauer Planet im roten Bereich, 1991

Jenny Holzer, 1991

Fang Lijun, Gruppe Nr. Zwei, 1992

Jean-Pierre Raynaud, Human Space, 1995

Suzanne Scherer, Pavel Ouporov, Labyrinth, 1998

Xenia Hausner, Der geteilte Himmel, 1999

Frank Bauer, „Afterhour (Tussi Deluxe)“, 2000

Sylvie Fleury, Spring Summer 2000 (orange), 2000

Carol & Mike Werner, Ohne Titel, o. J.